# 終わるまではすべてが永遠

## 崩壊を巡るいくつかの欠片

{Ghosts in the Broken Machine}

木澤佐登志

Satoshi Kizawa

青土社

Seidosha

# 目次

## Ⅲ　現実としてのここではないどこか

# 終わるまではすべてが永遠　崩壊を巡るいくつかの欠片

# はじめに

過去もなく、未来もない。あるのはただ瞬間の光の輪に包まれたいまの一瞬と、我々の身体のみ。そして必ずや訪れる絶頂と、恍惚のみ。

——ヴァージニア・ウルフ『波』(1)

生産性という計量化可能な尺度によって物事が計られる世界。目的やアジェンダのために現在を犠牲に捧げるキャリアデザイン的な生が幅を利かせ、目的のある計画や「何かの役に立つこと」の埒外にある、無為や気散じといった無用とされる営みは忌避され、ときには断罪される。

こうした世界にあっては、燃え尽き症候群《バーンアウト》や鬱病の発症によって心身の「壊れた」人々は、即座に「役立たず」の烙印を押され、用済みの廃棄物として社会から放逐されていくであろう。だが、人が「壊れ」に直面したとき、そこでは本当は一体何が起こっているのだろうか。

哲学者のグレアム・ハーマンは、ハイデガーの道具分析を参照しながら、「壊れ」が開示する世界を照らし出してみせる。私たちはふだん道具を使うとき、それを暗黙裡のうちに使用のネットワークの内側に位置づけている。たとえばハンマーは、釘を打つための道具として、ハンマーを握る手、釘、釘を打ち付ける板、といった諸事物のネットワークに緊密に組み込まれながら、「釘を打つ」という目的のために使用＝従属させられているわけだ。このとき、ハンマーという対象は関係性や相互作用などに還元されているといえる。しかし、ひとたびハンマーが壊れ、それが本来の用途として機能しなくなるや否や、ハンマーは突如ひとつの孤立した異様な対象、換言すれば「実在」として私たちの眼の前に立ち現れてくる。ある道具や機械や身体が期待された通りの機能をやめ、諸物のネットワークから失踪するとき、関係からはみ出た未知の側面、そのモノ自体に内在する還元不可能な余剰、言い換えれば亡霊的な過剰さが唐突に私たちに開示されるのだ(2)。

壊れた道具や機械や身体や生に宿る不分明な領域を探査すること。壊れてしまったモノはもはや本来の目的のために機能しない＝使用できないという意味では役に立たない、価値のない代物、顧みられることのない残骸あるいはゴミでしかないのかもしれない。しかし、そこには目的に従属させられる、有用性や生産性に絡め取られた生から（あたかも突然変異のように）逸脱した、別様の価値が潜在しているのかもしれない。資本主義リアリズムが資本による生の道具化、その全面化を意味するのだとするのならば、壊れたモノたちはたとえ微かであったとしても、この生と資本が相関化された世界の外部を指し示しているはずなのだ。

あらゆる目的や使用から解放された、消尽したモノたちは、さながらそれ自体で深く自足しているようにも見える。そこにあるのは、極限まで密度を高められた現在時に対する忘我をともなう集中と没入、言い換えれば、時間の厚みを欠いた、無限と瞬間が一致するような永遠の〈現在〉のようなものなのかもしれず……。

マーク・フィッシャーは著書『わが人生の亡霊たち』の序文にあたる文章の中で、「いずれにせよ、誰にとってであれ、自分自身であること（さらに言えば、自分自身を売り込むことを強いられること）ほど惨めなことはない。文化や文化に対する分析が価値を持つのは、それが自分自身からの逃走を可能にするかぎりでのことなのだ」と述べていた(3)。

現代は、「何者」かになることを常に強いられている時代である。誰もが発信者になることができるSNSの登場と、アルゴリズムが個人の趣味嗜好やアイデンティティを絶えず再帰的に輪郭づけようとするアテンション・エコノミーの台頭は、その傾向性を加速化させた。結果、私たちは疲弊し、無能感に取り憑かれているように見える。「壊れ」とは、自身のそれまでの同一性をもはや保つことができなくなる事態であり、それは必然的に脱自の運動を伴う。そこでは、自己の輪郭は曖昧になり、私の存在が外部に対して漏れ出していく。スピノザの言うように、「私たちは自分の身体のなすことを知らない」のである。

アイデンティティにも「何者」性にも還元しきれない、決して汲み尽くすことのできない余剰＝亡霊性。それはとりも直さず、私たちを縛り付ける相関的なものの絶対的な外部として私たちに取り憑くだろう。

本書は、筆者が二〇一九年から二〇二三年にかけて様々な媒体で執筆してきた、それぞれ文脈も異なる複数の文章を一冊にまとめた上で書き下ろしを新たに加えたものである。したがって、読者は本書をどこから読み始めても構わないし、どこで読むのを中断してもらっても構わない。以下は、雑多で茫洋とした本書を少しでもリーダブルなものにするための簡単な見取り図である。

第一部は様々なテーマを扱っているが、あえて一貫した（裏）テーマのようなものを見出すとすれば、それは「カウンターカルチャーの亡霊」になるだろう。六〇年代に端を発するカウンターカルチャーは、現在では資本主義に取り込まれその本来の役割を終えたと言われる。だが、汲み尽くしえなかったカウンターカルチャーの可能性は、亡霊となって今も世界を漂う。マーク・フィッシャーのアシッド・コミュニズムは、実現化することのなかったカウンターカルチャーの潜在的可能性を取り戻す試みとしてあったし、現代に復活した魔女カルチャーは、フェミニズムやエコロジー思想と結びつきながらカウンターカルチャーのアップデートを担うまでになっている。一方で、現在のシリコンバレーは、六〇年代のカウンターカルチャーの遺産（の一部）を引き継いでいるが、その際に何が引き継がれ、何が打ち捨てられたのか、といった問いが「社会正義に対する「逆張り」の系譜」の裏テーマとして現れる。

第二部では反出生主義が重要なテーマとなる。生まれてきた「使命」に抗い、無為を生き抜くことを志向する、それ自体が抵抗としての生。筆者は反出生主義をこのようにアレンジして定義している。負債としての生に抗い、無動機的な生の祝祭性を寿ぐ、という意味では第一部に収められた「終わるまではすべてが永遠」とも呼応し合っている。崩壊した現在＝永遠の現在を生きることは、筆者なりの反出生主義とも通じ合う。一方、「この世界、そして意識」では、そうしたある意味でユートピア的とも言えるヴィジョンが、その実ディストピア的（？）な統治とも隣接していることを思考実験的に描き出している。

第三部では、「ここではないもうひとつの世界」を幻視するオブセッションが前景化してくるが、他方で、ここでもやはり裏テーマとなるのが「右派によるカウンターカルチャーと左派政治の簒奪＝転用」である。「ダークの系譜」では、グラムシのヘゲモニー戦略を右派的に転用したアラン・ド・ブノワを筆頭に、「差異」や「多様性」を右派的な文脈に読み替えるオルタナ右翼や新反動主義者らが登場する。「Qアノン、代替現実、ゲーミフィケーション」では、Qアノンに象徴される陰謀論が扱われるが、陰謀論も元はカウンターカルチャー的なパフォーマンスと密接に結びついていた（たとえばロバート・アントン・ウィルソンらによるディスコーディアニズムやマインドファック作戦）。現在の右派による陰謀論は政治を動かすほどの力を得ているが、左派にそのような力はすでにない。左派は、「ここではないもうひとつの世界」を思い描く力をいつ失ったのだろうか（たとえば「コミュニズム」は「ここではないもうひとつの世界」を幻視する構想に他ならなかった）。「未来のユートピア的ノスタルジー的遠方」で引用される「異なったやり方で世界を知覚すること」というフレーズが、第一部第一章「気をつけろ、外は砂漠が広がっている」で引用されたミシェル・フーコーの言葉「はたして自分は、いつもの思索とは異なる仕方で思索することができるか、いつもの見方とは異なる仕方で知覚することができるか」と共振し合う。かくして円環は閉じられる。

現代社会にあっては、〈外〉は、彼方の世界は、もはやどこにも見出せない。だが、「壊れ」の只中において〈外〉とのコミュニケーション＝交流が立ち上がってくるとしたら、どうだろう。何かに向かって完成してゆく生ではなく、ただただ壊れてゆくだけの生。そして世界もまた壊れてゆく。私たちは世界の壊れ、ほころび、バグ、すなわち幽霊たちに取り囲まれながら、ふとした瞬間に〈外〉と交流してしまう。書き下ろしとなる「おわりに　Ghosts in the Broken Machine」では、そのようなことが書かれる。

この壊れかけた世界にあって、私たちはどれぐらい遠くにまで行けるだろう。わからない。とにかく、始めよう。

註

(1) ヴァージニア・ウルフ『波〔新訳版〕』森山恵訳、早川書房、二〇二一、二九〇頁。

(2) グレアム・ハーマン『四方対象——オブジェクト指向存在論入門』岡嶋隆佑監訳、人文書院、二〇一七、五九—六七頁。

(3) マーク・フィッシャー『わが人生の幽霊たち——うつ病、憑在論、失われた未来 (ele-king books)』五井健太郎訳、Pヴァイン、二〇一九、五三頁。

# I

# 加速する世界の憂鬱

# 1　気をつけろ、外は砂漠が広がっている　マーク・フィッシャー私論

忘れることのできない過去、思い出すことのできない現在。
気をつけろ、外は砂漠が広がっている……。
――マーク・フィッシャー(1)

ジェレミー・ギルバートによる追悼エッセイ「わが盟友マーク（My Friend Mark）」によれば、彼が最後にマーク・フィッシャーと会ったのは二〇一六年の一〇月下旬頃だった。そこでの会話はもっぱらフィッシャーが患っていたメランコリーについてだった。彼の脳で起こっていた神経伝達物質の異変は、彼から鬱と闘うための力を奪い取り、そのために彼はもはやどこにもたどり着けない状態になっているようにギルバートには思えた。フィッシャーのメランコリーは彼の身体ともリンクしていた。彼は自分の身体のケアを怠るようになっていた。不規則な食事と睡眠に加え、運動もしなかった。ギルバートが覚えている限りでも、フィッシャーは過去に少なくとも二度、心身の不調による入院を余儀なくされていた。

しばらくフィッシャーと話していると、彼は幾分か気力を持ち直したように見えた。翌日、ギルバートの元にフィッシャーからのメールが送られてきた。そこには、しばらくぶりにとても良い日を過ごしたこと、この鬱も長くは続かないだろうという旨が記されていた。そして、二人の共著『近代を取り戻す（Reclaim Modernity）』（二〇一五）の続篇となる共同作業を行いたいという提言も。しかし、その計画が実現されることはなかった。

二〇一七年一月、マーク・フィッシャーは自殺した。四八歳だった。残されたのは友と妻子、それと書きかけだった単行本の序文。『アシッド・コミュニズム――ポスト資本主義的欲望について（Acid Communism : on post-capitalist desire）』と題されたそれは、ギルバートや左派運動グループPlan Cとの共闘関係から生まれるはずのものだった。序文からは、六〇年代のアメリカを震源とする政治闘争とカウンターカルチャーの系譜、とりわけタイトルにも表れているように、いわゆるLSD（アシッド）に象徴されるサイケデリック・カルチャーの文脈を含めた六〇―七〇年代の遺産を大きなテーマとして扱うことが窺われた。

フィッシャーの仕事を多少なりとも知る者ならわかるように、ポスト・パンクやサイバーゴス文化に親しんできたフィッシャーは、「ラブ&ピース」を掲げるヒッピー文化にどちらかといえば反感を抱いてきたと言える。それゆえ二〇一五年の終わり頃、ギルバートが最初に『アシッド・コミュニズム』というタイトルを彼の口から聞いたとき、その「転回」に少なからず驚かされたという。もっとも、フィッシャーの「転回」にはギルバート自身も多かれ少なかれ関わっていた。前述の二人の共同作業『近代を取り戻す』においてもニューレフトの遺産を再評価する視点をすでに打ち出していたが、それは遡れば二〇一一年のとあるシンポジウムの中で、ギルバートがフィッシャーの「ヒッピー嫌い（hippyphobia）」に対して異議を唱えたことに端を発する。ギルバートからすれば、「ヒッピー嫌い」はそれ自体が資本主義リアリズムの症候のひとつに他ならなかった。つまり、ユートピア的理念の拒否には、カウンターカルチャーの失敗は不可避であったという無意識的な諦念が横たわっている。それこそは、資本主義リアリズムが要請する「この道以外にない（There is no alternative）」というイデオロギーを内面化させたことの証左でしかない。ネオリベラリズムやニューエイジ文化によるカウンターカルチャーの個人主義化を伴う取り込みと無力化は、それらのムーブメントの内因的な帰結ではなく、あくまで政治的な敗北を示しているのである。であるならば、左派が目指すべきはカウンターカルチャーの理念を諦めることではなく、その「可能性の中心」を剔抉することではないか。ギルバートはこうした問題意識を持っていた。[2]

フィッシャーもまた、彼の問題意識をクリティカルなものとして受け止めた。ディストピア的な「現実」に抗うオルタナティブな世界を新たな形の連帯によって幻視すること。それはいつか「現実」を侵食していき、そして新たな「現実」になる。だから、集合的な幻視を、空想を、思弁を、欲望を諦めてはいけない。こうしたフィッシャーが初期から一貫して抱いていた姿勢からすれば、彼が六〇年代のサイケデリアとそれが生み出す共同体の意識に潜勢力を見出したことにさほどの不思議はないのかもしれない。ここことは異なるビジョンを手に入れるためのサイケデリア？

マーク・フィッシャーは一九九九年にイギリスのウォーリック大学において博士号を取得している。同大学に在籍中、哲学者のニック・ランドやサディ・プラントらとともにCCRU（サイバネティック文化研究ユニット）の設立に携わった。CCRUは後の思弁的実在論や加速主義といった知的ムーブメントの隠れた源流でもあり、その思想的地下水脈は現在でも広範な影響力を持っている。CCRUで指導教官的立ち位置を占めていたニック・ランドは、資本主義の非人間的なプロセスを限界まで加速させることで資本主義の外部を幻視する思想を、熱に浮かされたような黙示録的文体とともに打ち出していた。

博士課程修了後、ゴールドスミス大学で教鞭をとりながら、フィッシャーはランドの資本主義を加速させる右派リバタリアニズム的側面からは距離を取り、代わりに左派の立場から新しい形のコミュニズムを模索するようになる。特筆すべきことに、この時期のフィッシャーの主な活動拠点はブログであった。あくまで学術的執筆の外部に足場を据えるという意味では、アカデミズムの硬直化した規範に徹底して反抗してきたCCRUの精神を正統に受け継いだ結果といえよう。ブログ「k-punk」で執筆されたテキストは、本、音楽、映画、TVドラマ、政治、思想、自身の鬱病など、多岐にわたる内容を含んでおり、音楽評論家のサイモン・レイノルズは「イギリスに存在する大半の雑誌よりも優れたワンマン・マガジン」と賞賛した。また、フィッシャーがブログ圏に築き上げたコミュニティは、その後の加速主義や思弁的実在論がオンライン上で活発に議論される下地を準備したという点でも決して軽んじることができない意味を持っている。

そんなフィッシャーが二〇〇八年に世に問うた単著が、彼の代表作と言える『資本主義リアリズム』である。そこでフィッシャーは、資本主義に代わるオルタナティブな社会を想像することすらできない現在の閉塞した社会状況を資本主義リアリズムと呼んだ。フィッシャーが資本主義リアリズムの例として挙げているのがメンタルヘルスにまつわる問題の蔓延である。たとえば鬱病などは往々にして個人の脳気質的な問題に還元されてしまい、周囲の労働環境や社会構造は考慮されない。そこでの精神の病はどこまでも個人の問題、つまり「自己責任」という新自由主義的な倫理に回収されてしまい、それが翻ってメランコリーをさらに深刻化させる。こうした資本主義リアリズムが全面化した社会に見られるストレスと政治的無力感の悪循環——この事態に対して為す術がないという諦め——をフィッシャーは「再帰的無能感」と名付けている。だが、これらメンタルヘルス問題とメランコリーの蔓延は同時に、資本主義が唯一機能しうる社会制度であるというよりも、むしろそれが本質的に機能不全に陥っていることを指し示している。

フィッシャーは自身もまた鬱と格闘しながら二〇一七年にみずから命を断った。彼も資本主義リアリズムのもとで生き、思索し、そして深く絶望していた。その絶望の深さこそが、「資本主義の終わりより、世界の終わりを想像する方がたやすい」という資本主義リアリズムの出口のなさを再帰的に証明することになった。

だが一方で、フィッシャーはネオリベラル資本主義のオルタナティブは想像可能であると常に信じていた——信じようとしていた。『資本主義リアリズム』は次のような印象的な一節で閉じられている。

> 歴史の終わりというこの長くて暗い闇の時代を、絶好のチャンスとして捉えなければならない。資本主義リアリズムの蔓延、まさしくこの圧迫的な状況が意味するのは、それとは異なる政治・経済的な可能性へのかすかな希望でさえも、不相応に大きな影響力を持ち得るということだ。ほんのわずかな出来事でも、資本主義リアリズム下で可能性の地平を形成してきた反動主義の灰色のカーテンに裂け目を開くことができる。どうにもならないと思われた状況からこそ、突然に、あらゆることがふたたび可能になる。(3)

ポストモダンに蔓延するニヒリズムと悲観主義を乗り越えて、この「退屈なディストピア（boring dystopia）」を打破するオルタナティブな地平を切り拓くこと。悲観主義ではなく楽観主義を、ディストピアではなくユートピアを。

マーク・フィッシャーへの追悼文を集めた記事「追悼――マーク・フィッシャー（In Memoriam : Mark Fisher）」の中で、編集者のエリー・メイ・オハガンは生前のフィッシャーがいかに楽観主義者であったかについて回想している。たとえば二〇一五年、社会主義者を自称し「オールドレイバー」を掲げるジェレミー・コービンが労働党党首に選ばれた際には、フィッシャーは左派の時代がやってくるという希望について活き活きとしながら語っていたという。フィッシャーは、今よりも良い世界がやってくるという信念を諦めたことがなかった。資本主義リアリズムという絶望の中においてさえも。(4)

だが、フィッシャーが望んでいたような左派の時代が訪れることは遂になく、代わりに訪れたのはブレクジットとドナルド・トランプの時代であった。二〇一六年一一月一五日、「k-punk」に書かれた最後の記事、しかし完成も公開もされることのなかった記事の中でフィッシャーは次のように書き付けている。「ブレクジットとトランプの後、退屈なディストピアは完全に終わった。私たちは今やまったく異なる種類のディストピアにいるのだ(5)」

退屈なディストピアは確かに打破された。しかし、その後に続いたのは茶番と笑劇めいた、もうひとつのディストピアだったのだ。ブレクジットについて問う国民投票が行われたのはフィッシャーの死の六ヶ月前、そしてドナルド・トランプ大統領の就任式が行われたのはフィッシャーの死の一週間後であった。フィッシャーは終わりなきディストピアの中で希望を見続けることに疲弊してしまったのだろうか。もちろん彼が一線を踏み越えた本当の理由は誰にもわからない。

フィッシャーは二〇一三年にもブログ上に「ヴァンパイア城からの脱出（Exiting the Vampire Castle）」と題した論争的なテキストを公開し、広く物議を醸していた。そのテキストは、オンライン上――とりわけSNS――に存在するリベラル左派に対する苛烈な批判を含んでいた。フィッシャーは彼らが振りかざすアイデンティティ・ポリティクスにいささかうんざりしていた。フィッシャーによれば、八〇年代後半に台頭したアイデンティティ主義（identitarianism）は連帯ではなく分裂を、繋がりではなく切断を生み出す。それらに先行していた、六〇年代の「政治の季節」が生み出した集団的闘争、すなわち女性解放運動（ウーマン・リブ）、ゲイ解放運動、ブラックパワー運動などと異なり、アイデンティティ・ポリティクスは、特定の社会的カテゴリー間に共通基盤や共通の目的を見出そうとする試みは不可避的に失敗するとみなす。アイデンティティ主義はどこまでも個人主義的な同一性に固執する還元主義的な身振りを特徴とするだけでなく、特定の社会的カテゴリーをいたずらに本質化する傾向がある、というのがフィッシャーの評価であった（こうした個人主義的かつ還元主義的なアイデンティティ・ポリティクスに対する初期の批判的な介入こそが、他ならぬジュディス・バトラーによるクィア理論やキンバリー・クレンショーによるインターセクショナリティ［交差性］の理論化の試みであったのだろう）。

一貫してコレクティブ（集団的）なアクションと意識改革が生み出す力を信じていたフィッシャーからすれば、これらアンチ連帯的な動向は耐え難いものであった。左翼は、いつからネオリベラル資本主義という共通の敵と闘うことをやめ、個々のアイデンティティという小さな枠内の議論に閉じこもるようになったのか。私たちは階級意識を取り戻し、資本主義リアリズムのオルタナティブとなるような、新しい形の共同体を模索しなければならない。つまりフィッシャーは、個の氾濫に集団意識を対置させようとしたのである。

労働者階級の関心＝利益（interests）は私たち全員の関心＝利益である。（対して）ブルジョワ階級の関心＝利益は資本の関心＝利益である。すなわち、誰にとっての関心＝利益でもない。私たちの闘争は、資本によって形成され歪められたアイデンティティを保存するのではなく、予期せぬ、新しい世界の構築に向けられなければならない。(6)

だが、この記事は有り体に言えば「炎上」した。SNS上のリベラリストたちはフィッシャーをここぞとばかりに槍玉に上げて批判した。中にはフィッシャーをオルタナ右翼と結びつけて中傷する者さえいた（とはいえ、オルタナ右翼らが志向したのが他ならぬ白人男性によるアイデンティティ主義であったことも思い起こすべきであろう）。なるほど確かにこのフィッシャーのテキストにはある意味で新反動主義とも親和性のある視点が打ち出されている。たとえばタイトルに示されているヴァンパイア城（リベラルが巣食うSNSのこと）からのEXIT（脱出）という視点は、リベラル民主主義からのEXITを唱える新反動主義者のそれにどこか近いと言えなくもない。また、ここでフィッシャーが指している吸血鬼の城とは、アイデンティティ・ポリティクスやポリティカル・コレクトネス（PC）を信仰し、敵を特定する異端審問（「あいつは性差別主義者だ」「あいつはレイシストだ」等々……）によって自らの立ち位置を守っている道徳主義的なリベラリストの牙城のことを指している。こうしたレトリックから、新反動主義者らの造語である、平等主義や人権意識といった民主主義のイデオロギーを奉納するリベラル・ネットワークであるところの「大聖堂（The Cathedral）」といったタームを想起する向きもあるかもしれない（事実、フィッシャーは罪や恐怖の感情によって突き動かされるリベラル左派の強迫的な道徳意識を「牧師的欲望」と名付けている）。

フィッシャーの「ヴァンパイア城からの脱出」については個別の議論が俟たれるだろうが、ここではさしあたり、フィッシャーが一貫して個人主義に基づくリベラリズムではなく連帯に基づく解法政治にこそ可能性を見出していたことを確認するに留めておきたい。

よって、フィッシャーが最後の「転回」を示した『アシッド・コミュニズム』の序文においても、まさしく「生産と慈愛と歓びのための集団的な力能」が志向されていたことは驚くには当たらない。フィッシャーは鬱による絶望の縁を漂いながら、六〇年代のカウンターカルチャーとサイケデリアがもたらした愛と政治と音楽の可能性をノスタルジックなまでに夢見ていた。

六〇年代後半に華開いた一連の民主社会主義とリバタリアン共産主義の実験、すなわち階級意識と社会主義的／フェミニスト的意識改革とサイケデリックな意識の融合、新しい社会運動と共産主義プロジェクトの融合を巡る前例のない実験の数々……、それこそがまさにネオリベラリズムが標的とし根絶せしめたものであり、その結果として現在の資本主義リアリズムの鬱屈とした終わりなきヘゲモニーがある。ネオリベラリズムのプログラムとは、自由であり得た世界の亡霊を祓い清める＝忘れ去ることに他ならなかった。ならば私たちの行うべきは、ネオリベラリズムによって忘却された、未だ現実化されたことのないカウンターカルチャーの潜在的な可能性の中心を奪い返すことであり、同時にそのことがアシッド・コミュニズムの創設に繋がっていく（アシッド・コミュニズムとは忘却された亡霊に与えられた名である）。「新しいヒューマニティー、新しい視覚、新しい思考、新しい愛。これがアシッド・コミュニズムの誓いである(7)」

フィッシャーはこのアシッド・コミュニズムの定理を、テンプテーションズの一九七〇年の楽曲「Psychedelic Shack」とそれが依って立つカルチャーから導き出す。だが、わけてもフィッシャーが着目していたのは、サイケデリック・カルチャーの中核を占めるＬＳＤに象徴される、意識の拡張を伴うマテリアリズム的実験であった。

ＬＳＤ、リゼルグ酸ジエチルアミド、通称アシッド。麦角に含まれるリゼルグ酸から誘導体であるリゼルグ酸ジエチルアミドの合成を行って作られる半合成の幻覚剤。

ＬＳＤの主な幻覚作用として、視覚の変容がある。目に映るものがそれまでと違った色彩を帯び、キラキラと周囲に光を発する。固定された物の形状は揺らぎ、生物のように脈打ったり曲がったりして見える。視覚変容の他にも様々な精神作用、たとえば時間と空間の引き伸ばし現象などが見られる。ほんの数分が何時間にも感じられ、隣の部屋に移動するだけで、何キロメートルも歩いたような錯覚に襲われる。

一九三八年に科学者の手によって「発見」されたＬＳＤは、ティモシー・リアリーらによる伝道活動によって、一躍六〇年代のカウンター／サイケデリック・カルチャーのイコンとなった。もちろんフィッシャーは、このＬＳＤを往年のカウンターカルチャーの単なるイコンとして『アシッド・コミュニズム』の中で取り扱っているのではない。フィッシャーは、ＬＳＤという物質に象徴される集団的な「意識の拡大」――サイケデリックな理性に、アシッド・コミュニズムを可能にする政治的地平をまさしく見て取ろうとしていた、と見るべきだ。

ＬＳＤにおける意識の変容は、それまで現実として認識してきたものとの関係を問い直す。私たちが経験する空間や時間のカテゴリーが変容可能で可塑的なものにすぎないとしたら？　それはさらに翻って、意識状態のサイケデリックな変容が、権力や搾取といった資本主義リアリズムのイデオロギー的構造を、より明晰に認識できるようにし、それらの構造が決して「普遍的」でないことに気づかせてくれる契機をもたらすかもしれない。

そもそも、正常な状態の意識とは何だろうか。見方によっては、新聞、映画、テレビ、インターネットといったメディアが発信するイメージの氾濫に二四時間包囲された後期資本主義における私たちの意識は、電子的に媒介された恒常的な夢遊病の状態に置かれているともいえるのではないか。それだけではない。私たちの暮らす「普通」の世界は、理解しがたいほど一貫性がなく、恣意的で権威主義的で、奇妙な儀式やマナー、命令、反復、オートマティスムに支配されたナンセンスな機構として現れる。資本主義リアリズムとはそれ自体が悪い夢（自分が夢であることを忘れてしまった夢）であり、一種のトランス状態に他ならない。サイケデリックな理性は、日常世界の恒常的な夢遊病は、別種のトランス状態からでなければ正しく理解できないことを示唆しているようだ。

サイケデリクスがもたらす「笑い」――いかなる現状にまつわる価値の認証や追随からも遠く離

れた場所から響いてくるその笑い声――は、私たちがそれまで常識だと思っていたものを奇怪で矛盾に満ちたものに変容させる。その哄笑は、資本主義リアリズムが決して「絶対」でも「不変」でもないことを暴露する。

フィッシャーがこの点について、ミシェル・フーコーのＬＳＤ体験に言及しながら思索を展開していることにも注目したい。

一九七五年五月末、フーコーは歴史学者のシミアン・ウェイドとその恋人の作曲家マイケルを伴い、デスヴァレーのザブリスキー・ポイントでＬＳＤを摂取した。三人が座る横にはポータブルのテープレコーダーが置かれ、カールハインツ・シュトックハウゼンの電子音楽『コンタクテ』が流れていた。

二時間後、のちのウェイドの回想によれば、フーコーは笑みを浮かべ、そしておもむろに星に向かって手を伸ばしてこう言ったという。「空が炸裂した、そして星がぼくのからだに雨のように降り注いでくる。これは真実じゃないとぼくにはわかっている、けれどやはりそれは《真実＝真理》なんだ」

フーコーはこのＬＳＤ体験について、のちに「わが人生最大の経験」と呼んでいる。実際、フーコーは自身の研究プランに重大な「転回」を加えざるをえなくなった。フーコーはパリに戻ってくると、『性の歴史』のための膨大な草稿を放り出してしまう。彼はシミアン・ウェイドに手紙を書き、性現象に関してそれ以前に書き上げていたほとんどすべてのものを棚上げしてしまったと告げている。(8)

いわゆる「権力」概念に焦点を合わせていた七〇年代フーコーから、「主体」概念に焦点を合わせる八〇年代フーコーへの転回を告げる重要なエピソードの核心に、デスヴァレーにおけるＬＳＤ体験があったことは示唆的である。さながらＬＳＤはフーコーが以前から練り上げていた「限界経験（limit-experience）」と呼ぶもの――〈外〉の思考――に唯物論的基盤を与えたかのようだ。フーコーは、一九七六年の『知への意志』（『性の歴史』第一巻）から八年もの沈黙期間を空けて出版された八四年の『快楽の活用』（同書第二巻）の序文において、この本の執筆を駆り立てたものは「自分自身からの離脱を可能にしてくれる好奇心」であると述べた上で、次のように付け加えている。

はたして自分は、いつもの思索とは異なる仕方で思索することができるか、いつもの見方とは異なる仕方で知覚することができるか、そのことを知る問題が、熟視や思索をつづけるために不可欠である、そのような機会が人生には生じるのだ。(9)

いかにして私はこの私を乗り越えて〈他〉を経験することができるのか？　いかにして私はまだ存在せず、それがどのように、そして何になるのか知ることのできないような何かを生み出すことができるのか？

あるいは、スピノザに倣ってこう言うべきであろうか。「私たちは未だ身体が何を成しうるかほとんど知らない」。よって、問題は今や身体とその使用法――快楽の活用となる。

フィッシャーも同様に、ＬＳＤを「異なる仕方の思索」と「異なる仕方の知覚」を可能にする媒体として捉えていた。このサイケデリアがもたらす〈他〉なる意識は、資本主義リアリズムのオルタナティブへの道を開くだろう。

ところで、サイケデリックな実践は六〇年代以前にも存在していたはずである。フィッシャーはなぜ六〇年代を特権視するのだろうか。この点について、フィッシャーは『アシッド・コミュニズム』の中で次のように述べている。

幻覚剤は新しいものではなかった。多くの前―資本主義社会は、幻覚的ビジョンと幻覚剤の使用を儀式的実践の内部に取り込んでいた。（一九六〇年代のサイケデリック文化が）新しかったのは、特定の儀式化された空間と時間、そして特定の開業医――シャーマンや魔術師など――によるコントロールから幻覚剤を解放させた点にある。意識の実験は今や原理上、すべての人に対して開かれていた。(10)

この点については若干の異論もあるだろう。というのも、幻覚剤はこの時代にあっても「コントロール」から完全に自由になったとは決して言えない状態であったからである。それどころか、当時は幻覚剤を国家のコントロール下に置こうとする試みが不断に行われていた時期にあたる。たとえばＣＩＡは一九五〇年代初頭から一九六〇年代にかけて、ＬＳＤを含めた幻覚剤を、被験者に「真実」を告白させるための自白剤として使用するための実験を盛んに行っていた（これは現在ではＭＫウルトラ作戦として周知されている）。ＣＩＡはＬＳＤが自白の役に立たないとわかると、今度はＬ

SDが精神障害と類似の症状を引き起こす点に着目した。CIAは科学者たちに助成金を与え、LSDを研究させた。科学者の報告によれば、LSDは現実認識に激変を起こし、信じているシステムを一時的に宙吊り状態にする。ならばその隙に相手を屈服させ、こちらの都合のいいように洗脳することも可能なのではないか。

結局CIAはこのアイデアも断念するに至るのだが、LSDの調査実験は合衆国陸軍も加わり引き続き行われた。中には民間人にそれと告げずにLSDを投与する実験も行われていた[11]。

他方で、精神障害を起こす幻覚剤としての側面ではなく、治療薬としてのLSDの側面に着目する研究者グループが出てくる。たとえばイギリス人精神分析医、ハンフリー・オズモンド博士は、LSDなどの幻覚剤は単なる精神障害誘発剤をはるかに超える機能を持っており、「精神をゆたかにし、ビジョンを拡大する側面」を含めていると主張した。一九五七年、オズモンドはギリシャ語で「精神の顕現」を意味する「サイケデリック（psychedelic）」という言葉を提唱した。この言葉は作家オルダス・ハクスリーとの手紙のやりとりから生まれたものである。ハクスリーは一九五三年にこの医師の立ち会いのもと、はじめてメスカリンを自身に投与している。この際の意識変容の経験が『知覚の扉』へと繋がっていく。サイケデリック・カルチャーの土台が整いつつあった。

奇しくも、ビート作家やそれに続くヒッピーたちはLSDを「真実を探求するための」ドラッグと見なしていたが、他方で国家とCIAはLSDを「真実を自白させるための」ドラッグと見なしていた。一方、LSDとそれが近いうちに巻き起こすことになるサイケデリック革命に対して一貫した批判意識を抱いていた作家がいた。それはウィリアム・バロウズである。

バロウズは、サイケデリクスは知覚の変容と拡大を望む民衆を解放するためではなく、むしろ彼らを「コントロール」するために利用されるのではないかと警戒していた。バロウズはあらゆるドラッグを試し尽くしていたが、彼が小説を本格的に書き出すのはドラッグ(ヘロイン)中毒を脱してからだった。バロウズが一九六四年に発表した『ノヴァ急報』には次のような一節がある。

連中の不死宇宙的意識と愛はセコハンB級のクソだ――連中のヤクはオルガズム死とノヴァ炉直行用にデザインされた毒だ――歓びの園には近寄るな――そいつは人食い罠で、果ては緑のぬとぬと――やつらの模造不死を投げかえせ――そんなもん、あんたがそのでっかい店を出るより先にバラバラ――ヤクの刺激は便所に流しちまえ――やつら、幻覚ドラッグに毒を混ぜて独占してやがるんだから――化学コーンなしの合成方法を学べ――やつらが提供するのは、連中がぶざまにも管理しそこねた植民地からの退却を隠蔽するための目くらましにすぎない。(12)

ジル・ドゥルーズは『意味の論理学』のドラッグについて言及している箇所で、バロウズの印象的なフレーズ「化学の道を通って到達できるものはすべて、別の道を通っても接近可能であると思い付け……」を引用している。ドゥルーズが「規律社会」から「管理社会」への転換を予言したテキスト「追伸――管理社会について」の中で、「管理(コントロール)」という呼称の発案者に他ならぬバロウズの名を挙げているのは単なる偶然ではないだろう。

一八世紀に現れ二〇世紀初頭に頂点に達した規律社会は、監獄や精神病院に象徴されるように

「監禁」をそのモデルに敷いていた。対して現在ヘゲモニーを握っている管理社会においては「マネジメント」と「コントロール」がそれに取って代わる。私たちはグローバルなネットワークから成るマーケティングとビッグデータの時代を生きている。そして、この不断の競争とコミュニケーションが推進される社会において前景化してくるのがメンタルヘルスとセルフメディケーションだ。どこまでも要請される自己管理と自助努力と自己啓発。企業サラリーマンはメンタルクリニックで処方されたレクサプロとベンゾジアゼピン系抗不安薬を服用しながら休日出勤をし、大学生はクラスメイトから譲り受けたコンサータとスマートドラッグを飲みながら徹夜でテスト勉強をする。一九八〇年代にイーライリリー社から発売されたSSRI、プロザックは「ハッピードラッグ」と喧伝されアメリカを席巻した。資本主義リアリズムの時代のサイケデリア。

六〇年代のサイケデリック・カルチャーは、集団的な意識の拡大と上昇による政治的解放を目指すものであった。しかし、ネオリベラル管理社会が押し付ける個人主義は、ニューエイジ・カルチャーと結託しながら、新たな連帯のためのマテリアリズム的実験をマインドフルネス的な自己修養（自己の統治）のメソッドに還元してしまった。かくして、私たちの集団的な政治意識はますます減退し枯渇していく。

私たちは今も資本主義リアリズムという名のバッドトリップを生きている。それならば、私たちが成すべきはこれ以上この悪夢に中毒のように酔いしれることでなく、この悪夢から少しでも早く目醒めることであろう。「現実という砂漠へようこそ（Welcome to the Desert of the Real）」

もちろん、そこには『マトリックス』のような機械に支配された魅力的な世界も救世主が世界を救う英雄譚も存在しない。私たちはまだ本当の砂漠を知らない。あるいは、私たちは未だ絶望がほんの少しだけ足りていないのかもしれない。いかにして絶望を勝ち取るのか。いかにして〈外〉を、砂漠を勝ち取るのか。

フィッシャーには「何の役にも立たない（Good For Nothing）」という、一〇代の頃から彼を苦しめてきた自身の鬱病について書いた文章がある。

僕が自分の精神的苦痛の経験を書くのは、それが何か特別だったり珍しいと思ってるからじゃない。そうじゃなくて、多くの鬱の形は、個人の枠組みや心理学の枠組みではなく、むしろ非個人的かつ政治的な枠組みを通すことで、もっとも理解でき、そして闘うことができるという主張に僕が与しているからだ。

自分自身の鬱について書くのは難しい。鬱を部分的に構成しているのは、あざ笑うような「内なる」声だ。それは怠惰を責め、お前は憂鬱なんかじゃなく、単に自分を哀れんでるだけだ、気をしっかり持て、と言ってくる。この声の発現は、人前で自分の状態を打ち明けたときを引き金にして起こりやすい。もちろん、この声は「内なる」声ではまったくない。この声は、現実に存在する社会的な諸力の内面化された表現なのだ。そしてこの社会的な諸力のうちの一部は、鬱と政治とを結ぶいかなる繋がりも否認できるという特権を持っている。(13)

フィッシャーは、自身の問題は自身の力だけによって治癒できないことを誰よりもわかっていた。あなたが被っているどのような不安であれ鬱であれ依存症であれ、それらが自助努力や社内出世によって解決されることはない。なぜならそれはあなたのせいではないのだから。それなのに、なぜ人は自分を責め立てるのか。それは、「自己責任」という資本主義リアリズムの道徳がそうさせているからだ。そうやって資本主義リアリズムは人々を相互に孤立させて競争に明け暮れさせていく。そこから零れ落ちた人は「内なる」声に苛まれ、悪夢を見、もしくはアルコールやドラッグにアディクトして終わりなきバッドトリップへ陥っていく。

だが、このような資本主義リアリズムの構造それ自体が悪夢でなくて、アシッドによるバッドトリップでなくてなんだろうか。

資本主義リアリズムの時代のアシッド・コミュニズム。それはこの現実という絶望と悪夢を、すなわちバッドトリップを共有する人々の連帯であるのかもしれない。

複数人でLSDを服用する点で重要なのはセットとセッティングだと言われる。セットは心身の状態、セッティングは周囲の状況を意味する。LSDは周囲の環境や雰囲気、また本人の精神状態如何によってグッドトリップにもバッドトリップにも振れる。万が一バッドトリップに陥ってしまった者にはトリップシッターと呼ばれる熟練者が付きそう。そして、肩を叩きながら「この悪夢が長く続かない」ことを諭してやる。大丈夫だ、もうすぐ醒める。

彼は優しく告げてくれるだろう。ここではないもうひとつの現実という砂漠が待っていることを。やがて資本主義リアリズムは終わり、あらゆることがふたたび可能になる。気をつけろ、外は砂漠が広がっている……（Take care. It's a desert out there…）。

## 註

（1）Mark Fisher, Ghosts of My Life : Writings on Depression, Hauntology and Lost Futures, Zero Books, 2014.
（2）Jeremy Gilbert, "My Friend Mark,"（https://jeremygilbertwriting.files.wordpress.com/2017/03/my-friend-mark40.pdf）.
（3）マーク・フィッシャー『資本主義リアリズム』セバスチャン・ブロイ＋河南瑠莉訳、堀之内出版、二〇一八、一九八―一九九頁。
（4）Dan Hassler-Forest, Ellie Mae O' Hagan, Mark Bould, Roger Luckhurst, Carl Freedman, Jeremy Gilbert, "In Memoriam : Mark Fisher," Los Angeles Review of Books（https://lareviewofbooks.org/article/in-memoriam-mark-fisher/）.
（5）Mark Fisher, "Mannequin Challenge," "Exiting the Vampire Castle," "Acid Communism（Unfinished Introduction）," k-punk : The Collected and Unpublished Writings of Mark Fisher（2004–2016）, Repeater Books, 2018.
（6）"Exiting the Vampire Castle", k-punk : The Collected and Unpublished Writings of Mark Fisher［2004–2016］.
（7）"Acid Communism（Unfinished Introduction）", k-punk : The Collected and Unpublished Writings of Mark Fisher［2004–2016］.
（8）ジェイムズ・ミラー『ミシェル・フーコー／情熱と受苦』田村俶・雲和子・西山けい子・浅井千晶訳、筑摩書房、一九九八。
（9）ミシェル・フーコー『快楽の活用（性の歴史）』田村俶訳、新潮社、一九八六、一五頁。
（10）"Acid Communism（Unfinished Introduction）"
（11）マーティン・A・リー、ブルース・シュレイン『アシッド・ドリームズ』越智道雄訳、第三書館、一九九二。
（12）ウィリアム・S・バロウズ『ノヴァ急報』山形浩生訳、ペヨトル工房、一九九五（PDF版：https://cruel.org/books/nova/novaexpress.pdf）、四頁。
（13）Mark Fisher, "Good For Nothing," Occupied Times of London（https://theoccupiedtimes.org/?p=12841）.

## 2 魔女、ダンス、抵抗　現代魔女とクラブカルチャーの交差点

栄誉の座にある太陽に、踊れ、
樫の王の逝去に踊れ、
柊の王の勝利に踊れ、
踊れ、女神よ、踊れ、
踊れ、女神よ、踊れ、
踊れ、女神よ、踊れ……(1)

一七世紀から一九世紀、カリブ海地域のプランテーションにおける黒人奴隷たちにとって、ダンスという身体表現行為は、迫害と抑圧からの抵抗／逃亡であり、それは祝祭性だけでなく、自律的な身体空間の創造という意味で、奴隷制度への能動的な文化的／政治的介入＝抵抗であるということを、ガブリエル・アンチオープは著書『ニグロ、ダンス、抵抗』の中で実証してみせた。

ダンスを剥奪し、身体を規律化させることは、統治する側にとって常にひとつの焦点であり続けた。たとえば、禁酒法時代の一九二六年に制定されたニューヨーク市のキャバレー法。バーやクラブのオーナーに対して、店内でのダンスの許可に高価なライセンスの取得を義務づけたこの悪法はまた「ダンス禁止法」という通称で呼ばれもした。もともと黒人のミュージシャンや彼らが集うジャズクラブを標的にし、その後も少数民族や社会から疎外されたコミュニティの弾圧に加担してきたこの法律は、結局ニューヨークで九一年間もの長寿を保っていたが、二〇一七年、ラファエ

ル・エスピナル議員がキャバレー法撤廃を提案し、市長に承認されたことによってひとつの転換点を迎えた。
トランプ政権下でのダンス禁止法の撤廃という決して小さくない変化の背後には、多くのアクティヴィストたちの抗議活動があった。その中のひとり、Dance Liberation Network というグループを結成した女性キュレーター、フランキー・ハッチンソン（Frankie Decaiza Hutchinson）は、ニューヨークのアンダーグラウンドなブラックミュージックのアーティストをフィーチャーした Dweller Festival の開催者でもある。[2] この、二〇一九年の黒人歴史月間である二月に第一回が開催され現在まで続くフェスティバルの名称には、クラブミュージックのルーツにあるブラックネスの魂が参照されている。すなわち、デトロイト・テクノのパイオニア的存在であるドレクシアが一九九二年にリリースしたEP『Deep Sea Dweller』がそれである。奴隷船から大西洋に投げ捨てられた黒人女性が海の底で怪物化しながら今も人知れず生き続けているというドレクシアが創作した神話は、アフロフューチャリズムとも共振し合いながら、失われた黒人の歴史とルーツ＝故郷を逆照射する。抑圧されたものの回帰。[3]
白人男性が多数を占めるクラブのダンスフロアをジャックし、マイノリティをエンパワーしクラブ空間に多様性をもたらすこと。ダンスカルチャーに対して仕掛けるハッチンソンのアクションは、そのキャリアを通して一貫している。ハッチンソンは二〇一四年、フィメール・ブッキング・コレクティブ Discwoman を、エマ・バージェス＝オルソン（Emma Burgess-Olson）、クリスティン・マクチャレン＝トラン（Christine McCharen-Tran）という二人の女性らとともに設立した。彼女たちは、

Discwoman を結成した動機について、さまざまなメディアで繰り返し語っているが、その根幹にあるのは、現在のクラブシーンにはびこっているセクシズムだった。たとえば、エレクトロニック・ダンス・ミュージック（EDM）におけるジェンダーの無視しがたい不均衡。二〇一五年のエレクトロニック・ミュージック・フェスティバルのアーティストにおける女性の割合はわずか一一パーセントで、エレクトロニック・レーベルにおいては一八パーセントしか女性をリストに載せていない。他にも、男女の賃金格差はDJの世界にも厳然と存在している。こうした、EDM業界の中心を白人男性が占めている趨勢にアゲインストするため、Discwoman は女性を自認するDJたちをプロモートするプラットフォームを用意し、彼女たちをより大きなイベントでブッキングし、各アーティストが相応の報酬を得られるように働きかけることを通して、シス女性、トランス女性、ジェンダークィアを含めた広義のフィメールDJの立場と認知度を高めることを試みている。「現在、EDMの大物エグゼクティブの大半は白人男性です。業界のビジネス面でより多くの視点を提供することで、この根強い性差別を変えることができると考えています」と、トランは『ハフィントン・ポスト』のインタビューで語っている。(4)

Discwoman は二〇一四年の設立以来、メキシコシティ、ロサンゼルス、ニューヨークを含む世界中の都市でイベントを開催し、ハイチ系アメリカ人女性アーティスト・Ashley Venom やトランス女性DJ・Goth Jafar といった多様なフィメールDJをブッキングしてきた。Discwoman はその活動を通じて、業界にはびこる性差別／人種差別、ハラスメント、ボディシェイミング、トランスフォビア、ホモフォビアに抗し、男性中心主義的なボーイズクラブに反対するマイノリティたちを遍くリプレゼントしてきた。

ところで、そんなDiscwomanの前身に魔女カルチャーが関わっていたことはあまり知られていない。Discwomanの共同設立者のひとり、クリスティン・マクチャレン＝トランは二〇一二年からブルックリンはブッシュウィック地区においてその名も「ブッシュウィックの魔女たち（Witches of Bushwick）」というクィア・パーティー兼カヴンを開催していたのだ。(5)

ジョン・アップダイクの一九八四年の小説『イーストウィックの魔女たち』を名前の由来とする「ブッシュウィックの魔女たち」は、ブルックリンのレズビアンやトランスジェンダー、そして魔女（ウィッカ）を自認する女性たちが集まる月例のパーティーで、女性の絆、創造力の濃縮、より高い精神領域との接触といった、ウィッチクラフトから取り入れた思想を掲げていた。(6)

ブルックリンのブッシュウィック地区には、オカルト関係の書籍を専門に扱う書店兼イベントスペースとして知られるキャットランド（Catland）や、昼はヨガスタジオ、夜には地元のウィッカや神秘主義者、スピリチュアルガイドを招いてのイベントを開催するBody Actualized Center（現在は閉業）など、魔女やオカルト、ニューエイジといった霊的なシーンが根付いている、とトランは『ニューヨーク・タイムズ』による二〇一四年に行われた取材インタビューの中で語っている。(7)

「ブッシュウィックの魔女たち」は、ビジュアルアーティスト、ファッションデザイナー、DJ、パフォーマーなど、さまざまな人々が集まる。女性のためのクィア・パーティーを開くことから始まり、その後、マルチメディア・イベントやアート雑誌『The Coven』の刊行などの多岐にわたる活動を行うクリエイティブ・エージェンシーへと発展。彼女たちにとって「魔女」とは、多様な人種や階級の違いを超えた友愛と連帯を可能とするための、ひいては女性の潜在的かつ集団的な力能の再生をエンパワーするための象徴《イコン》に他ならなかった。

「ブッシュウィックの魔女たち」はまた、ブルックリンを活動拠点とするCREEPやDARK SISTERといった、いわゆるウィッチハウス（Witch house）と呼ばれる音楽ジャンルのアーティストを招いたパーティーも開いているが、それも考えてみれば当然のことであろう(8)。

二〇〇九年にTravis Egedyによって半ば冗談で考案され、二〇一〇年代初頭に最初の隆盛を迎えたウィッチハウスは、その名の通り「魔女」を構成するオカルト的な諸ファクターをサウンドとアートワークに取り入れたハウスミュージックである。

ダブステップ以降のベースミュージックを土台に、トラップ、スクリュード&リヴァーブ、ダークアンビエント、チルウェイヴ／シンセウェイヴ、インダストリアル・ノイズ、シューゲイザー、ブラックメタルといった無数のジャンルを魔女の大釜で煮るように縦横無尽にブレンドさせ、ヴィジュアル面ではゴシックやホラー映画の意匠を好んで引用する。ピッチを落とし、深いリヴァーブがかけられた女性ヴォーカルは、さながら幽玄の彼方から響く亡霊の気息《プネウマ》のように空間を漂いながら遠い残響の尾を長く残していく。ダビングを繰り返したビデオテープの如き砂嵐とスイッチングノイズを多用した不穏なMVはどこか『リング』の呪いのビデオを思わせもする。他にも、逆さ十字架や鏡文字などの特徴的な記号やフォントの多用、ヴェイパーウェイヴ的な美学（Aesthetic）の援用、等々、ミレニアル世代以降のインターネットカルチャーとも交差しながらウィッチハウスは形成されてきた。ヴェイパーウェイヴ同様、ウィッチハウスのムーヴメントもまたその誕生以来幾度も死を宣告されてきたが、ダークウェイヴやフォンク（phonk）といった新興ジャンルとも融合しながらYouTubeやBandcampの暗がりで今も息づいている。

ウィッチハウスの名付け親Travis Egedy（彼もブッシュウィックを拠点に活動していた）は、インタビューの中で自身のアートと音楽はどちらもゴスカルチャーを参照し、病的な美学、ゴス的なもの、ある種のシリアスでダークな質感に魅了されていると語っていた。[9]

だが、胎動期のウィッチハウスを特徴づけるインダストリアル・ミュージックからの影響は、現代魔女の系譜学とクラブカルチャーの交差点を考える上でもとりわけ重要に思える。たとえば、前述の「ブッシュウィックの魔女たち」にも参加していたCREEPは、二〇一〇年に行われたインタビューの中で、次のように述べている。

> 高校時代に聴いていたすべての音楽が、今でも私たちに影響を及ぼしている。インダストリアルやゴス、シューゲイザーやオルタナティヴに夢中だった。それが、Portishead、Tricky、Lamb、Throbbing Gristleといったバンドに対する愛へと変化していった。九〇年代にレイヴァーになったこととと合わせて考えるとかなり奇妙だね。[10]

彼らが最後に挙げたバンドThrobbing Gristle（TG）こそは、インダストリアルのオリジネーター的存在である。一九七〇年代の英国で発生したインダストリアル、その要諦をあえて一言で述べるのなら、（シチュアショニスト的な意味における）「転用」というＤＩＹ技法を用いて資本主義社会へのアンチテーゼを叩きつける、優れてパンク的精神に根ざした対抗音楽、とでもいえるだろうか。工業に由来する素材や廃棄されたジャンク機械を楽器に「転用」させ(たとえば金属類はパーカッションに即座に転化される)、限定された使用から切り離された、異なる使用に向けられる。それはポール・ヘガティも指摘するように、制度に仕える目的や目標志向の行動の破壊であったりもするのだ。だが、耳障りな金属音と打撃音のようなビート、そしてはノイズの洪水といったダークで退廃的なサウンドを聴けば、それが取りも直さず音楽という制度それ自体の破壊でもあることに気づくだろう。ヘガティは次のように述べる。

パンクと同様、インダストリアル・ミュージックは音楽への不信の表明であるが、現代芸術や社会への憎しみはより根深く、結果としてその批判はもっと手荒い。それはダダのように、反美学を標榜し、芸術を無効にするために芸術をツールとして使う。パンクとはちがって答えは変革ではなく、資本主義社会の腐敗を意識させることである。(11)

TGを含めた胎動期のインダストリアルバンドは、その多くがウィリアム・バロウズとアレイスター・クロウリーという二人の人物からの影響を受けていた。バロウズはカットアップ・メソッドやフォールド・インといった言語攪乱技法によって言語ウィルスに対する情報戦争を仕掛けた最初の作家である。考えてみるに、中世に猖獗を極めた魔女狩りは、印刷技術の勃興と無視しえない関係性にあった。悪魔学者たちによる魔女弾圧の書物は印刷機によってまたたくまに複製され、ベストセラーという現象を歴史上はじめて生み出した。「魔女」という言葉はヨーロッパ中を回遊しながら不吉なウィルス性のミーム＝言語ウィルスと化し、魔女狩りのムーヴメントに火をつけた。そう、それは世界で最初のメディア的情報戦争であったに違いないのである。バロウズの関心は、言語という情報ウィルスをＤＹＩ的なカットアップ技法を用いてハックすることで、巨大メディアや権力の行使する暴力に抵抗することにあったといえる。そうしたバロウズのカットアップ戦術は、現在では混沌魔術《ケイオスマジック》にまで霊感を与えている。

もうひとり、イギリスの魔術師アレイスター・クロウリー。彼は自身の魔術を「MAGIC」ではなく「MAGICK」と表記し、セレマに象徴される、ドラッグや性的／異教的要素を用いた独自の魔術体系を打ち立てた。ＴＧは、その前身であるクーム・トランスミッションズのパフォーマンスにおいて「パワー、セックス、MAGICK」というクロウリー流のテーマを応用し、血と精液を用いた供犠の擬態を演じることでクロウリーに対する影響を明示してみせたが、クロウリーへの参照は、ＴＧから後のサイキックＴＶ、そしてTOPYへ至る活動の中で継承され、より前面化されていくこととなる[12]。

サイキックＴＶ（Psychic TV）は、八一年に活動に終止符を打ったＴＧから分派して生まれたユニットで、メンバーはジェネシス・Ｐ・オーリッジとピーター・クリストファーソンの二人。また、それと同時期に、ジェネシスを中心として、（持田保氏による形容を借用させてもらえば）クロウリー直系の黒魔術集団的要素と六〇年代カウンターカルチャーコミューン的要素をブレンドした如きの神秘主義的秘密結社集団、テンプル・オブ・サイキック・ユース（TOPY）が組織される[13]。

古代英国の異教徒の自然崇拝儀式と古代北アメリカ文明のそれを統一すると公言するTOPYの秘儀的活動の全容は未だに解明し尽くされているとはいえないが、その断片的な情報からTOPYの茫洋とした輪郭にアクセスすることはできる。たとえば、ダグラス・ラシュコフは著書『サイベリア』の中で、TOPYを、人間解放という目的のために文化を通じて魔実（彼らはmagicではなくmajickと綴る）を伝播するための、数千人の会員を擁するカルト的なネットワークであると要約した上で、次のように付け加える。

> 彼らはテクノ異教主義のもっとも極端な例だ。中世趣味から古代の異教的精霊崇拝にまで意識的に遡ると同時に、コンピュータ・テクノロジーを通じてグローバルな情報生物の創造をめざしている。TOPYの起源はハウス・カルチャーよりも古く、もしかするとハウスの種を播いたかもしれないが、甘ったるくて軟派で感傷的なエクスタシー族とは最初から一線を画している。(14)

テクノ異教主義《ペイガニズム》とは、マーク・デリーによる定義に従えば、キリスト教以前の多神教的自然崇拝を包括的に指すムーヴメントである新異教主義《ネオペイガニズム》とニューエイジが、デジタル・テクノロジーや非主流的コンピューター・カルチャーとともに収斂したもの、ということになる。(15) 著書『エスケープ・ヴェロシティ――世紀末のサイバーカルチャー』の中から、マーク・デリーがテクノ異教主義の例としてTOPYについて言及している箇所を引用しておく。

TOPYが取り入れたのは、まず、社会統制とゲリラ情報戦争に関するウィリアム・S・バロウズのアイディア、そして、イギリスのオカルト主義者アレイスター・クロウリーとオースティン・オスマン・スペアの錬金術的教え、さらに最も重要なのは、魔術はテクノロジーでテクノロジーは魔術だ、という相補的な考え方だ(16)。

TOPYのテクノロジー＝魔術の実践のひとつにテレビ魔術がある。深夜、輝度やコントラストを最大にして、何も映っていないチャンネルに合わせることで、ブラウン管テレビが映し出す砂嵐の中から啓示を受け取るのだ。それは水晶玉の代わりにテレビジョンという文字通りの意味での媒介物《メディア》を用いた現代的な魔術儀式であるという(17)。

ジェネシス・P・オーリッジは、一九九〇年のインタビューの中で、クロウリーからの影響について訊ねられた際に、次のように答えていた。

ああ、非常に〔クロウリーから〕影響を受けた。しかし私はそれ以上に未来の魔術に関心を持っている。ポラロイドやカメラやカセット・レコーダー、コンピュータなどを使った未来の魔術だ。問題は常に時間を超越してある。例えば生きるとか死ぬとか、全ての人間が共通して体験する基本的な問題のように。しかし、そのような真理を掴み取るために、どのような手段を使うかは時代と共に変わる。だから我々の真の目的はハイパーデリック・ミュージックであろうと、他のどのような音楽であろうと、あるいはどんなイヴェントであろうと、無意識の世界に分け入り、それを統合し、それと生そのものとの調和を保っていくことである。そしてそのことによって人類は進化の新たな段階へと突入し、真に知的な人間になると、我々は信じている。我々はそのためにテクノロジー、コンピュータ、我々が学びとった全ての助けを借りて人々をそこに導こうとしているのだ。[18]

テクノ異教主義、それは二〇世紀のヘゲモニーを握る近代合理主義や科学的権威に対する異議申し立てというカウンターカルチャー的な理念と、ますますデジタル化／ハイテク化していく現代社会の内部にデジタルに還元されえない霊的／精神的なものを見出したいという非主流的な欲望の混成体《アマルガム》としてある。その意味で、テクノ異教主義は六〇年代のカウンターカルチャーと九〇年代のサイバーカルチャーにまたがるものだ。テクノ異教主義においては、ブラウン管は水晶玉になり、サイバースペースは霊界になる（なお、日本においてテクノ異教主義をほぼリアルタイムで取り入れたサブカルチャー作品のひとつに『serial experiments lain』がある）。

ジェネシスとサイキックTVはまた、英国におけるアシッド・ハウスのオリジネーター的存在とも見なされている。サイキックTVとして一九八七年九月にシェフィールドのスタジオで録音した「Tune In (Turn On The Acid House)」は、英国における初のハウスのレコードとして認められているという。ジェネシスはその年の四月に行われたアメリカツアー中、シカゴの地においてハウスと呼ばれるブラックネスなダンスミュージックに魅了され、それが計り知れないほどの可能性を持った未来の音楽であることをすぐさま確信した。[19]

サイキックTVがサイケデリック・スピリット（「Tune In (Turn On The Acid House)」というタイトルは言うまでもなく幻覚剤の導師《グル》ティモシー・リアリーからの引用だ）とともに英国に持ち込んだアシッド・ハウスは、MDMA（エクスタシー）と呼ばれる幻覚剤とも結びつきながら、やがて大きなうねりと化していく。すなわち、セカンド・サマー・オブ・ラブの到来、レイヴ・ムーヴメントの始まりである。

真夜中、都市という黒い森の奥深くで行われる祝祭。「クラブの暗がりと湿っぽい倉庫、独自の言語と暗号を持つ秘密の社会が集う場」（マシュー・コリン）[20]。警察による監視と弾圧の手を、通信テクノロジーや秘密の暗号を駆使して掻い潜りながら、倉庫を不法占拠（転用）して踊り狂う一晩限りのパーティーこそは、ハキム・ベイのいう一時的自律ゾーンの形成であり、ひいては現代のロンドンにおけるサバトの出現に他ならなかった。

英国におけるハウスの系譜を辿るとアレイスター・クロウリーの影が見え隠れすることをわざわざ確認してきたのは、他でもない、現代魔女宗（ウィッカ）の開祖ともいえる存在である英国のジェラルド・ガードナーもまた、クロウリーの影響のもとに自身のウィッチクラフトを体系化したとされるからである。

新魔女運動にとってのメルクマールは間違いなく一九五一年、英国で魔女禁止法が事実上撤廃された年に求められるが、ガードナーとクロウリーの出会いはその五年前の一九四六年にまで遡る。なお、ガードナーはクロウリーの東方聖堂騎士団（OTO）にも加入していた[21]。

ガードナーがウィッチクラフトの根幹に新異教主義を取り入れてガードナー派を打ち立てたこと

はよく知られている。もっとも、ガードナーがどの程度クロウリーの魔術から影響を受けたのか、そもそもウィッカ再興がどの程度ガードナー自身の手による発明なのかについてはさまざまな論争があり、はっきりとしたコンセンサスは得られていない（ガードナーがウィッカの儀式を編み出すためにクロウリーを「雇った」という説もあるが、証拠はないという[22]）。

ガードナー派魔女術は一九六〇年代にレイモンド・バックランドを通じてアメリカに伝えられ、そこでカウンターカルチャーと新魔女運動とが出会う。一九七〇年代後半になると、ツザンナ・ブダペストらによる女神崇拝やスターホークを中心としたフェミニズム運動／環境運動とも合流し、さまざまなカヴンを生み出しながら現在に至る。

だが、クロウリーが近代魔術を定義する際に放った「魔術とは意志によって変化を起こす科学にしてアートである」というテーゼは、今なお現代魔女宗の底を流れる通奏低音としてあり続けているように思える。たとえば、ネオペイガニズムやウィッチクラフトについての著作をものしているアイザック・ボーンウィッツ（Isaac Bonewits）は、前述のクロウリーによるテーゼや、魔術を「自然の隠された力をコントロールする科学」と定義したマグレガー・メイザースによるテーゼを援用しながら、魔術を「人々が精神的な能力を効果的に用いることができるようにデザインされた科学とアートの組み合わせ」として定義している。超常的（paranormal）な出来事は、夢や催眠状態、感覚遮断、深い瞑想など、意識状態が変化しているときに起こる可能性が高まるとされる。『Drawing Down the Moon』（邦訳版：『月神降臨』）の著者マーゴット・アドラーは、魔術を行う人は、精神的／霊的（psychic）な活動を促進するために、意識を変容させる技術に取り組んでいる人たちである、

と述べる。(23)

アドラーはまた、とあるユング派のウィッカによる、心やパーソナリティを精神的／霊的な海に浮かぶ島のように捉え、そしてその広大な深海には「集合的無意識」がうごめいている（孤立したように見える島々がその海底では地続きとなっているように）、という考え方に触れながら、次のように続ける。

このように現実を考えるなら、「魔術」とは、自己の隠された部分と、この「精神的／霊的な海」に浮かぶ他のすべての島々の隠された部分との交感を可能にする技術を開発することである。(24)

実際、ウィッカにとって、キャンドルも呪文もダンスも、この「精神的／霊的な海」にアクセスするためのツールであり、その意味では魔術とはツールを用いるアート（もしくは科学）なのである。(25)この魔術に対する姿勢は、テレビを魔術のための媒介物として用いるTOPYのテクノロジー＝魔術観ともどこかで響き合うものがあるのではないか。

最後に今一度ダンスと抵抗というテーマに立ち戻って考えてみたい。魔女にとって、ダンスとは理性＝意識ではなく、（集合的）無意識のレベルにアクセスするために身体に直接問いかける作業である、とあえてやや乱暴にまとめてみる。私たちは、大海に浮かんでいる孤島であるがゆえに、孤独を感じ、疎外されていると感じている（そしてそれは事実である）。けれども、魔女のスパイラルダンスを通じて、個人を集団に、そして「精神的／霊的な海」という宇宙に再び統合することが可能となる（この点、大半のニューエイジ・カルチャーが資本主義に組み込まれた個人主義を前提とするのとは対照的といえる）。

ウィッカにも影響を与えたイザドラ・ダンカン（彼女はクロウリーとも個人的な面識があったらしい）は、窮屈なトウシューズを脱ぎ捨て、裸足で、しかも即興で踊った。ダンカンは、「トウシューズやチュチュは窮屈だし、号令に合わせるレッスンは刑務所の囚人みたい」とバレエを切って捨てた(26)。ダンカンにとって、バレエは身体の規律権力に奉仕するダンスでしかなかった。彼女は規律権力に徹底してアゲインストするためにダンスを踊ってみせた。そのためには即興のダンスを、すなわち意識のコントロールが及ばない無意識的な身体運動が伴うダンスを踊る必要があったのだ。

シルヴィア・フェデリーチが著書『キャリバンと魔女』において主張したように、魔女迫害の時期と、国家が生殖と再生産の技術を管理するために、女性からリプロダクティブにまつわる知識と技術を取り上げ、新たな規律化の手段を導入した時期とは重なり合う。すなわち、この時期から、女性の身体は国家によって管理される生殖機械（産む機械）として不断に規律化の対象となったというわけだ(27)。

身体による、無意識的／不随意的な運動。もしそれらが権力に対する何らかの抵抗になりうるのならば、それらすべてをダンスと呼んでもいいのかもしれない。たとえば、ミシェル・フーコーは、一九七五年のコレージュ・ド・フランス講義の中で、尼僧たちが激しい集団ヒステリーを起こしたルーダンの悪魔憑きについて、規律権力との関わりから分析している。フーコーによれば、悪魔憑きが出現するのは、キリスト教が管理と言説による強制的な個人化のメカニズムを機能させようとする、まさにその只中においてだという[28]。

憑かれた女の身体、それは一つの劇場です。この身体において、さまざまな支配力と、そうした支配力同士の対決が表面化します。[…]
痙攣とはいったい何でしょうか。痙攣とは、憑かれた女の身体における戦いが、形をとり目に見えるようになったもののことです。[…]さらにそこには、意志的でないとはいえ意味を持つような一連の身振りも見いだされます。すなわち、抵抗したり、吐き出したり、否定的態度をとったり、猥雑で反宗教的で冒涜的な言葉を発したりという身振りが、常に自動的なやり方で行われるということです。[…]
痙攣する肉、それは、究明の権利によって貫かれた身体であり、徹底的な告白の義務に従う身体であり、そうした究明の権利や徹底的な告白の義務に苛立つ身体です。それは、余すところなく語るという規則に、無言あるいは叫びを対置する身体です。[…]痙攣する身体、それは、個人の身体のレヴェルにおける、キリスト教化に対する抵抗の帰結なのです[29]。

痙攣するヒステリー的身体、それはたとえばキリスト教における告解といった主体化＝個人化を強いる制度に対して、無言あるいは叫びによって抵抗する身体である。だが、フーコーは語り落としてはいなかったか。痙攣する身体は、キリスト教化に対する抵抗の帰結だけではない。それは、魔女狩りを通して、産児制限を犯罪化し、女性を労働力の再生産と蓄積のために奉仕させようとする初期資本主義の要請に対する抵抗の帰結であり、女性の身体、労働、性的能力や再生産能力を国家の管理下に置き、それらを経済的資源に転化させる家父長制度に対する抵抗の帰結でもあったはずだ。諸々の権力に貫かれた身体の、不随意的かつ自動的な肉の痙攣というダンス。

そう、それはダンスになりうる。たとえ悪魔憑きであろうと神がかりであろうと、何かに抵抗する限り、それはダンスになりうる。だから、私たちは踊る、踊り続けなければならない。

踊れ、女神よ、踊れ。身体による蜂起のために。

## 註

(1) ジャネット・ファーラー、スチュワート・ファーラー『サバトの秘儀』ヘイズ中村訳、国書刊行会、一九九七、一三四頁。
(2) https://www.thefader.com/2017/10/30/new-york-city-repeal-no-dancing-cabaret-law
(3) https://afropunk.com/2019/04/decolonizing-techno-notes-from-a-brooklyn-dance-floor/
(4) https://www.huffpost.com/entry/how-3-women-are-disrupting-one-of-musics-biggest-boys-clubs_n_56f2d797e4b0c3ef521796c7
(5) https://www.thefader.com/2017/07/06/discwoman-interview-feature
(6) https://www.nytimes.com/2014/02/13/fashion/Witches-of-Bushwick-Brooklyn.html
(7) 同右。
(8) http://altcitizen.com/interview-meet-the-witches-of-bushwick/
(9) https://www.psychicgloss.com/articles/1700
(10) https://web.archive.org/web/20111122030714/https://www.nypress.com/article-21562-brooklyns-vanishing-witch-house.html
(11) ポール・ヘガティ『ノイズ／ミュージック――歴史・方法・思想　ルッソロからゼロ年代まで』若尾裕・嶋田久美訳、みすず書房、二〇一四、一九四頁。
(12) 秋田昌美『ノイズ・ウォー――ノイズ・ミュージックとその展開』青弓社、一九九二、二二頁。
(13) 持田保『INDUSTRIAL MUSIC FOR INDUSTRIAL PEOPLE!!!　雑音だらけのディスクガイド511選』DU BOOKS、二〇一三、一三頁。
(14) ダグラス・ラシュコフ『サイベリア――デジタル・アンダーグラウンドの現在形』大森望訳、アスキー、一九九五、二〇〇頁。
(15) マーク・デリー『エスケープ・ヴェロシティ　世紀末のサイバーカルチャー』松藤留美子訳、角川書店、一九九七、六三頁。
(16) 同右、六五頁。
(17) 同右、七六頁。
(18) 阿木譲・深田都志哉編『E』ノイ・プロダクト、一九九〇、五六頁。
(19) 同右、四六頁。
(20) マシュー・コリン『レイヴ・カルチャー――エクスタシー文化とアシッド・ハウスの物語』坂本麻里子訳、Pヴァイン、二〇二一、一四〇頁。
(21) 海野弘『魔女の世界史――女神信仰からアニメまで』朝日新聞出版、二〇一四、一四六頁。
(22) Adler, Margot. Drawing Down the Moon (pp.92-93). Penguin Publishing Group. Kindle.
(23) ibid, pp. 227-228.

（24）ibid, pp. 234-236.
（25）ibid, pp. 226-227.
（26）乗越たかお『ダンス・バイブル〈増補新版〉』河出書房新社、二〇一六、一四頁。
（27）シルヴィア・フェデリーチ『キャリバンと魔女』小田原琳・後藤あゆみ訳、以文社、二〇一七、一四三、二三三―二三四頁。
（28）ミシェル・フーコー『ミシェル・フーコー講義集成〈5〉異常者たち（コレージュ・ド・フランス講義 1974–75）』慎改康之訳、筑摩書房、二〇〇二、二二六頁。
（29）同右、二三三―二三四頁。

## 3　終わるまではすべてが永遠　永却回帰と無為

ときどき思うのですよ、《イトシームズトウミー・》この世にとうとう慣れることができなかったと、《サムタイムズ・ザットウイネヴァーゴットユーストトウ・》そして人生は大きな、《ビーングオンズイスアース・アンドライフイズ・ジャストワングレイト、》切りのない、《オンゴーイング、》わけのわからない失敗《インコンプリヘンシブルブランダー》でしかない、と。

――W・G・ゼーバルト『土星の環――イギリス行脚』(1)

真のエデンの園――それは悉皆無の砂漠だ。歴史の目的――それは風化する廃墟の野面だ。意味――それは頭蓋冠下の眼窩を吹き抜けてさらさらと流れる砂である。

――ウルリヒ・ホルストマン『人間怪物論――人間脱走の哲学の素描』(2)

廃墟とはなつかしさである。

――間章『時代の未明から来たるべきものへ』(3)

以下の文章は一種の自己治癒の試みとして書かれている。

社会学者のジグムント・バウマンは、その遺作となった著書『退行の時代を生きる――人びとはなぜレトロトピアに魅せられるのか』の中で、「今日、私たちは未来を恐れる傾向がある」と述べている。

私たちが今なお惰性で「進歩」と呼んでいるものは、その概念を生み出したカントのそれとは正反対の感情を呼び起こす。つまり、それが呼び起こすものは、望ましいことが起こり、不都合なことが消えて忘れ去られるという喜びではなく、今にも大惨事が起こりそうだという恐怖心である。(4)

「進歩」なるものは今や、やがて来る労働のオートメーション化、すなわち既に消えつつある手仕事を含めた知的なスキルが必要な多くの仕事が自動化され、働き手はＡＩが管理するロボットに置き換えられるということをしか意味しない。その一方で、「人新世」の議論に象徴されるように、地球の気候変動のスケールは、人類による軛を逃れて制御不可能に陥りつつあり、コロナ禍のパンデミックとともに、私たちに黙示録的な想像力を授け続けている。

今日のミレニアル世代の多くは、生活条件が将来悪化するだろうと予想している。彼らは親世代が手にした社会的地位を高めるどころか、失うことを恐れている最初の戦後世代なのだ。(5) 拡大する不平等、福祉の削減、増加する移民、深刻な気候変動、ＡＩによる雇用の簒奪への不安、等々……。「進歩」や「未来」が色あせ、喪失したものとされた時代にあっては、社会に対していかなる前途も期待も抱くことは叶わない。代わりに、私たちは個人化された、つつましい「幸せ」や「承認」を、言い換えれば「自己実現」を目指すのである。ユートピアは社会のどこにも存在できない。隣人がおしなべて競争相手として立ち現れる弱肉強食のネオリベラリズムのもとでは、ユートピアは属人化されたパーソナルスペースを一歩も出ることなく、できあいの材料でもって仮構される他ない。こうして私たちは、満足するだけの承認をなんとか得ようとして、個人化《パーソナライズ》されたユートピアを、すなわちフィルターバブルに隔離されたトライブを形成するにいたる。エコーチェンバーが増幅させる反響音の中で、私たちは自分が見たいものしか見なくなる。より正確には、アルゴリズムの手助けによって「見えなくなる」。私たちはアルゴリズムによって常に既に先取りされる。個人化《パーソナライズ》されたフィード、個人化《パーソナライズ》されたタイムライン……。自分よりも自分らしさのある仮想のアバター。そこでは、「自己実現」を目指すことすらも、アルゴリズムがあらかじめ提示してくる先取りされた「自分」を追い求める作業——さながら自分の尾を飲み込む蛇のように——でしかないのかもしれない。

「未来」が「喪失」の同義語となり、意欲や希望が個人化された社会のもとでは、責任もまた個人化される。社会に何かを訴えたり、あるいは集団の力で社会をより良い方向に改良していこうという意志は選択肢から取り除かれ、反対にマインドフルネスや「自助努力《セルフヘルプ》」が、つまり自分で自分の身を守ることこそが最良の選択肢となる。

「自助努力《セルフヘルプ》」こそが至上の選択となる社会では、心身の健康状態に新たな価値が付け加えられるだけでなく、心身の健康そのものが道徳的な要求とさえなる。それと並行するように、健康を保てないことはひとつのスティグマとなり、自分の体を管理できない者は堕落した、不当な人間であるとみなされる。(6) この点について、バウマンは次のように述べている。

かつては人々の道徳的態度の核心であったと思われる、責任を想定することと、それに忠実であり続けることについていえば、この新たな「自己への回帰」の道徳性は、責任を（いずれにせよ、私たちの注目や関心のほとんどを占めるその重要な構成要素である）「世の中」から（つまり、他人、近くの愛するもの、「私たち」、コミュニティ、社会、人間性、私たちが共有する地球から）私の体、つまりはその機能性や、十分な「快適さ」をもたらす能力に振り向けることに基づいていると述べておこう。こうした転換に伴って生じたコラテラル・ダメージ（巻き添え被害）が個人化であり、その道徳的義務の自己言及的なあり方である。この新たな道徳性は遠心的なものから求心的なものへと変わりつつある。つまり、かつては個人間の溝の橋渡しや、距離の短縮、統合に役立つ重要な接着剤であったものが、今では分断や分割、分離、疎外の手段に加わり、さらに膨張し続けている。（強調原文）[7]

*

二〇一七年にみずから命を絶った批評家マーク・フィッシャーは、二〇一四年に「何の役にも立たない（Good For Nothing）」と題したテクストを発表している。それは彼を一〇代の頃から断続的に苦しめてきた「鬱」ついて記した自己分析的なテクストだった。「僕の鬱は、自分は文字通り何の役にも立たないという確信と常に結びついていた。三〇歳までの人生のほとんどを、自分は絶対に働けないと信じて過ごしてきた」[8]

フィッシャーは、自分はどこにも居場所がない、求められた人間の役割をこなすことができないと常に感じていた。フィッシャーは精神科病棟の中にいたときさえも、自分は本当は鬱病ではないのではないかと感じていた。働く能力がないという事実、この社会のどこにも自分の居場所が存在しないという事実から目を背けるために、鬱病に擬態しているにすぎないのではないのか、と。最終的に継続教育カレッジの講師としての仕事に就いたときも、フィッシャーは自分に教職のような仕事が務まるとは、確固として信じることができなかった。彼は、この世にとうとう慣れることができなかった人々のうちの一人であった。

テクストの中でフィッシャーは、イギリスの臨床心理学デヴィッド・スメイルが提唱した「魔術的自立主義（magical voluntarism）」という概念に言及している。魔術的自立主義とは、自分の力だけが自分を変え、なりたい自分を作ることができるという信念であり、フィッシャーによれば、それは現代における資本主義社会の支配的なイデオロギーを構成している、という。そして、鬱病とはこの「魔術的自立主義」の裏返しにほかならない。

つまりはこうだ。鬱病の原因はいつだって自分にあり、自分の不幸の責任は自分にしかなく、それゆえその苦しみを受けるに値する、と。再帰的な悪循環と無能感。ここから、また別の自己責任が招来されてくる。貧困、機会の喪失、失業、それらもまた自分自身だけの責任であり、その境遇を受け入れなければならない。イギリスの元首相サッチャーがかつて言ったように、ここに「社会」なる領域が存在する余地はない。

フィッシャーはまた次のようにも述べる。「僕が自分の精神的苦痛の経験を書くのは、それが何か特別だったり珍しいと思ってるからじゃない。そうじゃなくて、多くの鬱の形は、個人の枠組みや心理学の枠組みではなく、むしろ非個人的かつ政治的な枠組みを通すことで、もっとも理解でき、そして闘うことができるという主張に僕が与しているからだ[9]」

感情的／心理的な苦痛が、最終的にそれを受ける者からかなり離れたところにある社会的／環境的な力の作用によってもたらされることが多い、とデヴィッド・スメイルは述べる。従来の精神医学は、鬱の原因を（患者からもっとも近いところにある）脳の神経作用に還元していった。精神医学のモノアミン仮説が示すところによれば、鬱病は脳内の神経伝達物質であるセロトニンの濃度が低下することによって引き起こされる。だが、なぜ特定の個人においてセロトニン濃度が低下するのかが説明されなければならない。そこに、労働環境や貧困などの社会的な要因が横たわっていると想定することは何ら不自然ではない。

抗うつ薬プロザックのブーム以降、多くの人々が生産性や仕事のパフォーマンスを上げるために向精神薬を飲み、みずからを「神経化学的自己」へと改造していった。他方で、それと並行するかのようにアメリカではオピオイド依存が、ベンゾジアゼピン系抗不安薬の依存症と並んで顕在化してきている。ここでのオピオイドとは、コデインやトラマドールなどの、医療用のオピオイド鎮痛薬を指す。日本においても、薬局に立ち寄れば空箱（万引き防止のため）のエスエスブロン錠が並んでいるのを見かけることができる。レジのバイト店員に、白々した蛍光灯の光に照らされたブロンの空箱を差し出すときの惨めさ。中毒者はいつだって逃れることのかなわない後ろめたさを、さながら返す当てのない負債のように抱えながら生きているものだ。「錠剤のひとつが床におちてゆく僕ら没落すらゆるされず[10]」

シオランは著書『生誕の災厄』の中で、「責任」についてこう述べている。

責任という問題は、出生以前に私たちが相談を受け、現在ただいまそうあるごとき人間になってよい、と同意したのでなければ、そもそも意味を持ちえないはずである。(11)

*

おそらく、ここで私たちが想起すべきは、一九世紀の英国作家サミュエル・バトラーがものした反ユートピア小説『エレホン』のとある挿話であろう。

ユートピア(utopia)。理想郷を、失われた大陸を、この世のどこにもない常世の国を、彼方の世界を意味する、一六世紀の人文主義者トマス・モアによる造語。一五一六年の『ユートピア』の出版に先立つ時期、モアと彼の友人エラスムスはそれを、「どこにもないところに(Nowhere)」を意味するラテン語から、単に「ヌスクァマ(Nusquama)」と呼んでいた。しかしその後モアは、否定を意味するギリシア語の ou と、場所を意味するギリシャ語の topos を組み合わせて Utopia とした。(12) その約三五〇年後、サミュエル・バトラーは Nowhere をほぼ後ろ向きに綴った語、Erewhon を題名に冠した小説を発表する。それがこの『エレホン』である。

逆さに綴られたユートピア。語り手が迷い込む謎の国「エレホン」、そこには健康で美しい姿形の、かつ幸福そうな住人しか存在しないように見える。平和で、かつ健康的で文化的な生活。だが見せかけのユートピアの薄皮を一枚剥いでやると、エレホン国の隠された裏面が露出してくる。この国では、不健康な人々、不幸な人々は排除される。それが第一の裏面。病むこと、幸福でないこと、それらはこのエレホン国においては端的に「罪」として扱われるのだ。反対に、健康で美しくあることは道徳的な義務である。

恵まれない人々に「罪」の烙印を押し付けるために、エレホン国では完璧な自己責任の体系――そこでは生まれついた諸々の「境遇」までも個人の自由意志による選択の結果とみなされる――さえ存在している。その極端な例が、エレホン国公認の未生界神話なる疑似宗教的イデオロギーである。

未生界とは、私たちがこの世に生まれ出る前に暮らしていたとされる、いわば生前の世界である。そこでの未生者たちは混じり気のない純粋な魂のような形で存在している。未生界には彼らが住む家々も町も存在しており、人の生活と大方変わるところはない。彼らは、未生界にとどまっている限りは死ぬことはない。未生界にある唯一の死、それは私たちの現世に来るために未生界を離れることである。(13)

未生界には極端な幸運も不運も存在せず、住人は素朴だがこれ以上ないくらい幸せな、詩人たちにうたわれている空想のような生を送っているといわれる。だが、住人たちの中には、未生界の退屈さに我慢がならず、未生界から脱出できるのなら手段を選ぼうとしない者――未生界でもっとも愚鈍な者――もいる。未生界から逃げ出そうと心に決めた者は、脱出することを希望する旨の宣誓供述書に署名する。冗長極まりない文章で書かれた脱出の条件とは、記憶を消して自分が何者だったのかを忘れさせる薬を飲まなくてはいけないこと、徒手空拳で現世におもむかなければいけないこと、どんな親のもとに生まれ落ち、どんな環境で育ち、どんな気質の人間になるのか、すなわち、金持ちか貧乏か、健康か、病気持ちか、等々、ルーレットがどんな結果になろうとも、当然のリスクとしてそれらを黙って受け入れなければならないこと。要するに、現世にいったん生まれ落ちたら最後、どんな状況下においてもベストと思える行動を自由意志のもとで選択しなければいけなくなる。「うまく行くためにはたくさんの条件をクリアしなければいけなくて、その内のひとつでも欠けると、みじめな人生が間違いなく待っている。そのことを考えるがよい。そして、もし、うまく行かずに不幸になった場合も、それは生まれなければいけないわけではないのに生まれることを自ら望んだお前の自己責任となる」(14)

以上のような、どこまでも退屈で説教じみた神話はなぜ作られたのだろうか。それはひとえに不幸な人々に自己責任による罪の烙印を押し付けるためである。この世界に出生してきたのはすべてお前の自由意志が選択したことなのだから、何が起ころうとも、どれほど惨めな人生を送る羽目になってもすべての責任はお前にある、というわけだ。

エレホン国公認のこの未生界神話はと言えば、これは現世に生まれ落ちる前に暗鬱きわまる人生像を見せておいたことを証したいがために作られました。そうでもしないと、心あるいは脳の病気にかかった者を罰する時に、「すべてお前のせいだ」と声高に言えないからです。(15)

自己責任を錦の御旗に掲げるネオリベラル資本主義のもとで、「胎内記憶」系スピリチュアル本が書店に並ぶ世界に住んでいる私たちにとって、このバトラーがこしらえた寓話はしかし簡単に笑い飛ばすことができない「不気味さ」を内包しているように思われる。

「よくあなたに言っておく。最後の一コドラントを支払ってしまうまでは、決してそこから出てくることはできない」(マタイ福音書、第五章:二六節)。この世への入場料は思いのほか高くつく。私たちは、この世に生まれ出てしまった時点で入場料を、それもおそらく一生をかけても払い切れないであろう法外な額を、負債という形であらかじめ抱え込んでいる。

私たちは生という負債を少しでも返済するためであろうか、「生産性」という呪縛に囚われながら日々の労働に従事している。負債を返済するのは絶対の義務であるからにして、一コドラントでも高い価値を生産しなければならない。たとえその価値が見かけの上でしかないとしても、体裁を整えただけの「やっている感」を演出してでも生産性に奉仕している身振りを示すこと。

二〇二〇年に逝去した文化人類学者のデヴィッド・グレーバーは、強迫的なまでに量産される虚無的なペーパーワーク、取り繕うだけの目的のために生産される無意味な仕事などを総称して「ブルシット・ジョブ」と名付けた。

ブルシット・ジョブとは、被雇用者本人でさえ、その存在を正当化しがたいほど、完璧に無意味で、不必要で、有害でもある有償の雇用の形態である。とはいえ、その雇用条件の一環として、本人は、そうではないと取り繕わなければならないように感じている。[16]

マーク・フィッシャーは『資本主義リアリズム』の中で、鬱病の増加は、労働の現代的なあり方とも明らかに関わっていると述べた。彼はそれを「新しい官僚制」と名付けた上で、次のように指摘する。新自由主義を掲げる現代資本主義において、お役所的な形式主義にまつわる些事がむしろ増加している、と（これはまさしくグレーバーが「ブルシット・ジョブ」と呼んだものではないか）。「目的と目標」「結果主義」「ミッション・ステートメント」をめぐる新しいタイプのマネージメント型官僚主義の浸透。[17]

形式的な監査システムや自己評価システムは労働者に自傷的な自己批判を強いる。絶えざる監視と、監査を見越して余分にこなさなければならない、煩雑かつ空虚で意味のない書類仕事（＝ブルシット・ジョブ）の山に埋もれながら、人はどうしようもない無力感——何の役にも立たない（Good For Nothing）——の連鎖にやがて落ち込んでゆく。

それでもなお、「生産性」は現代社会にあってもっとも人気のあるイデオロギーであり続けている。日本においても杉田水脈衆議院議員によるＬＧＢＴ差別的な主張（「ＬＧＢＴには生産性がない」）にはじまり、相模原障害者施設殺傷事件の犯人、植松聖死刑囚の「生産性のない人間は生きる価値がない」という優生思想、そして最近の事例ではＡＬＳ患者の嘱託殺人事件など、「(再）生産性の信仰」は不可視の空気のように現代社会に瀰漫している。

「生産性がない」と見なされた人びとは「生きるに値しない生」というスティグマを刻印される。

「負債」を返済するという義務を怠った「役に立たない生」、生きているだけで断罪されて然るべき怠惰な人びと、彼らは社会から人知れず放逐され、「生」と「死」との間に横たわる不可視の——「人ならざる生」の広漠とした領域へと追いやられていく……。

＊

「人新世」、そして核兵器に象徴される近代テクノロジーの進展によって、〈世界の終わり〉は宗教的預言でもフィクションでもなく、今やひとつの知覚可能な経験的カテゴリーと化している。だが、ミカエル・フッセルは『世界の終わりの後で——黙示録的理性批判』において、〈世界の終わり〉は近代のはじまりと共に超越論的カテゴリーとして私たちに常に取り憑いてきた、と指摘する。近代、それは〈存在の大いなる連鎖〉の中で人間が特権的な位置を占めていた階層秩序たるコスモスの崩壊とともに幕を開けた。〈世界の終わり〉のイメージは、すでに近代の進歩思想にしばしば現れており、ホッブズやカントなどの哲学者は、このイメージの中和化に努めなければならなかった。たとえばカントは、「摂理による創造」という神学的コスモスの観念に頼ることなく、代わりに人間理性——階層秩序の外で行動する自律的な主体——の存在を想定することで認識と行動を根拠づけようとした[18]。コスモスの消失は嘆くべき喪失と同義語ではない。それは世界を新たに思考しなおすことを哲学者に促すのである。「アポカリプスへの期待が近代において中和化されることによって未来は解放される。つまり、神が排除され、中間の時は人間の責任のもとにある[19]」

ホッブズは〈世界の終わり〉＝千年王国思想の非合理的な政治的脅威を警戒して、現世での主権理論にもとづく近代の政治哲学を開始した。リヴァイアサン＝近代国家は、〈世界の終わり〉を外部に放逐することを通じて、その内部にひとつの安定した世界＝社会という地平を構築しようと試みる。ホッブズは、いかなるアポカリプス思想もリヴァイアサンの安定を潜在的に脅かす危険物と見なした。というのも、アポカリプスの不安に取り憑かれた者たちは、他の人々とは異なる時間感覚を生きているからである。フッセルは、アポカリプス信仰の時間感覚を、ピエール・ブルデューが分析した「ルンペンプロレタリアート」の時間感覚を例にとって比較してみせる。ブルデューによれば、「ルンペンプロレタリアート」は、世界の奇跡的な変革へのむなしい希望へと委ねられた「未来なき人間」に等しい。極度に貧しい人びとは、そもそも社会の中にみずからを持続的に組み入れるような象徴資本を持っていない[20]。

千年王国思想が歴史的に貧しい人々の信仰であるという事実は、この仮説によれば、最貧困層の階級に特徴的な時間の社会的体験によって説明される。根本的に貧しいということは、すべてが欠けていること、すなわち、ひとつの世界という象徴的連帯への最小限の信頼をも含め、すべてが欠けていることを意味する。世界の一貫性がつねに疑われるようになると、ますますその世界の終わりが望まれるようになるのである。「ルンペンプロレタリアート」の時間は崩壊した現在である。というのは、彼らの時間は、未来の不安な様相を中和化するような、社会的に秩序づけられたリズム（時間の規則性、日付の意識）によっては支配されないからである。賭博がスラム街や貧民窟以外のいかなる場所にもさほど現存していないのは、賭事が目的へと向

けられた期待を、使い道のない人生の混沌のなかに再び導き入れてくれるからである。(21)

「ルンペンプロレタリアート」と異なり、社会に組み込まれた個人は合理的に未来(=目的へと向けられた期待)を先取りし、それを予測可能なものとする。彼らにとって「未来」は自明の如く現前している。近代国家における法や規範は、未来に対する予期を適時行うことが可能な、義務を負う責任主体としての自律的な個人、言い換えれば規律訓練された近代的個人の存在を前提としている。そうでなければ、行為者の自由意志に当て込んだ、一定の刑罰サンクションによって特定の行動を忌避させるインセンティブに依存する法や規範のシステムなど、そもそも成立しえない。しかし、未来なき、崩壊した現在を生きる者たちは、そのような社会的に秩序づけられた近代的個人には遂になりえない。彼らは、使い道のない混沌を生きることで、社会=国家の〈外部〉へと放逐される、あるいは社会=国家の〈外部〉へと放逐されることで、使い道のない混沌を生きざるをえないのである。

現代の終わりなきグローバリゼーションのプロセスと、インターネットに象徴されるコミュニケーション・テクノロジーの進展は、国境をなし崩しにし、リヴァイアサンを破産状態に追いやりつつある。それと並行するようにして増加するメンタルヘルスの問題は、線的に継起するクロノスとしての時間秩序がもはや維持不可能であることを示唆している。いまや城郭は崩れはじめ、それまで〈外〉に放逐していたカオス=自然状態が再び侵入してくる。

よく知られるように、精神病理学者の木村敏は、鬱病者の時間様態をポスト・フェストゥムと呼んだ。

鬱病者のポスト・フェストゥム意識がもっとも如実に現れるのは、「とりかえしのつかないことになった」という後悔の形においてだろう。重症鬱病ではこれが罪責妄想の形をとって「とんでもないことをしでかした」という内容になるが、前述のようにこの罪の経験、負いめの経験は実はすべての鬱病の根底に隠れている。［…］この「済まない」という意識は、本来は済むべきはずの事柄が、未済のまま完了してしまっている事態を指している。未済のままでも、それが完了していないのならば、「まだ済んでいない」だけであって、そこから「済まないことをしてしまった」という復原不能性は生じてこない。ポスト・フェストゥム的な過去は、所有の内実が失われたまま、空虚で否定的な所有の形骸だけが残った現在完了型の形をとるのだと言ってもよい。（強調原文）(22)

ポスト・フェストゥムはラテン語で「祭りのあと」を意味し、欧米各国語では「遅ればせ、手遅れ、事後的」などの意味で用いられる。木村も指摘するように、鬱病者のポスト・フェストゥム的意識にあっては、時間が全体として「とりかえしのつかない未済」の相のもとに意識される。そこでは、「いっさいの現在が未済のまま過去へと向って押し流され、しかもこの過去が巨大な未済の蓄積として、怖るべき仮定法的可能性の集団として、現在完了的に、現在のこととして経験されるのである」[23]

さながら、鬱病者にとっては、彼の周囲にあるものがおしなべて壊れた事物として、道具としての「意味」を剥奪された「とりかえしのつかない」ものとして立ち現れてくるかのようである。そこでは、過去のいっさいが壊れた、使い道のない事物＝ガラクタの堆積として、すなわち廃墟として現前してくるであろう。廃墟とは、いまここに現前する過去の亡霊であり、死後の生である。

だがその一方で、間章が「ジャズの〝死滅〟へ向けて」の冒頭において、「廃墟とはなつかしさである」と卒然として書きつけたように、廃墟は「喪失」したものへの郷愁を避けがたく呼び起こす。その意味で、終末にもっとも相応しい光景は、廃墟と化した無人のショッピングモールと、そこにかすかに流れるエレベーターミュージックの音色だろう。

音楽評論家のアダム・ハーパーは、ヴェイパーウェイヴ（Vaporwave）なる音楽ジャンルに「浅薄で捨て去られるようなガラクタを、ときに神聖もしくは神秘的な何かに変容させる不気味な傾向性」を認めている。[24]ウラジーミル・ソローキンが、ソ連時代のジャンクヤード――ソ連崩壊という「歴史の終わり」によって築かれた瓦礫の山と廃墟――からサルベージしてきた過去の諸断片を自在にパッチワークすることで奇怪でキッチュな小説を組み立て上げるように、ヴェイパーウェイヴもまた、放棄されたジャンル音楽の遺物――八〇年代から九〇年代のムード音楽（ラウンジミュージック、スムースジャズ、エレベーターミュージック、等々）――をサンプリング＆加工（スクリュー、ループ、ピッチ変更）して再構築することで、過去に取り憑いた夢とメランコリーを亡霊という形でいまここに回帰させてみせる。そして、そこにもやはり、ある種のなつかしさが常にあるのだ。

前述のジグムント・バウマンは、ミレニアル世代に象徴される、未来ではなく過去へユートピアを求める心性を指していみじくも「レトロトピア」と名付けた。理屈の上では、過去は変えようがなく、反対に未来は自由の領域としてある（そこではすべてが可能性として潜在している）。だが、未来がすでに失われている、あるいは未来が終わった後の世界を生きている者たちにとっては、むしろ過去は無限の可塑性を湛えた、操作と再造形の可能性の場として立ち上がってくる。[25] フェイクニュース、陰謀論、偽史の氾濫……。ポスト・トゥルースとはレトロトピアの時代に特有の現象といえるだろう。

他方で、加速主義は未来が終わった後の時代にあってなおも（あるいはだからこそ？）未来に対するオブセッションに憑かれている。アーバノミック（Urbanomic）の編集者で、ＣＣＲＵを通じてマーク・フィッシャーとも親交のあったロビン・マッケイは英紙『ガーディアン』のインタビューの中で、「〔加速主義は〕未到の可能性を考慮することで、現在についての陰鬱な気分を和らげることができるのです」と語る。そして次のように付け加える。「加速主義は悲観主義に対抗するための機械（machine）なのです[26]」。ある意味で、加速主義はレトロトピアの時代に対して処方される抗鬱剤のようなものである。シオランは「一冊の本は、延期された自殺だ[27]」と書いたが、その意味では加速主義もまた「延期された自殺」であるのかもしれず……。

＊

ジョルジョ・アガンベンは著書『開かれ』の中で、リルケとハイデガーによる「開かれ」という概念を巡る解釈の差異に注目している。アガンベンが著書のタイトルにも採用している「開かれ」とは、もともとはリルケの『ドゥイノの悲歌』第八歌に由来する概念で、人間には見ることができないが、反対に動物には見ることができるような、ある「自由で純粋な空間」を指していた。それに対して、ハイデガーはこのリルケの「開かれ」に含まれていた人間と動物のヒエラルキー的関係を転倒させる。すなわち、ハイデガーは「開かれ」という概念を、人間の根源的な存在様態として際立たせるのである。「開かれ」、それはヴェールを剝ぎ取られた存在、真理《アレーテイア》を名指す根源的な開示であって、人間だけが、人間の真の思惟の本質的なまなざしだけがこれに接近できる。逆に、動物は、この開かれに決して近づくことがない、と。(28)

ここから、ハイデガーによる「動物は世界に窮乏している」と「人間は世界を形成する」という有名な対比が導出されてくる。アガンベンは、ハイデガーが動物を規定する際に用いる「窮乏」や「貧しい」といった語句の中に、生物学者ヤコプ・フォン・ユクスキュルからの影響が深く根ざしていることに注意を向ける。たとえば、ユクスキュルが「意味の担い手」や抑止解除圏と定義していたもの、すなわち彼が環世界と呼んでいたものを、ハイデガーは「抑止解除するもの」と呼ぶ。動物は、その動物の抑制を解除するものの環の内に閉ざされている。ユクスキュルに従えば、動物は自身の知覚世界を規定するわずかな要素の内に囚われている。それゆえ、ハイデガーにとっても動物とは、他のものと関わり合うことがあるとしても、自身を駆り立ててくれるものにしか出逢うことができない存在であり、それ以外の残りのものすべては、アプリオリに動物の環世界から排除されている、とされる。(29)

ハイデガーは、動物と抑止解除するものとの関係を規定する、動物に固有の存在様態に「放心」という概念を与える。動物は、その本質上、抑止解除するものに対して完全に囚われているがゆえに、つまり「放心」しているがゆえに、真の意味で「行為」したり「行動」したりすることができない。言い方を変えれば、動物にできるのは、ただ環境の中において本能的に「振舞うこと」のみなのだ[30]。

だが、ここからハイデガーの理路にある両義性が入り込む。ハイデガーによれば、「放心」の中に置かれた動物に、存在者が露わにされることもないし、開示されることもない。にもかかわらず、あるいはそれゆえにこそ、閉じられているわけでもない。動物の「放心」は、存在者が動物に開かれているか、それとも閉ざされているか、といった二者択一の可能性の〈外部〉に動物を位置づけるのだ。こうした、「閉ざされに開かれている」という両義的な状態によって、動物は自分自身と環境との間でいわば宙吊りにされる。

ハイデガーは、以上のような「放心」における「閉ざされに開かれている」状態は、動物の内に、ひとつの本質的な震撼を導入する、と述べる。アガンベンは、こうしたハイデガーの両義性に満ちた理路の内に、人間と動物、開示と非開示の間に刻まれていた距離を大幅に縮める契機を見出す。動物の本質としての「放心」こそが「いわば人間本質を際立たせるような恰好の背景」となるのだ。アガンベンは言う。ここにいたってハイデガーは、動物の「放心」と人間の「深き倦怠」とを思いがけないかたちで共鳴させることができるのである、と[31]。

ハイデガーに従えば、現存在における「倦怠」の本質を規定する第一の契機は、空虚のままに残されてあること、空無への放置である。私たちが退屈から逃れようと、気晴らしで時間を潰そうとするのは、空虚のままに残されてあることが「倦怠」の本質的体験であることの証である。私たちは普段さまざまな事物に取り囲まれており、その中で時間を費やしている。だが一方で、ひとたび「倦怠」に陥ると、たちまち私たちは空虚の中に放置され、諸事物は私たちとは完全に無関係のものとして立ち現れる。諸事物はそこに依然として存在しているのだが、「われわれに差し出されるべき何ものをも持っていない」のである。だからといって、私たちはそれら諸事物から解放されるわけではない。というのも、「われわれは、われわれを退屈させるものに釘付けにされ足止めされてしまうからなのだ」。倦怠の只中にあって、私たちを取り囲む諸事物や存在者は、私たちに対してもはや行為したり行為されたりする可能性を一切与えてくれない[32]。

アガンベンが、ハイデガーの理路の内に人間と動物との思いがけない近似性を見出すのはまさにここにおいてである。すなわち、「現存在」は、倦怠によって、現存在から拒まれている何かへと引き渡されるのであり、まさしく「放心」における動物のように、露顕されざるもののうちに曝されるのである。「したがって、深き倦怠によって空虚のままに残されることのうちに、「本質的な震撼」の反響のような何かが振動している[33]」

「倦怠」の本質を規定する第二の契機は、「宙吊りのまま保持されてある」ことである。現存在を取り囲む諸事物は、倦怠の中にあって絶対的な無関心を示すことで、現存在を拒んでいる。しかし、それだけにはとどまらない。それとともに、現存在が行ったり体験したりできたかもしれないこと、つまり現存在のさまざまな可能性が、そこにおいて不活性のまま滞留しているのである。ここからアガンベンは、具体的な可能性を活性化しないようにすることによってはじめて顕現するのは、純粋な可能性、あるいはハイデガーの語彙でいえば「根源的な可能化」――可能性を可能ならしめるもの――に他ならない、と指摘する。(34)

かくして、深き倦怠の第二の本質である宙づりのまま保持されてあることとは、特定の具体的可能性すべてを宙づりにし、奪取するなかで、根源的な可能化（すなわち純粋な可能態《ポテンツァ》＝潜在性）がその真価を露わにしてくるという体験にほかならない。(35)

アガンベンは、この可能性の不活性化の中に、可能態《ポテンツァ》＝潜在性の起源ばかりか、現存在――存在可能性の形式の内に実存する存在者――の起源そのものさえ見出そうとする。アガンベンにとって、根源的な可能態や可能化《ポシビリタツィオーネ》は、できないこと、言い換えれば無能性《インポテンツァ》、すなわち可能性を不活性化する「無化」から出発してのみ可能なのである。(36)

存在は、その根源以来、無に横切られており、開かれ《リヒトゥンク》は元をただせば無化《ニヒトゥンク》なのである。というのも、世界が人間に対して開かれるのは、生物とその抑止解除するものとの関係を遮断し無化するかぎりにおいてだからである。なるほどたしかに、生物は、存在を知らないように、無を知ることもまたない。とはいえ、存在は、「無の闇夜」のさなかに立ち現われるのだ。それはひとえに、人間は深き倦怠を体験することによって、生物と環境との関係をあえて宙づりに

しようとするかもしれないからである。(37)

あえて一言で要約するならば、アガンベンは、現存在の根源＝起源に純粋な「無為」、すなわち現勢態《エネルゲイア》に決して移行することのない可能態《ポテンツァ》＝潜在性を認めることによって、動物／人間を分かつ線引きそれ自体を宙吊りにしようと試みている。だから、アガンベンが示すさしあたりの結論は以下のようになるだろう。

われわれの文化において、人間とは――すでに見てきたように――たえず動物と人間の分離と分節化の帰結であり、そこでもまた、この操作の二項のうちの一方のほうが賭けられている。われわれの人間概念を左右する機械を機能させないようにするということは、それゆえ、もはや新たな――いっそう有効で偽りのない――分節化を模索することを意味しないだろう。むしろそれは、中心に空虚を見せてやること、すなわち、人間と動物を――人間のうちで――分割する断絶《イアト》を見せてやることなのであり、この空虚に身を曝すこと、つまり、宙づりの宙づり、人間と動物の無為《シャバト》に身を曝すことにほかならない。(38)

＊

ニーチェはその発狂の直前、著書『この人を見よ』において、以下のように書き付けていた。

自分は努力したことがある、という記憶が私には欠けている。私の人生には、格闘した形跡がどこにも見当たらない。私は英雄とは正反対の人間である。なにかを「欲する」、なにかを「手に入れようとする」、「目的」や「願い」を忘れない――そういうことは、どれひとつとして経験したことがない(39)。

＊

ジョルジュ・バタイユにとって第二次世界大戦という経験は、文字通りのいまここにおける廃墟の現前を意味していた。爆撃のあとのパリ。殺戮、火災、惨禍。バタイユの当時（一九四四年）の日記には、わずか数キロメートル付近の地点で起こる高射砲の炸裂音と爆撃がもたらす恐怖――そしてその後に訪れる灰色の空虚――によって、深刻な「神経症」の症状に見舞われたことが記されている。

不安が私につきまとい私を苦しめる。
不安が、そこにあって、深々とした可能性の上で宙づりになっている。私は自分自身の頂点によじのぼる。そして見る。事物の本質が開かれるのを(40)。

バタイユをかき乱す神経の不安の背景には、数年前に結核で亡くした恋人コレット・ペニョ――通称ロール――の死の記憶もまた横たわっていた。「神経症は現在に対する過去の憎悪である。この憎悪は死者たちに自由に語らせるのだ」[41]。だがバタイユは、苦悩と灰色の空虚の中に沈滞しながら、それでも、神経症から脱出するための契機をあえてそこに見出そうとする。彼は書き記す。「神経症で私が注目するのは、神経症がわれわれに自分を乗り越えるように強いている点である。この自己超克をしないと破滅するだけだと神経症は脅迫しているわけだ」[42]

ここでバタイユの理路に詳しく立ち入ることはできない。だが、さしあたりはこう言えるだろう。バタイユは、幸運の「賭け」に神経症からの脱出の鍵を、そして他ならぬニーチェの「永劫回帰」の内に、その「賭け」の類まれなる実践を見て取らんとする、と。

神経症者にはたった一つの解決策、賭けねばならないという解決策しかない。神経症者においては生は停止している。彼の生は図面のなかで進路の決められている道を辿ることができない。彼の生は新たな道を切り開く。自分のために、そして他の生のために、新たな世界を創造する。[43]（強調原文）

バタイユにとって「永劫回帰」は、まず何よりも（通常考えられている）「行動」の段階を凌駕する契機を生に与える。「行動とは、われわれの生の各瞬間を未来の明確な結果に従属させて、われわれの存在の総体性を抹殺するものなのである」[44]。あえて極言すれば、行動とは、目的を設定し選択することでしか成されない。国家のために、企業のために、党派のために、（再）生産のために、負債を返済するために、等々……。こうして人間は、有用な生として、資本主義にとって「役に立つ生」として組織化される。それに反して、ニーチェはまさしく〈無動機的な〉生の祝祭性を称揚するのだ。「いかなる目的も持たないこと、そして、原因となって何かの役に立たないこと、このアリアドネの糸をニーチェはけっして見失わなかった」（強調原文）(45)

どのような道徳もこう語る。「あなたの生の各瞬間が動機づけられてあるようにしなさい。」［永劫］回帰は、瞬間を無動機的にし、生を目的から解放するのであり、しかもそうやってまず、生を廃墟に変えるのである。［…］回帰は、生の各瞬間がもはや無動機的になっている人間の砂漠なのである。（強調原文）(46)

世俗の道徳や企業倫理は、未来時に設定された「目的」や「目標」を達成するために、今この瞬間を犠牲に捧げよ、と不断に要請してくる。だが、永劫回帰の観念のもとでは、各々の瞬間が無限回反復されることになり、各瞬間それ自体が「目的」のようなものとして志向されなければならない「永遠の現在《いま》」として立ち現れる。こうした観点のもとでは、将来の達成に向けられた過去の蓄積はおしなべて不毛な「廃墟」「砂漠」として現出するであろう。しかし、そのことは同時に取りも直さず、過去に縛られた「負債」や「責任」からの解放をも意味しているのではないだろうか。「行動」と「道徳」から決然と背を向けることによって、私たちは「無為」というあの砂漠へ、現勢態《エネルゲイア》に決して移行することのない可能態《ポテンツア》＝潜在性の領野へと赴くことになる……。

＊

TVアニメ『魔王城でおやすみ』（二〇二〇）を貫いているのは純粋な「無為」である。魔王城の牢屋に囚われた主人公であるスヤリス姫は、ここでは言うまでもなく英雄とは正反対の人間である。彼女を律しているあらゆる行動原則はおしなべて「眠り」に従事する。すべての物事、存在がただ「眠り」にだけ供される。彼女は行動するために眠るのではなく、眠るために行動するのだ。眠りは明日のために、言い換えれば労働のための「手段」としての地位を簒奪され、それ自体が「目的」となるかのようだ。この世界では死すらも一時的な眠りにすぎない。さながら、人間はただ眠るためだけに生まれてきたかのように……。「眠りから目が覚める、なんと不本意なことか」（ジャック・リゴー「遺稿断片」[47]）

　スヤリス姫は、眠ることによって、眠り続けることによって、支配／隷属、能動／受動という二項対立を宙吊りにする。彼女は能動＝支配にも受動＝隷属にも与することなく、そこに「眠る」という中動態の逃走線を引くことによって、魔王城という監獄兼官僚制的メカニズムを一時的な機能不全に追いやる。彼女は、魔王城を脱出するのでも、または破壊ないし占拠するのでもなく、ただハックすることで、そこに異質な空間（一時的自律ゾーン？）を創出するのである。英雄たちがスヤリス姫を救い出すために進展のない冒険と益体もない戦闘（ブルシット・ジョブ！）を延々と反復している一方、彼女は牢獄の中心で中動態の姿勢を取り続けることで、牢獄を束の間のユートピア――あるいはフーコーが言ったあのヘテロトピア――へと変容させるのだ。

＊

カーテンから漏れ出す夜明けの薄明が部屋の壁に冷たく垂れ下がる。午前六時。まんじりともせず迎える朝――。

## 註

（1）W・G・ゼーバルト『土星の環――イギリス行脚』鈴木仁子訳、白水社、二〇二〇、二〇七頁。
（2）ウルリヒ・ホルストマン『人間怪物論――人間脱走の哲学の素描』加藤二郎訳、法政大学出版局、一九八四、三頁。
（3）間章『時代の未明から来たるべきものへ（間章著作集）』月曜社、二〇一三、九五頁。
（4）ジグムント・バウマン『退行の時代を生きる――人びとはなぜレトロピアに魅せられるのか』伊藤茂訳、青土社、二〇一八、七三―七四頁。
（5）同右、七四頁。
（6）同右、一五四頁。
（7）同右、一五五頁。
（8）https://theoccupiedtimes.org/?p=12841
（8）同右。
（10）岩倉文也『傾いた夜空の下で』青土社、二〇一八、八五頁。
（11）E・M・シオラン『生誕の災厄』出口裕弘訳、紀伊國屋書店、一九七六、一三一頁。
（12）フランク・E・マニュエル、フリッツィ・P・マニュエル『西欧世界におけるユートピア思想』門間都喜郎訳、晃洋書房、二〇一八、三頁。
（13）サミュエル・バトラー『エレホン』武藤浩史訳、新潮社版、二〇二〇、一八〇頁。
（14）同右、一八五頁。
（15）同右、一八九頁。
（16）デヴィッド・グレーバー『ブルシット・ジョブ――クソどうでもいい仕事の理論』酒井隆史・芳賀達彦・森田和樹訳、岩波書店、二〇二〇、二七―二八頁。
（17）マーク・フィッシャー『資本主義リアリズム』セバスチャン・ブロイ＋河南瑠莉訳、堀之内出版、二〇一八、一〇四―一〇五頁。
（18）ミカエル・フッセル『世界の終わりの後で――黙示録的理性批判』西山雄二・伊藤潤一郎・伊藤美恵子・横田祐美子訳、法政大学出版局、二〇二〇、一〇頁。
（19）同右、四四頁。
（20）同右、四六―四七頁。
（21）同右、四七頁。
（22）木村敏『時間と自己』中公新書、一九八二、一一一―一一二頁。

(23) 同右、一一三―一一四頁。
(24) 木澤佐登志『ニックランドと新反動主義――現代世界を覆う〈ダーク〉な思想』星海社新書、二〇一九、二一〇頁。
(25) バウマン前掲書、七七―七八頁。
(26) https://www.theguardian.com/world/2017/may/11/accelerationism-how-a-fringe-philosophy-predicted-the-future-we-live-in
(27) シオラン前掲書、一三四頁。
(28) ジョルジョ・アガンベン『動物――人間と動物』岡田温司・多賀健太郎訳、平凡社ライブラリー、二〇一一、一〇〇―一〇二頁。
(29) 同右、八九―九〇頁。
(30) 同右、九〇―九一頁。
(31) 同右、一〇八―一〇九頁。
(32) 同右、一一二―一一五頁。
(33) 同右、一一六―一一七頁。
(34) 同右、一一七―一一九頁。
(35) 同右、一二一頁。
(36) 同右、一二一頁。
(37) 同右、一二五頁。
(38) 同右、一五八頁。
(39) ニーチェ『この人を見よ』丘沢静也訳、光文社古典新訳文庫、二〇一六、七八頁。
(40) G・バタイユ『ニーチェについて――好運への意志（無神学大全）』酒井健訳、現代思潮新社、一九九二、二三二頁。
(41) 同右、二四一頁。
(42) 同右、二四二頁。
(43) 同右、二四二―二四三頁。
(44) 同右、二四頁。
(45) 同右、三六―三七頁。
(46) 同右、三七頁。
(47) ジャック・リゴー『自殺総代理店』亀井薫・松本完治訳、エディションイレーヌ、二〇〇七、八九頁。

## 4　「社会正義」に対する逆張りの系譜
### イーロン・マスク、ピーター・ティール、ジョーダン・ピーターソン

#### イーロン・マスクの新官房学

二〇二二年一〇月二八日、ひとりの億万長者がツイッター社（現X社）を買収した。イーロン・マスクは買収理由のひとつに「言論の自由の確保」を挙げていた。マスクはCEOやCFOを含む上層部や取締役の解任を皮切りに、社員を次々と解雇。わずか数週間の間で、ツイッター本社の従業員約七五〇〇人のうち、六割以上に当たる約五〇〇〇人が解雇されたという[1]。報道によれば、マスクは社員に、「ハードコア」に「長時間働く」と「誓う」か、応じられない場合は「三カ月分の解雇手当と引き換えに辞める」かを回答するよう求めるメールを一斉送信していた。少なくない社員が退職を選んだ。

次にマスクは「言論の自由の確保」の延長として、アカウントを停止させられていたアメリカ前大統領ドナルド・トランプのアカウント復活を決定。ユーザーへのツイッター・アンケートの結果、「人々の声」が僅差で凍結解除を支持したからだという[2]。だが、マスクによる「言論の自由の確保」は、他方でヘイトスピーチの急増という明らかな副作用をも見せている。たとえば、民間の調査団体デジタルヘイト対抗センター（CCDH）の調査によれば、マスク氏の買収後、黒人に対する差別的な表現は約三倍に増加、同性愛者やトランスジェンダー、ユダヤ人に対する差別的な投稿も大幅に増加していたという（一方、マスクはヘイトスピーチは三分の一に減ったと主張するツイートをしている[3]）。

またその一方で、マスクは自称「言論の自由の絶対主義者」らしからぬ言動を繰り返し行っている。たとえば、マスクはツイッター上で彼を公然と批判した同社エンジニアを解雇したり、彼を批判したとされる主要メディアのジャーナリストら九人のアカウントを一斉に停止したりしている。さらに、一般に公開されているプライベートジェットの位置データを共有するアカウント@ElonJetを何の説明もなく停止し、そのアカウントを運営していた二〇歳のジャック・スウィーニー（Jack Sweeney）の個人アカウントも停止させた[4]。

『Forbes JAPAN』は一二月一六日の記事で、これらのマスクの動きを「マスクがツイッターの独裁者となったことを改めて示すもの」と総括した[5]。

私は、一連のマスクの君主的な振る舞いに、拙著『ニック・ランドと新反動主義』で論じた新官房学（Neocameralism）と似たものを感じ取らずにはいられなかった。新官房学とは、シリコンバレーの起業家兼エンジニアであるカーティス・ヤーヴィンが、後述する投資家ピーター・ティールの思想を推し進めたものである。それは簡潔に説明すれば、小規模な都市国家が乱立する世界と、それらの都市国家を営利を目的とするひとつの企業（＝主権企業）として統治するシステムを前提としている。それぞれの主権企業はトップに位置する国家元首＝CEO（最高経営責任者）が統治し、利害関係者《ステークホルダー》である国民に対してサービスを提供する。サービスに不満を覚えた国民は別の国家＝企業に自由にイグジット（脱出）できるとされる。

マスクの運営するツイッター社に民主主義が存在しないように、新官房学が構想する国家＝企業にも民主主義的な意思決定のプロセスは存在しない。そこではCEOを頂点とするトップダウン的な意思決定がすべてとなる。新官房学や後述のピーター・ティールに共通する思想、それは民主主義や平等といったリベラルな概念は、急激な改革や破壊的イノベーション、あるいは自由な経済活動にとっては著しい障害でしかない、というものだ。

イーロン・マスクもまた、民主主義的なプロセスを踏まずに独断でツイッターに次々と変更と改良(改悪)を加えていった。こうした強権的で拙速な仕様変更や改悪、そしてマスクの独裁君主的な振る舞いに嫌気が差したユーザーは、Mastodonといった代替SNSへと移住=イグジットしていった。皮肉なことに、これもまた新官房学的な光景である。奇しくも(?)、マスクは自身のツイッターのプロフィールに「Imperator of Mars(火星の皇帝)」という呼称を追加していた。彼は火星を征服する前段階としてツイッターの皇帝に君臨してみせたのである。

## ピーター・ティールvsデヴィッド・グレーバー

イーロン・マスクとともに二〇〇〇年に電子決済サービスの最先端企業ペイパルを設立(より正確には双方の電子決済事業を合併し後に社名をペイパルに改めた)、後にインターネットオークション大手のイーベイに一五億ドルで売却し、マスクらとともに若くして億万長者となった、「ペイパルマフィアのドン」とも呼ばれる起業家兼エンジェル投資家のピーター・ティール。彼は、『負債論』などの著書をものした人類学者デヴィッド・グレーバー(彼は二〇一一年のウォール街を占拠せよ運動を主導したアナーキストとしても知られる)、との対談を二〇一四年に行っている。

トランプを支持した反動的リバタリアンと資本主義にアゲインストする市民運動を主導した極左

アナーキスト。一見して水と油のような不可解な取り合わせに思えるが、二人には共通の時代認識がある。すなわち、現代は目まぐるしい革新の時代と一般に思われているが、実のところ深刻な技術的／知的停滞の時代に他ならない、と二人とも考えているのだ。「ピーターと私は、すべてのことの二〇パーセントについて非常に強く同意し、おそらく残りの八〇パーセントについては強く反駁し合っていることが興味深い」と、グレーバーは対談前のインタビューで語っている。「しかし、私たちが同意していることは、他の誰も同意していないことなのです」[6]

たとえば、グレーバーは二〇一五年の著書『官僚制のユートピア』の中で、なぜ未だに空飛ぶ自動車が発明されていないのか、という挑発的な問いを立てている。空飛ぶ自動車だけではない。二〇世紀の中盤から後半に幼年時代を過ごした者が二一世紀に当然存在しているだろうと思いこんでいたあらゆるテクノロジー的驚異、すなわち、フォースフィールド、テレポーテーション、反重力場、不老不死の技術、人工冬眠、アンドロイド、火星の植民地、等々、どれかひとつでも実現しただろうか。答えはもちろん否である。二〇世紀のSF作家たちが夢想した数々の近未来的ガジェット、それらはみな、今では記憶のジャンクヤードに打ち捨てられ、ただノスタルジーの対象として時たま拾い上げられ慰撫されるのが関の山となっている。

同様に、ピーター・ティールも様々な場所でアナキスト人類学者と共振する発言を行っている。それは、自身のベンチャーキャピタルであるファウンダーズ・ファンドのスローガン「私たちは空飛ぶ自動車が欲しかったのに、手に入れたのはたった一四〇文字［引用者註：Xのこと］だった」に要約されている。ティールはグレーバーとの対談の中で、かつてのSF作家とその読者である少年たちが夢見たイノベーションが起こらなかった元凶のひとつとして「硬直化した官僚機構」を挙げながら、グレーバーの言葉「あたかも自分がすでに自由であるかのように行動せよ」を引用してみせる。その上で、彼のペイパル時代からの盟友にしてライバル、イーロン・マスクが立ち上げた民間宇宙開発企業SpaceXの取り組みを賞賛する。再利用可能なロケットを開発し、打ち上げコストを大幅に削減。宇宙船も開発し、有人飛行も実現させたSpaceXは、間違いなく宇宙産業における画期的なイノベーションだった。火星に行くためには、終わりのない議論ではなく実際に火星に行こうとしなければならない、とティールはマスクを讃える。

だが、グレーバーとティールの意見が一致するのはここまでである。イノベーションを実現するための政治や国家システムのあり方について、二人は当然のことながら鋭く対立した。グレーバーにとって重要なのは、オキュパイ運動に象徴されるような真に参加型の民主主義システムである。それに対して、ティールは民主主義のシステムを変えるよりも、むしろ民主主義の外部を目指すべきであると主張する。その際に理想モデルとしてティールが持ち出すのがスタートアップ企業である。「スタートアップは民主主義とは程遠いものです。そこでは何事も投票では決まらない」。加速主義者であるティールは、民衆運動のような素朴政治《フォーク・ポリティクス》を忌避する。真の革新を引き起こすのは、民主主義のような水平的なモデルではなく、階層的なモデルに支えられた組織に他ならない(7)。

ティールは二〇一一年に保守派雑誌『ナショナル・レビュー』に寄稿した「The End of the Future」という記事の中で、一九五〇年代から一九六〇年代にかけてのテクノロジーの進歩に対する楽観論《オプティミズム》と比較して、現代のテクノロジーの進歩は多くの領域で遅れをとっていると指摘している。

たとえば、一九六七年に出版されたベストセラー『The American Challenge』では、加速する技術進歩が米国とその他の国々との格差を広げ、二〇〇〇年までに米国がポスト工業化社会の頂点に君臨しているだろう、と論じていた。しかし、実際はそうはならなかった。なぜか。ティールは、その原因のひとつを、一九六〇年代後半に端を発するカウンターカルチャーとその直接の遺産であるアイデンティティ・ポリティクスに見て取る。

SFは文学のジャンルとして崩壊してしまった。一九六九年七月、人類は月に到達し、その三週間後にウッドストックが始まった。後知恵ではあるが、このときヒッピーが国を支配し、「進歩」をめぐる真の文化戦争が敗れたと見ることができる。

［…］私は、アイデンティティ・ポリティクスをめぐる果てしない偽の文化戦争が、我々がこれほど長いあいだテクノロジーの減速を無視することができた主な理由ではないかと考えている。(8)

ベトナム反戦運動、公民権運動、エコロジー、ブラック・パワー、フェミニズム……。六〇年代はニューレフトによる諸々の政治的ラディカリズムが勃興した時代でもある。だが、ティールの診断に従えば、そのニューレフトこそが「未来」を閉ざした元凶であり、私たちはそれ以来四〇年以上にわたって砂漠を彷徨し続けているのだという。

ティールのニューレフトとアイデンティティ・ポリティクスに対する憎悪は今にはじまったもの

ではない。その元を辿れば、ティールの大学時代にまで遡ることができる。

一九八五年、アメリカ西海岸のシリコンバレーに位置するスタンフォード大学へ進学したティールは、当時学内で紛糾していた論争に立ち会うことになる。きっかけはスタンフォードのリベラルな学生たちによる、「西洋文化」と呼ばれる必修科目の題材がアリストテレスやシェイクスピアといった白人男性たちによって占められていることに対する抗議運動であった。彼らは、白人的な西洋中心主義ではない、「文化的多様性」や「ジェンダー」の観点を取り入れたカリキュラムを導入するべきだと主張した。

ここには当然六〇年代の学生運動からの反響が見て取れるが、より直接的には当時フランスからアメリカに輸入されてきたジャック・デリダの脱構築理論やミシェル・フーコーの権力論を取り入れたフレンチ・セオリーの影響がある。たとえば、フランソワ・キュセは著書『フレンチ・セオリー』の中で次のように指摘している。


デリダ的に表現されようと、フーコー流に表現されようと以下のことは、おそらくフランスでかつて理解されていたよりもはるかに明らかである。すなわち、真理の言説はこの先もはや存在せず、存在するのは、真理を生産する、一時的で、戦術的で、政治的な、諸装置のみだと。ただし、この有益な発見は、合衆国では、支配に対する全面的な闘争に備える力を結集するのではなく、マイノリティの諸理論を準備することになる。言い換えれば、デリダやフーコーは客観性という概念を脱構築したのだが、アメリカではここから言語の持つ比喩の力について、あるいは言説の構築についての考察へと向かうのではなく、より具体的で政治的な結論――すなわち客観性とは「白人男性の主観性」と同義にほかならないということ――を引き出したのだとも言えるだろう(9)。

要するに、アメリカの学生たちは、フランスから輸入されてきた難解なポストモダン理論を、ただ抽象的な思弁として受け取るのではなく、プラグマティックに「使用」してみせたのだ。その帰結といえるのが、「白人男性の主観性」によって構築された言説装置としての真理を徹底的に相対化し、それまで抑圧されてきたマイノリティをエンパワメントする武器としてのアイデンティティ・ポリティクスであった。「アメリカ合衆国を二分することになる新たな「文化戦争《カルチャー・ウォーズ》」においてマイノリティは強力な理論の後ろ盾を得たことになるわけである(10)」

こうした、大学を主な舞台とした文化戦争の勃発に対して、ティールは保守派の友人らと共同で『スタンフォード・レビュー』という学生新聞を創刊し、みずから紛争に積極的にコミットしていく。ティールらは「ポリティカル・コレクトネス(=PC)」へ傾倒するリベラルな学生たちの(現在でいうところの)「Woke」ぶりをシニカルに嘲笑してみせた(そう、PCを巡る不毛な論争は何も今にはじまるものではなく、その原点は八〇年代後半から九〇年代前半にかけてのアメリカを舞台とした大学紛争にまで遡る)。

ティールらは左派の「ポリティカル・コレクトネス」に対して「言論の自由」を掲げた。PCという名の「スピーチコード」によってリベラリズムの屋台骨である「言論の自由」が不当に圧殺されている、と彼らは訴えかけた。あるとき、ティールのとある友人は学内の「言論の自由」の限界を検証するために、同性愛者の講師の自宅の前で「このホモ野郎！　エイズになって死んじまえ！」と叫んだ。この友人はスタンフォードを追放されたが、ティールらは『スタンフォード・レビュー』の中で、この追放を「魔女狩り」と書き立てた。

## アラン・ブルームとアメリカのニーチェ

そんなティールを含む当時の保守派が、「ポリティカル・コレクトネス」＝「社会正義」を攻撃する際に聖典として掲げたのが、アラン・ブルームの『アメリカン・マインドの終焉』という書物である。

一九八七年に出版されるや、またたくまにベストセラーとなった本書の骨子は以下に要約できる。すなわち、一九六〇年代の大学紛争とカウンターカルチャーの隆盛以来、ロックンロールの流行が学生たちを間抜けにすると同時に、アメリカの大学で主流になった「文化相対主義」や「価値の相対主義」に基づくカリキュラム改革が研究の自由を侵害し、それが「理性の府」としての大学の機能の低下、および民主主義国家の危機を招いている、と。

ところが、『アメリカ民主主義の衰退とニーチェ思想』の著者山田由美子によれば、右の「大学教育の改悪が民主主義の危機を招いている」という主張はあくまで本書の顕教的な部分にすぎず、当時の多くの一般読者はブルームが本書に込めた密教的＝エソテリックな部分を読み落としていたという。

表向きに読めばリベラリズムの立場に拠る民主主義擁護とも受け取れる本書だが、実のところブルームのいう「アメリカン・マインド」とは、アメリカ建国当時の初期民主主義においてのみ存在していた価値観を指している、と山田は指摘する。そこでは階級制や不平等が厳然と存在していた（もちろん奴隷制も）。しかしブルームに言わせれば、「共通の利害を持つ同胞」という意識が出自の異なる各人を規律化し、そのことでアメリカ文化を「豊か」なものにしていた。しかし今や、アメリカには「相対化」された価値観を持つ個人が無秩序に散逸しているだけであり、国家としての精神統一ができていないとブルームは嘆く。

ブルームは、ニューレフトが信奉する「価値の相対主義」は、ドイツから輸入されてきたニーチェ思想に由来する、と主張する。ここでは暗に、八〇年代当時アメリカで勃興していたフレンチ・セオリーが批判されているとも取れる。フランスのポストモダン思想がニーチェをひとつの参照点としていることは広く知られている。ピエール・クロソウスキーを筆頭に、ジル・ドゥルーズやミシェル・フーコーといった面々はみなニーチェを自身の思想に取り入れていた（その成果のひとつが、一九七二年にフランス・ノルマンディー地方のスリジー＝ラ＝サルで開かれた「ニーチェは、今日？」というシンポジウムで、出席者にはピエール・クロソウスキー、ジャン＝フランソワ・リオタール、ドゥルーズ、ジャック・デリダといった名前が連なっていた）。

アメリカのフレンチ・セオリーにおいてもニーチェは積極的に受容された。たとえば、一九七八年、フレンチ・セオリーの初期の普及に先駆的な役割を果たした雑誌『セミオテクスト』は「ニーチェの帰還」と題した特集号を刊行した。ニーチェの髭がどのページにも掲載されており、ジョン・ケージとマース・カニングハムは体得したニーチェ的「実践」を論じた他、フーコー、リオタール、デリダらの論文が掲載された（なお、他の年にはバタイユ、『アンチ・オイディプス』、スキゾ・カルチャー、等々に関する一連の特集号が出た）。

こうした動きもあってか、ブルームは真正のニーチェ像が、一九六〇年代から八〇年代にかけてのアメリカの新左翼によって「歪曲・矮小化」された、と憤ってみせた。『アメリカン・マインドの終焉』の隠された目的は、これらを「正常化」することによって、「高貴な存在としての人間の生き方」を提示する（貴族主義的）ニーチェ像をアメリカに復権することにあった。

つまり、ここでは実質的に左右のニーチェ争奪戦が行なわれているわけだ。事実、『アメリカン・マインドの終焉』も（ブルーム流の）ニーチェ主義的な書物といえる。ブルームに与えたニーチェの影響は、とりわけ本書の秘儀的《エソテリック》な部分で見え隠れする。たとえば、平等主義をどこまでも否定する階層的なエリート主義の発露。ブルームは本書で大学教育を論じているが、じつは彼が対象としているのは、アメリカ全土のうち上位二〇―三〇大学の知的・物質的・精神的に恵まれた（国家に最大の倫理的・知的影響力を及ぼすであろうとされる）少数のエリートに限られている（女子は含まれていない）。ブルームによれば、今日伝統的な「騎士道」がすたれ、入学者の選別に学力主義が適用されたために、階級と性差がなくなり文化への「貴族」的な感受性も消滅してしまった。合理主義と平等主義がもたらした近代民主主義は、人類史上決して正常な状態ではなく、文明という名において「畜群」が引き起こした、「超人」を否定するルサンチマンにもとづくものだという。山田は、ブルームの主張を「大学教育における「文化相対主義」を批判することによって、近代民主主義を廃絶し、初期民主主義の階級社会を再現する提案を行っている」と簡潔に要約している。[11] ブルームはPC的な「文化相対主義」への批判を通じて、最終的に近代民主主義の否定に至る。

同様のロジックで、ブルームは当時のサッチャー／レーガンによる新自由主義政策を称揚する。すなわち、新自由主義は、国家による介入を廃絶し、市場原理のメカニズムにもとづく原初資本主義の自由競争を復活させる。そうして「強者」を富ませ、階級という名の格差を助長させることは、階級制と（右派）ニーチェ的な貴族主義の復活を寿ぐブルームにとって好都合なのであった。結果として、『アメリカン・マインドの終焉』は、新保守主義（ネオコン）の思想的バイブルともなった。

実はピーター・ティールらが発刊した『スタンフォード・レビュー』は、ネオコンの父と呼ばれるアーヴィン・クリストルが一九七八年に保守派学生の活動を支援するために立ち上げた組織からの資金援助によって成り立っていた。また、同誌はレーガン政権の教育長官ウィリアム・ベネットを招いて学内で講演会を開いている。ティールもまた、当時のネオコンやレーガン政権下の保守政治の空気を吸いながら思想形成を遂げていったのである。

## ドロップアウトせよ

ニーチェはアメリカにおける精神史の中で少なくない役割を果たしている。そもそもニーチェはアメリカ思想における祖のひとりともいえるラルフ・ウォルドー・エマソンの熱心な愛読者だった（詳しくはジェニファー・ラトナー＝ローゼンハーゲン『アメリカのニーチェ』を参照）。エマソンは現在では自己啓発的な文脈での受容もされるが、たとえば『エッセイ第一集』に収められている「自己信頼」というテクスト、とりわけ「自分の考えを信じること、自分にとっての真実は、すべての人々にとっての真実だと信じること——それが天才である[12]」などの個人主義讃歌のパッセージは、きわめてニーチェ的であると言えると同時に、のちのピーター・ティールなどのリバタリアンにも間接的に影響を及ぼしていると言えよう。アメリカにおける左右のニーチェ主義者たちは皆、ニーチェを通して彼らの先祖であるエマソンの影を透かし見ていたのだろうか。

言うなれば、ピーター・ティールの著書『ゼロ・トゥ・ワン』は、エマソン―ニーチェの天才＝超人讃歌と「投資」を接続させた画期的な自己啓発起業哲学なのである。そこでティールは、彼が私淑したルネ・ジラールの模倣理論から説き起こす形で、終わりなき差異をめぐる競争からのドロップアウトと、フロンティアの開拓と「独占」にこそ可能性を見出すことを説く。

やや唐突だがここで、ピーター・ティールとイーロン・マスクの双方に影響を与えた書物を二冊紹介しておく。一冊はアイン・ランドの『肩をすくめるアトラス』である。

ロシアからアメリカに亡命してきた女性作家のアイン・ランドが一九五七年に発表したこの長大な小説がアメリカのリバタリアニズムや保守思想に与えた無視し得ない影響力は、ティールが支援してきた、政府の手が及ばない海上に実験的な浮遊都市を建設しようとするSeasteading Instituteプロジェクトにまで及んでいる。『肩をすくめるアトラス』では、社会主義化が進むアメリカに見切りをつけた一部のエリートたちがコロラド山中に「ゴールト峡谷」と呼ばれる新世界を作り上げ、他方で政府は天才たちがドロップアウトしたことによって崩壊していく様子が描かれる。

もう一冊は、ロバート・ハインラインの『月は無慈悲な夜の女王』という、月にイグジットしてそこを植民地化した住人（その大半は流刑された犯罪者、政治亡命者、またはその子孫で成り立っている）が地球政府に対して独立を宣言して革命を起こすという内容のSF小説である。ハインラインといえば、日本ではもっぱら『夏への扉』がもてはやされる傾向にあるが、アメリカ本国では本書の方が評価が高い。言うまでもなく、本書がアメリカ独立戦争という建国神話とフロンティア・スピリットを巧みにSF的意匠に包みながらトレースしているからだろう。ちなみに、アメリカにはリバタリアンSFというSFのサブジャンルが存在しており、優れているとされるリバタリアンSFにはプロメテウス賞なるアワードが贈られる。『月は無慈悲な夜の女王』も一九八三年にプロメテウス殿堂賞（Hall of Fame Award）を授与されているが、実は同年にもうひとつ殿堂賞を与えられている小説があって、それは奇しくも（？）アイン・ランドの『肩をすくめるアトラス』だったという（Wikipedia の Prometheus Award を参照）。

ティールは『ゼロ・トゥ・ワン』の中で、しきりに競争からのイグジット＝ドロップアウトとフロンティアの開拓と独占＝植民地化を説くが、それも故なきことではないことが窺えるだろう。もっとも、ティールのいうドロップアウトは範囲が大きく、それはティール・フェローシップと呼ばれる、二〇一一年にティールが開始した若手起業家育成プログラムに至って「大学」にまで及ぶ。同プログラムでは、起業を志す二二歳未満の膨大な数の若者の中から二〇人を選出し、彼らに二年間で一〇万ドルを出資する。ただしプログラムの参加には条件があり、それは「大学を中退すること」である。実のところ、ティールは『ゼロ・トゥ・ワン』以来一貫して「大学を中退して起業しろ」と大学生たちを焚き付けてきた、と言ってもよい。

実際、シリコンバレーの起業家には中退者が多い。イーロン・マスクはオンライン版イエローページともいえるビジネスディレクトリー「Zip2」を立ち上げるために大学院を中退しているし、ティールも大学こそ卒業しているものの、連邦最高裁判所の事務官としてのエリートキャリアを棒に振っている。付け加えておくと、マーク・ザッカーバーグもスティーブ・ジョブズもビル・ゲイツも大学中退者である。

『What Tech Calls Thinking』（未邦訳）の著者Adrian Daubも指摘するように、シリコンバレーには一種のドロップアウト信仰とでも呼ぶべきものが見られる。中退＝ドロップアウトは、「自立」や「天才型」といった連想を彼らに呼び起こす。そこには当然ながら六〇年代カウンターカルチャーからの残響が尾を引いている。すなわち、幻覚剤の導師《グル》ティモシー・リアリーが唱えた高名なマントラ「スイッチを入れ《ターンオン》、チューンインし《チューンイン》、ドロップアウトしろ《ドロップアウト》」のゆるやかな回帰である。カウンターカルチャーが現在のシリコンバレーのテックカルチャーに及ぼした影響についてはフレッド・ターナー著『From Counterculture to Cyberculture』（未邦訳）が詳しい。そこでターナーが行っている主張の要諦は、結局シリコンバレーのテックエリートたちは、六〇年代カウンターカルチャーのラディカルな政治意識——ベトナム反戦運動、公民権運動、ゲイ解放運動、エコロジー、ブラック・パワー、フェミニズム……を受け継がなかった、という点にある。そこにはもちろんヒッピーや政治運動の退潮が関わっているだろう。政治の季節は終わり、若者たちはコミューンから家庭に戻っていった。「世界を変革せよ」という思想は忘れ去られ、代わりに「意識を変革せよ、人生を変革せよ」という思想が主流となった。もし制度的な変化が期待できないのであれば、私たちにできることは、ジムで筋トレに励みながら資本主義とテクノロジーを最大限に利用することだけだ。こうして、世界の変革を諦めた若者たちは、不都合や理不尽が蔓延る現実に背を向け、新しい世界を創り始めたのだった。それはたとえばシリコンバレーのような起業家精神が形作るフロンティアであったり、あるいはサイバースペースやメタバースのようなプログラミングされた電子的フロンティアであったりする。

ピーター・ティールはたしかにドロップアウトを説く。だがそれは決して資本主義の外側への離脱を意味しない。六〇年代カウンターカルチャーであれば、ドロップアウトは資本主義の外部でコミューンを形成する試みを意味していただろう。だがティールが説くそれは、あくまで資本主義のシステムに寄生した上で行なわれる営み、すなわち「起業」しか意味していないのである。

## 社会正義に対する逆張り、IDW

ティールは学生時代、前述の『スタンフォード・レビュー』の編集後記に「政治的に正しくないことをするのは、とても自由なことです」と書き付けていた[13]。逆説的なことに、政治的ラディカリズムの剥落したカウンターカルチャーの精神は、当のカウンターカルチャーが生み出したアイデンティティ・ポリティクスに対する「反逆」に至る。

たとえば、シリコンバレーを創出したハッカースピリットについて概説したポール・グレアムの著書『ハッカーと画家』には、「ハッカーは規則に従わない。それがハッキングの本質なんだ。それはまた、アメリカ的であることの本質でもある。シリコンバレーが、フランスやドイツやイギリスや日本ではなく米国に現れたのは偶然でない。他の国々では、色を塗っても線からはみ出す人はいない」という記述がある。[14] ここには明確にカウンターカルチャーから受け継がれた反骨精神とドロップアウト（＝線からはみ出す）の精神が見受けられる。「ルールを破る人々が、アメリカの富と力の源泉である」。[15] しかし、同時に本書には次のような記述もある。

素晴らしいハッカーと、一般的に賢い人々との間の違いとして私が気付いたのは、ハッカーはより「政治的に正しく」ないということだ。良いハッカーの間での、秘密の握手みたいなものがあるくらいだ。ハッカー同士が十分に親しくなると、一般の人が聞いたら唖然としすぎて死んでしまうくらい恐ろしいことを平気で言い出し始めるのがそれだ。[16]

ここでは、「ルールを破ること＝政治的に正しくないこと」が、取りも直さず一般人が思いも寄らないイノベーティブな創造性に繋がるというロジックが展開されている。そこには同時に、一般人（Normie）に対するエリート主義的な優越感が紛れもなく見え隠れしてもいる。

現在、「インテレクチュアル・ダークウェブ（ＩＤＷ）」と呼ばれる、「社会正義」やWokeに対する冷笑的反逆を共通理念とする一群の言論人のネットワークが存在する（ＩＤＷという呼称の生みの親である数学者エリック・ワインスタインが、ティールが設立した投資会社ティール・キャピタルの常務取締役を務めていたという事実は私たちにとって示唆的に映る）。

たとえば、「危険とされる考えも尊重する」と掲げる「自由な思想のためのプラットフォーム」

を称するリバタリアン系のオンラインマガジン『Quillette』の設立者クレア・レーマンはＩＤＷのリーダーのひとりと見なされている。『Quillette』は科学的ファクトに基づいて「ポリティカル・コレクトネス」や「社会正義」および「キャンセルカルチャー」を攻撃する記事を多数掲載している。その中には、「人間の生物学的多様性」（ＨＢＤ）を支持する記事も含まれる。[17] ＨＢＤはオルタナ右翼のジャーナリスト、スティーブ・セーラーが広めたタームで、その要旨は人種や民族の諸特性はその集団内における遺伝子構成の影響を受けるというもので、言ってしまえば優生学的レイシズムの一種にすぎない。だが、あくまで『Quillette』の執筆者、およびＩＤＷの多くは自身を反動右派ではなく（古典主義的）リベラリストであると自称している。

ＩＤＷの中にもドロップアウトした者が多いことを付け加えておこう。ただし、それは能動的なドロップアウトではなく強いられたドロップアウトである。たとえば、前述の『Quillette』の設立者クレア・レーマンは、過去にフェミニストからバッシングを受け、それ以来自国のオーストラリアの主要メディアで執筆できなくなったと言う。このように、ＩＤＷの少なくない論客が自身を「キャンセルカルチャー」の被害者であると主張している。こうしたメインストリームの言論空間からの強いられたドロップアウト＝排除は、彼らに一般人に対するエリート主義的な優越感のみならず、攻撃的な逆張り意識や被害者意識をも植え付けるだろう。

最後に、ＩＤＷの中でもっとも読者を得ているといえる論客、カナダの心理学者ジョーダン・ピーターソンについて触れておこう。ピーターソンは、二〇一八年に出版した『生き抜くための12のルール』が全世界で四〇〇万部突破の大ベストセラーになったことで一躍ＩＤＷのスターに躍り出た。本書をあえて一言で要約すれば、俗流ニーチェ主義と進化心理学の教説に上からキリスト教道徳をかつお節のようにまぶした徳育系自己啓発本、ということになるだろう。退屈な説教が大部分を占めている本書をわざわざ詳述することは避けるが、本章との関わりでいえば第一章「背筋を伸ばして、胸を張れ」がさしあたり興味深い。ピーターソンはロブスターの生態を紹介しながら、生物の世界は勝者総取りのシステムであるという不均等分布の原理を持ち出す。要するにここでピーターソンが言いたいのは、ロブスターの社会に上下関係や支配階層が存在するように、人間の社会にもそうした要素が存在するのは当然のこと、言ってみれば三億五〇〇〇万年前から存在する「自然の本質」に他ならない、ということである。

進化論の観点からみると、重要なのは存在の長さだけだ。そして、支配階層は——社会の面でも文化の面でも——約五億年前から存在している。きわめて長い。本物だ。支配階層は資本主義ではない。かといって、共産主義でもない。軍事産業複合体でもない。家父長制のような、使い捨てで可塑性のある恣意的な文化的産物とも違う。深い意味でいえば、人間の創造物ですらない。むしろ、環境のほぼ永遠の側面であり、これらのわりあい一時的な現象によるとされるものの多くは、不変の存在である支配階層に由来する。(18)

ニーチェ主義的な支配階層システムを不変的かつ普遍的なものとして正当化するべくロブスターの生態と人間の社会を安直に比較しているわけだが、当然ここには「ヒュームの法則」も出てこないし、そもそもロブスターと人間社会はまったく別物である、という視点も欠けている。だが、ピーターソンはそんなことはお構いなしに、読者に対して「支配階層を目指せ、なぜならそれこそが生物の本性にかなった善き生き方だからである」と檄を飛ばす。

こうした（疑似）進化心理学に依拠した卓越主義を掲げる徳育の徒は何もピーターソンだけでなく、それこそ掃いて捨てるほどいる。だが、こうした者たちが（リベラルの皮をかぶりながら）近代民主主義の土台を掘り崩そうとしていく昨今の傾向には注意を払っていくべきだろう。すべてが後の祭りになる前に。

# 註

（1）https://www3.nhk.or.jp/news/html/20221122/k10013899851000.html
（2）https://www.bbc.com/japanese/63692446
（3）https://news.ntv.co.jp/category/international/e985a15e91d943fbaa212de5b5c0aedf
（4）https://news.yahoo.co.jp/byline/kazuhirotaira/20221217–00328684
（5）https://forbesjapan.com/articles/detail/52890
（6）https://www.nytimes.com/2014/09/22/arts/peter-thiel-and-david-graeber-debate-technologys-future.html
（7）同右。
（8）https://www.nationalreview.com/2011/10/end-future-peter-thiel/
（9）フランソワ・キュセ『フレンチ・セオリー――アメリカにおけるフランス現代思想』桑田光平・鈴木哲平・畠山達・本田貴久訳、NTT出版、二〇一〇、一二〇頁。
（10）同右、一二一頁。
（11）山田由美子『アメリカ民主主義の衰退とニーチェ思想――ツァラトゥストラの経済的帰結』人文書院、二〇一八、四五頁。
（12）ラルフ・ウォルドー・エマソン『自己信頼［新訳］』伊東奈美子訳、海と月社、二〇〇九、七頁。
（13）Chafkin, Max. The Contrarian（p.29）. Penguin Publishing Group. Kindle.
（14）ポール・グレアム『ハッカーと画家――コンピュータ時代の創造者たち』川合史朗訳、オーム社、二〇〇五、五八頁。
（15）同右、六〇頁。
（16）同右、二三八頁。
（17）https://www.thenation.com/article/archive/quillette-fascist-creep/
（18）ジョーダン・ピーターソン『生き抜くための12のルール――人生というカオスのための解毒剤』中山宥訳、朝日新聞出版、二〇二〇、三九―四〇頁。

# Ⅱ

# 生まれてこないほうがよかった――ではどこへ？

# 1　さようなら、いままで夢をありがとう　〈名前のない特性〉を巡って

わたしの本の真実が、未来の中にあればいいと思います。
——ミシェル・フーコー(1)

悪夢は個人化《パーソナライズ》されたディストピアの典型例であろう。しかし、私たちが悪夢から覚め、虚ろな目で現実世界の感触を確かめんとするかのように枕元のスマートフォンを覗くとき、そこにも個人化《パーソナライズ》されたディストピア（とあえてここでは言っておく）が広がっている……としたら？　ただし、スマートフォンの内部の領域で、無数のアルゴリズムがどのように作動しているかは、私たちからは不可視なのだ。

フィルターバブル。イーライ・パリサーがグーグルを筆頭とするテック企業のアルゴリズムを批判する際に用いるターム。「パーソナライゼーション」と呼ばれる複雑怪奇なアルゴリズムによって、すべてを相互に結びつけていたはずのインターネットにいながらにして私たちは不断に分断されている。遡ること二〇〇九年一二月にはじめてグーグルの検索エンジンに導入されたこのアルゴリズムは、ログインした場所、使用しているブラウザ、過去に検索した言葉など、五七種類におよぶ「シグナル」を用いることで、各ユーザーがどういう人物でどういうサイトを好んでいるかを推測することができる。こうして収集した個人データをもとに、各ユーザーに最適化された広告や検

索結果をアルゴリズムによって提示することが可能となった。[2] ユーザーが情報を選択するより先に、予め選択肢の中から特定の情報を（親切にも）除外してしまうフィルタリング機能の登場。

パリサーの先見性は正しい。つまり、フィルタリングによって自分の見たい情報しか流れてこなくなるということは、新たな知見と出会う可能性（セレンディピティ）もまた劇的に減るということを意味する。

こうして人はフィルターバブルに囚われる。インターネットに設けられたあなただけのパーソナルスペース。ここにはあなたが好みそうなニュースや広告やコンテンツや政治的主張が山のように入ってくる。逆に、嫌なものは何も入ってこない。

セレンディピティから無縁になればなるほど、言い換えれば既知のもので周りが覆い尽くされればされるほど、あなたの選択や行動はますます予測可能になっていく。正のフィードバック。アルゴリズムによる先取り。さながら、無意識はアルゴリズムによって構造化（コード化）されているかのように……。

先ほど、筆者はあえてディストピアと表現した。しかし、見ようによってはユートピアと言えなくもない。約束された楽園。

他方で、人びとは『どうぶつの森』や『マインクラフト』、あるいは『VRChat』などを通じて、私的なユートピアを日夜つくりあげている。箱庭のユートピア。

二〇一八年三月に発覚した、フェイスブックが保有する大量の個人データが大統領選挙中トランプ陣営に利用されていた、というスキャンダルはまだ記憶に新しい。二〇一六年の大統領選でトランプ陣営のキャンペーンを担っていたデータ分析会社ケンブリッジ・アナリティカは、フェイスブックから不正に入手した八七〇〇万人分の個人データを選挙に利用していた。プロフィールや友人関係、どんな記事に「いいね」をしたか、等々。そうした膨大な情報、八七〇〇万人分のビッグデータをＡＩに解析・学習させ、有権者の政治的傾向をかなりの精度で割り出す。その上で、個々の有権者に最適化された政治広告を製作する。このような手法を「マイクロターゲティング」と呼ぶ。マイクロターゲティングでは、そうして作られた政治広告を、ＳＮＳ上の何千万という有権者の中から数百という最小単位の人びとに向けてピンポイントに、そして効果的に送りつける。(3)

ＡＩのアルゴリズムは、私たちを不断に個別化しようとする。日々の情報は、ＡＩのアルゴリズムによって私たちの元に届けられる。「自分が過去にどんなニュースを読んだか」「自分と同じ傾向がある人がどんなニュースを読んでいるか」などに基づいてセレクトされた情報。

ＡＩは今では未来のテロリスト予備軍ですら特定可能だ。フェイスブックの「いいね」、ツイッターの投稿、あらゆる種類のオンライン上のフットプリント（足跡）、これらデジタルプラットフォームに残存するすべてのデータを取得する。その情報で、内在的な心理的属性をプロファイリングする。それによって会ったこともない人間の人格や家族構成、年収などを丸裸にできる。もし彼らが、ＩＳの思想に共感する内容に「いいね」をしたり、過激な思想を表明していたりすれば、ＡＩは彼がこれからテロリストになりうる可能性を計算しはじめるだろう。(4)もちろん、そうした

「テロリスト予備軍」が過激な行動に走らないように誘導するのもAIの重要な仕事だ。

ビッグデータにもとづくAIによるプロファイリングは、本人の認識よりも正確ではないかと思わせるアイデンティティを偽造する。「これがあなたが本当に欲していたものだ」。私の欲望は、個人化《パーソナライズ》された「あなたへのおすすめ商品」の方が正確に知っているように思えてくる。

私はアルゴリズムによって常に既に先取りされる。個人化《パーソナライズ》されたフィード、個人化《パーソナライズ》されたタイムライン……。自分よりも自分らしさのある仮想のアバター。データ・ダブル。

地球村《グローバル・ヴィレッジ》。かつて人びとはインターネットに原初の楽園を見出そうとした。しかし現実は、GAFAMによるフロンティアの土地占有と区画整理が終わるとただちに人びとはプラットフォームへと収容された。かつて、インターネットには遊牧民がいたという（ネットサーフィンなる廃れた言葉。海とイルカのイメージがインターネットを表象していた。そんな時代がかつて存在していたとされる）。しかし今ではプラットフォームから一歩も出ることのない定住民しかいない。個人データを家賃代わりに提供するのと引き換えに、プラットフォームはサービスを提供する。プラットフォーム資本主義の誕生。

結局、問題になっているのは常に「個人」なのだ。いかにしてサイバースペースから「個人」の選好を掬い出し、誘導するか。そこに横たわっているのは、GAFAMによるマーケティング戦略の問題でしかない。

フィルターバブルに取り込まれる。増幅するエコーチャンバーの反響音。SNSは不断に私たちに「個人」であれと迫ってくる。そこでは絶えず立場の表明を強いられる。どちらの陣営に与するのか、どのような思想や嗜好を持ち、どの界隈（クラスタ）に属しているのか、云々。要するに、「それで、結局のところお前は何者なのだ？」というわけだ。量産される踏み絵のようなハッシュタグ。告白の体制。分断の加速。政治的トライバリズムの勃興。

＊

二〇一三年、批評家のマーク・フィッシャーは自身のブログ上に「ヴァンパイア城からの脱出」（Exiting the Vampire Castle）と題したポレミックな文章を上げた。

「この夏、わたしはあらゆる政治的な運動から引きこもっておこうと考えていた。過労で疲れ果て、生産的な活動をすることもできず、ソーシャル・ネットワークをさまよい、抑鬱と疲労が増大するのを感じた」(5)

私たちはすでに第一章で「ヴァンパイア城からの脱出」について取り上げている。重複を避けるため、要点の確認だけに留めておきたい。まずフィッシャーにとって、SNSは抑鬱と疲労を増大させる空間でしかなかった。リベラリストを自称する人びとの、自分と異なる陣営やアイデンティティを吊るし上げ、敵の特定に血道を上げる様子に、フィッシャーはアイデンティティ・ポリティクスの負の側面を見た。アイデンティティ政治は連帯ではなく終わりなき分断に終止することになるのか。

不安と罪の意識に突き動かされた道徳的なリベラル左派たちは、脅迫的な「牧師的欲望」を意識の内部に育んでいく。かくして、私たちは告解室の内部で、みずからを絶えず証し続けることを強いられる。「それで、結局のところ私は何者なのだ？」反復される問い……。

フィッシャーはテクストの末尾で、ヴァンパイア城から脱出（イグジット）しさえすれば、あらゆることが再び可能になる、と書き記す。新たな連帯と階級意識の獲得。ネオリベラル資本主義のオルタナティブとなるような、新しい形の共同体のヴィジョン(6)。

だが、ヴァンパイア城の出口はどこに、〈外部〉への道はどこに存在するのだろうか。そして、フィッシャーは果たしてそれを見つけ出すことができたか。

二〇一四年三月、フィッシャーは「何の役にも立たない」（"Good For Nothing"）と題されたテクストを発表した。フィッシャーは一〇代の頃から断続的な鬱に苦しめられてきた。

「僕の鬱は、自分は文字通り何の役にも立たないという確信と常に結びついていた。三〇歳までの人生のほとんどを、自分は絶対に働けないと信じて過ごしてきた(7)」

フィッシャーは、常に自分はどこにも居場所がない、求められた人間の役割をこなすことができないと感じていた。フィッシャーは精神病院の中にいたときさえも、自分は本当は鬱病ではないのではないかと感じていた。働く能力がないという事実、この社会のどこにも自分の居場所が存在しないという事実から目を背けるために、鬱病を擬態しているにすぎないのではないのか、と。最終的に進学教育大学の講師としての仕事に就いたときも、フィッシャーは自分に教職のような仕事が務まるとは、確固として信じることができなかった。

自分は何の役にも立たない。自分は何者にもなれない。こうした苦しみは、社会の側から休みなく要請される「お前は何者だ？」という尋問に対する裏返しとしてある。何者かにならなければならない、何かの役に立たなければならない、常に生産的であらねばならない、与えられた責任や義務を果たさなければならない、という強迫観念。

こうした社会で生きている限り、匿名的な存在でいることは許されない。常に身元を証し、自らに与えられた責任や役割（アイデンティティ）を当然のこととして引き受けることが要求される。セルフマネジメントと自己規律化の技術。しかし、フィッシャーのような人々にとって、自分たちに与えられた役割や場所は常にどこか居心地が悪く（ここには自分の居場所がない）、割り当てられた仕事や、割り当てられた諸々のアイデンティティに対しても、その期待された役割を要領よくこなすことがどうしてもできないのである。フィッシャーは、この世界にとうとう慣れることができなかった人たちのうちの一人であった。

＊

哲学者のミシェル・フーコーは、ドイツの映画監督ヴェルナー・シュレーターとの対話のなかで、次のような発言を残している。やや長くなるが重要だと思えるので逐次引用する。

人は人生や、自分の書いているもの、撮っている映画にのめり込んでいるまさにそのただなかで、何物かのアイデンティティの性質について問いただしたくなる。だがそれは「しくじり」に終わらざるをえない。なぜなら分類作業に向かってしまうからです。問題はまさに、さまざまな思考のあいだを結ぶような何物かを創造すること、それに名前を与えることが不可能であるようにして何物かを創造することなのであり、ゆえに、それが何であるかを決して明らかにしないような色調、形態、強度をそれに与えるべく毎瞬努力しなければならないのです。生きる術《すべ》とはそうしたものです。生きる術、それは心理学を殺し、自分自身および他の人間たちとともに個体性、存在、関係性を作り出し、名前のない特性を作り出すことなのです。人生でそれを作り出せないなら、人生は生きるに値しない。[8]（強調引用者）

〈名前のない特性〉を作り出すこと。それは何かを制作することだけに限定されない。それはある種の生き方に対しても適用されなければならない。フーコーは言葉を続ける。「私は自分の存在そのものを作品にしている人たちと、人生の中で作品を作っている人たちとを区別しません。存在は完璧で崇高な作品となりうるのです[9]」

こうしたフーコーの発言の中に、後期フーコーを特徴づける古代ギリシア・ローマへの回帰を見て取ることは容易だ。だが、それだけでは取りこぼしてしまう曰く言い難い何かがフーコーの言葉にはある。そう思えてならない。

たとえば、フーコーは自分が匿名的な存在になることをいつも望んでいた。もちろん世間はそれを許してはくれなかったが、それでも幾つかの例外はある。そのひとつは、一九八〇年に行われた「ル・モンド」紙上でのインタビュー企画であり、フーコー側の要望により完全な匿名の下で進められた（匿名インタビューの模様は「覆面の哲学者」として『思考集成』に収められている）。フーコーは件のインタビューの中で、「匿名は、たまたまの読者に対しより直截に私を送りとどける一手段なのです[10]」とコメントしている。フーコーは自身の発言を、あらゆる明確なアイデンティティを欠いた「覆面哲学者」の言葉として、あるいは「誰のものでもない」匿名のテクストとして読者に受け止められることを望んだ。ただそれだけが、ありうべき唯一の他者とのコミュニケーションの形式であるかのように。それとも私たちは、フーコーの「恋愛における最高のときとは、恋人がタクシーで遠ざかるときだ[11]」という言葉をここで思い出すべきなのだろうか。

　またフーコーは、一九八四年のとある対談の中でも、書物と読者の出会いに関して、著者に対して匿名性への権利と偽名を使う権利を認めるよう主張している。フーコーは言う。基本的に、著者の名前などのテクスト外の情報は遮蔽幕《スクリーン》の役割しか担わない。それぞれの本がそれ自体として読まれるためには、そうした遮蔽幕は可能な限り取り除かれる必要性があるのだ、と[12]。

＊

〈名前のない特性〉、匿名性、等々。監視カメラが街を覆い、ビッグデータのアルゴリズムが個人データを蒐集し、アップル・ウォッチの機能は体温や健康状態を常時把握することを可能としている。アフターコロナにおける、こうした監視と管理のテクノロジーが組み合わさって作動する生権力のヘゲモニーにあって、〈名前のない特性〉はいかにして発現可能なのだろうか。言葉を換えれば、現代社会にあって、人はどのようにして自らに課せられたアイデンティティから自由になることができるのだろうか。

そもそも、フーコーは言っていたではないか。周知のように、彼は『性の歴史I　知への意志』のなかで、権力は必ずしもネガティヴな作用――否定し、抑圧し、押さえつける力だけを有しているのではない、と指摘する。むしろ、権力はポジティヴな効果を生産する。権力は行動や選択の可能性、そして自由が行使される際の諸条件を作り出す。権力は自由と対立しない。自由は権力の〈外部〉にある不可侵の聖域などではない。むしろそれは権力の内部にある可能性のひとつにすぎない。権力は遍在する。

> 権力のある所には抵抗があること、そして、それにもかかわらず、というかむしろまさにその故に、抵抗は権力に対して外側に位するものでは決してないということ。人は必然的に権力の「中に」いて、権力から「逃れる」ことはなく、権力に対する絶対的外部というものはない［…］。(13)

結局、フーコーのこうした権力論から導出される対抗政治のモデルは、全的「革命」ではなく局所的で散発的な「抵抗」にとどまる、ということになるのだろうか。事実、そのように捉えられもした。

『知への意志』に続く長い沈黙のあいだに一体何が起こったのだろうか。たぶんフーコーは、この本に結びついたある種の誤解を感じていた。彼は、権力関係の中に閉じこもってしまったのではないか。彼は自分自身に、次のような反論をむける。「私たちは、一線を越えること、別の側に移動することがやはりできないままでいる……相変わらず同じ選択、権力の側に、権力が言うこと、言わせることの側にある……」(14)

しかし、フーコーはすでに気づいてた。『知への意志』を書きながらも、ミクロ権力の網の目の〈外〉へと超え出る線、あの自己同一性からの脱出を可能にする〈名前のない特性〉を常に見出していた。それも、他ならない身体が発生する局面において……。

おそらく、このフーコーの戦略＝陰謀に早くから気づいていたのがジュディス・バトラーだった。フーコーの権力論によれば、主体になることは必然的に権力によって従属化されることを意味している。フーコーは、法以前にはいかなる身体も存在しえない、権力諸関係から自由ないかなるセクシュアリティも存在しえない、と主張していた。身体は文化あるいは言説／権力の諸関係による構築物であって、これらの体制の外部にいかなる物質性もしくは存在論的独立性も存在しない、と。しかしバトラーは、「フーコーと身体的書き込みのパラドックス」と題されたテクストのなかで、こうしたフーコーによる一連の権力論の只中に避けがたいパラドックスを見出そうとする。

フーコーはニーチェの系譜学を論じたテクストのなかで、身体を「表面」と見なし、一連の「諸力」あるいは「出来事」がそこに書き込まれる場として記述している。身体の構築と従属化とは、この「書き込み」のメカニズムによる産物にほかならない。だがバトラーが主張するように、ここにはひとつのパラドックスがある。というのも、「書き込み」のメカニズムが社会的身体を構築するのだとしたら、その「書き込み」に先立ち、その「書き込み」を可能とするような、前言説的／物質的なひとつの身体が予め存在しなければならない。「フーコーは、身体の文化的書き込みに先立つ身体を維持することによって、その意味作用と形式に先立つ身体に物質性を割り当てているように思われる(15)」

「書き込み」による社会的意味生成に先立って、意味を欠いた、特性のない、不定形の、欠如としての身体が、存在論的位置づけの困難な不可視の（？）身体が存在するとでもいうのだろうか。「魂とは身体の牢獄である」というフーコーのテーゼは、このような意味で理解されなければならない。つまり、魂とは、まさしく身体が欠いているものである。身体とはひとつの〈名前のない特性〉に他ならない。それは「書き込み」という権力諸関係にもとづく歴史的／社会的コード化によって名前を、意味を、魂を、そしてセクシュアリティを与えられるのである。〈名前のない特性〉としての身体、それはクィア的な身体である。

こうした観点から捉えてみると、『知への意志』でフーコーが下した結論の理解が容易になる。すなわち、「性的欲望の装置に対抗する反撃の拠点は、〈欲望である性〉ではなく、身体と快楽である(16)」。私たちはセクシュアリティの装置の内部で抵抗するのではなく、セクシュアリティそれ自体から解放される道を探らなければならないのである。

『知への意志』は、「セクシュアリティの厳しい王制」への服従ではなく、別の未来における「身体と快楽の配分構造《エコノミー》」へのユートピア的とも思える祈りで締め括られているが、これは文字通りに受け取らなければならない。

とはいえ、この後期フーコーによるプログラムをいわゆる「主体への回帰」などと捉えてしまうのは早計だろう。それはむしろスピノザの「私たちは身体が何を成しうるのかまだ知らない」というテーゼを想起させるような、身体と快楽を巡る苛烈な「実験」ではなかったか。「主体への回帰」ではなく、「自分自身からの離脱(17)」をこそ可能にしてくれるような実験。

たとえば、フーコーは八〇年代、アメリカのゲイコミュニティで生起していたSMカルチャーに積極的にコミットしていた。フーコーにとってSMの実践とは、セクシャリティによって規定され得ない「快楽」を発明するプロセスに他ならない（快楽の脱性器化＝脱中心化＝分散化）。「SMは、身体と快楽の新たな関係を可能にするのであり、SMの実践を続けることの一つの効果は、自分の身体との関係を変えることなのだ(18)」。快楽の新たな可能性の開発。フーコーはまた、次のようにも述べる。

> 私の考えでは、そこにあるのは、ある種の創造、創造的な企てであって、その主要な特徴の一つは快楽の脱性《セックス》化と私がよぶものです。肉体的快楽が常に性的快楽から生まれ、性的快楽こそ可能な全ての快楽の根本だと考えるのは、誤ったものだと思います。SMという実践が示しているのは、私たちは、全く馴染みのない対象から、身体の奇妙な部分を使って、全く非日常的な状況で快楽を生み出せるのだということなのです。（強調原文）(19)

他方、一九七五年には、デスヴァレーのザブリスキ・ポイントでフーコーははじめてＬＳＤを服用している。幻覚剤《サイケデリクス》はフーコーに「限界経験」をもたらしてくれるものとして、彼の前に立ち現れてくる。

「ある種のドラッグは本当に私にとって重要なものだ、という事実もあります。というのも、それによって私は、自分が求め、しかし独力では到達することのできない恐ろしく強烈な喜びに接することができるからです。〔…〕快楽とは何か信じ難いほど強烈なものでなければなりません」[20]。「はたして自分は、いつもの思索とは異なる仕方で思索することができるか、いつもの見方とは異なる仕方で知覚することができるか、そのことを知る問題が、熟視や思索をつづけるために不可欠である、そのような機会が人生には生じるのだ」[21]

＊

フーコーは一九六六年一二月、ラジオ局フランス・キュルチュールにおいて二つのラジオ講演を行った。講演はそれぞれ「ユートピア的身体」「ヘテロトピア」と題されていた。

「ユートピア的身体」では、身体にとってのユートピアが複数の視点から考察される。私の身体という過酷な場、とフーコーは言う。身体という絶対的な有限性。決して別の空の下にないもの。私の身体、それはユートピアの反対物、私がどうしようもなく余儀なくされた場所。フーコーによれば、こうした身体の有限性に抗して、そして身体を消去するためであるように、人はあらゆるユートピアを生み出す。[22] 身体なき身体、非身体的身体のユートピア。妖精の国、魔術師の国。あるいは、死者の身体の永遠化（古代エジプトのミイラ）。そして、魂の神話。身体から自由に抜け出す魂。身体が朽ち果てた後も生き続ける、汚れることを知らない純粋な魂。

しかし、これらのユートピアによっても、身体は完全に消え去ることはない。フーコーは言う。

しかし本当のところ、私の身体はそう簡単に縮減されるがままにはならない。結局のところ身体は、それ自体、固有の幻想の能力を持っている。身体もまた、場所なき場所を、魂より、墓より、魔術師の呪文より深淵で執拗な場所を持っているのだ。それは地下室と屋根裏部屋を、薄暗い居間を、光に満ちた海岸を持っている。(23)

たとえば私の頭にある、二つの窓、二つの入り口によって外界に開かれた奇妙な洞窟。私が外界の事物を注視するとき、事物は頭の中に住まいにやってくる。太陽の光を注視したとき、その光が私の脳を奥底まで引き裂くように。しかし、頭の中にやってくるこれらの事物は、外部にとどまっている。それらに実際に追いつくには、私のほうが前進しなければならない。「理解不可能な身体、透過的であると同時に不透明な身体、開かれていると同時に閉じられた身体、つまり、ユートピア的身体である(24)」

フーコーのテクストを訳した佐藤嘉幸は、フーコーの「ユートピア的身体」をいみじくも非人称的多様性の場としての身体と解釈しなおしている。(25) 身体の持つ潜在的かつ匿名的な多様性。「私たちは身体が何を成しうるのかまだ知らない」

身体は他の世界の空間をみずからの内部へと導き入れる。ダンサーの、自分にとって内的であると同時に外的でもあるような空間そのものに従って拡張された身体。麻薬中毒者の身体。悪魔に憑かれた痙攣する身体。肉の震え。

フーコーは、身体は世界のどこにも場を持たず、世界がそれとの関係でのみ構成されるような「ゼロ地点」である、と定義づける。

実際のところ、私の身体は常によそにあり、それは世界のすべてのよそに結びついてる。本当のところ、身体は世界以外の場所にある。というのも、事物が配されるのは身体の周囲にであり、上下、左右、前後、遠近が存在するのは、身体との関係において——君主との関係においてのように、身体との関係において——だからである。(強調原文)(26)

身体が常に世界以外の場所に、世界の彼岸に位置する限りにおいて、私の身体はユートピア的なのである。このユートピア的身体は、上述したバトラーによるフーコーのパラドックス的身体、私たちの言葉で言い換えれば〈名前のない特性〉としての身体を、フーコー自身の言葉によって表現したものと解釈することもできるだろう。

ユートピア的身体は〈外〉を自身の内側に導き入れる。それは常に〈外〉と関わっている。フーコーにとってのヘテロトピア=異在郷もまた、〈外〉を内部に含みこんだ空間という意味で、やはり〈外〉と関わっている。「ヘテロトピア」のなかで、フーコーは次のように述べる。

> 人は、中性的で無色の空間の中で生きるものではない。人は、一枚の長方形の紙の中で生き、死に、愛するのではない。人が生き、死に、愛するのは、明るい区域と暗い区域によって、階層の差異によって、階段の段差によって、くぼみによって、でこぼこによって、堅固な領域ともろく透過的で多孔質の領域によって、碁盤目状に区切られ、分割され、混交された空間の中である。通行のための領域が、街路、列車、地下鉄が存在する。一時の休憩所の開かれた領域が、カフェ、映画館、海水浴場、ホテルが存在する。また、休息と自分の家の閉じられた領域が存在する。ところで、お互いに区別されるこれらすべての場所の中に、絶対的に異なった場所が存在する。つまり、他のすべての場所に対置され、言わばそれらの場所を消去し、中性化し、あるいは純粋化するよう定められた場所である。それらは言わば、反場所なのである。（強調原文）[27]

フーコーはさらに続ける。子どもたちは、これらの反場所としてのユートピアを実によく知っている。たとえば、それは庭の奥まった部分であり、それは屋根裏部屋であり、その屋根裏部屋の只中に組み立てられたインディアンのテントである。他方で、大人たちも数多のヘテロトピアを作り出してきた。庭園、墓地、避難所、売春宿、監獄、定期市、等々……。

ユートピアとは彼方への憧憬である。ユートピアは、この世界の〈外〉に打ち立てられる、もうひとつの別の世界の幻視《ヴィジョン》によって支えられる。それに対して、ヘテロトピアとは、現在ここにある世界の内部に、〈外〉の空間を引き入れるような試みとしてある。フーコーが述べるように、ヘテロトピアとは「他のすべての空間への異議申し立て[28]」なのである。

*

社会学者の中森弘樹は著書『失踪の社会学』のなかで、現代社会において、「個人化」の進展に伴い人間関係が選択的なものとなった結果、「親密な関係」が互いの意思によって結ばれるものとなっているにも拘わらず、そうした関係からの離脱に抵抗感が生じているように見える現象の増加を指摘している。そこにおいてはむしろ、「親密なる者への責任」を果たすことの規範化が見受けられるのである。この一見矛盾した現象の背後にはいかなる要因が存在するのだろうか。

中森はこの点について、次のように指摘する。社会の「個人化」の進展は、翻ってこれまで人びとの選択の基準として受け入れられてきた普遍的な価値規範の喪失を意味する。「価値規範の普遍性を失った私たちは、選択の際に他者の評価を重要な根拠の一つとせざるをえないのではないか[29]」。他者の選択に準じて選択を行うこと。他者から発せられる要求に応答すること。ただし、様々な人々の視点を代表するような「一般的他者」の視点が失効している現代においては、応答先となる他者は、常に個別具体的な他者とならざるをえない。すなわち、友人、恋人、家族など、「親密な関係」にある具体的な他者に承認を与え、応答をする重要性は、価値規範が普遍性を失い、多様化するほど高まることになる、と。ここに「親密なる者への責任」を果たすことの規範化の要因があるのではないか。中森は以上のように分析してみせている。私たちは、いまや親密なる者への責任を果たすことを通じてしか、他者からの承認を得ることができないのである。

現代社会における普遍的な価値規範の喪失。たとえばそれは、日本にかつて存在した「神隠し」という思考体系と、現代における「失踪」の捉え方の比較を通じて確認することができるという。近世以前の日本の村落共同体では、人が失踪した際に、それを神が人を隠したものとして失踪の真相を不問に付す、いわゆる「神隠し」の民間信仰が存在した。「神隠し」という物語には、失踪した者が「向こう側」の世界、彼岸に位置する「異界」へ送り出されたと解釈することで、失踪の背後に横たわる様々な事情や事件——家出、駆け落ち、自殺、事故死、殺人、等々——に「神隠し」というヴェールをかぶせることで、その失踪に対する人々の真相の追求や疑問、感情などに区切りをつける機能があった。

この一連の流れはまさに、異界の物語が、日常の因果関係の論理を打ち消す過程であると言えよう。失踪を不問に付す〈逃がし〉、すなわち責任からの解放に、日常とは異なる「別の」論理が必要であるとしたら、そのような「別の」論理を支える象徴的異界観——以下では、これを〈外部性〉と呼ぶことにしよう——が存在しない現代において、失踪を不問にする「赦し」が成立しないのもまったく自然な事態であるように思われる。(30)

もっとも、気まぐれな隠し神たちは、キリスト教のような一神教の神とはまったく性質を異とする。日常性とは異なる〈外部性〉の論理を統べる隠し神と異なり、一神教の神は、日常を含むこの世界の論理を隅々まで規定する存在とされる。一神教の神は、人々に対して〈外〉ではなく垂直方向である超越的な位置を占める。よって、キリスト教のもとで人が赦されるためには、神の前で罪を「告白」しなければならない。隠し神が〈外〉の論理によって責任からの解放――〈逃がし〉を施すのに対して、キリスト教の神は罪の「告白」を通じて〈赦し〉を与える。(31)とはいえ、フーコーが精緻に分析してみせたように、「告白」の体制は従属的な主体を生産する規律権力の土台として西洋社会を現代まで規定し続けているのであるが。パノプティコンという超越的な〈視点〉によって一望的に監視される一神教的コスモロジーは〈外〉への脱出口《イグジット》をどこまでも欠いている。

いずれにせよ、現代社会にあっては、〈外部性〉は、彼方の世界はもはやどこにも見いだせない。そこでは責任を当事者に代わって肩代わりしてくれる隠し神も、責任からの解放を担保してくれるアジールとしての場所(たとえば中世における無縁所など)も存在しない。結果、人々は責任と親密性が織りなす複雑な網の目にますます絡め取られて身動きがとれなくなる。人間関係のディストピア。

＊

ミシェル・フーコーは、一九七九年に「かくも単純な悦び」という甘美な、しかしどこか謎めいたテクストをゲイ雑誌『ゲ・ピエ』に寄稿している。「ある精神医学概論によるならば、同性愛者はしばしば自殺するということである」(32)という戸惑うような一文とともにはじまるこのテクストは、人々が死ぬことを求めて訪れる、東京のラブホテルを思わせる夢幻的なアジールのヴィジョンの描写を以て閉じる。その東京のフランス式シャトー、すなわち「ありうべきもっとも不条理なインテリアに囲まれて、名前のない相手とともに、いっさいの身分《アイデンティティ》から自由になって死ぬ機会を求めて入るような、地理も日付もない場所、そうした場所の可能性が予感されるのだ[33]」

端的に言えば、そこはこの世界の内側に呼び入れられた〈外〉の空間、すなわちヘテロトピアであり、あまねくアイデンティティも責任も共に蒸発してしまうような非‐場所なのだ。社会から失踪してきた者たちを受け入れ、〈外部性〉の論理によって「他のすべての空間への異議申し立て」を行う彼岸の世界＝異界。アイデンティティから解放された匿名的な形なき身体たちは、そこで〈名前のない特性〉を、死にまで至るほどの「かくも単純な悦び」として共有し合うだろう。

そこで人は、何秒、何週間、あるいは何ヶ月におよぶかもしれない不確定な時間を過ごすだろう。逸することができないと直ちにわかるであろう機会が、絶対的な自明さをもって現れるまで。その機会は、絶対的に単純な悦びという、形なき形をもっていることだろう[34]。

## 註

（1）「フーコー、理性を問う」坂本桂子訳、『ミシェル・フーコー思考集成Ⅷ　政治・友愛―1979-81』筑摩書房、二〇〇一、一一五頁。
（2）イーライ・パリサー『閉じこもるインターネット―グーグル・パーソナライズ・民主主義』井口耕二訳、早川書房、二〇一二年、一〇頁。
（3）ＮＨＫ取材班『ＡＩ vs. 民主主義――高度化する世論操作の深層』ＮＨＫ出版新書、二〇二〇、一五頁。
（4）同右、六〇頁。
（5）Mark Fisher, "Exiting the Vampire Castle", k-punk: The Collected and Unpublished Writings of Mark Fisher (2004–2016).
（6）https://materialisme.blogspot.com/2019/06/blog-post.html
（7）https://theoccupiedtimes.org/?p=12841
（8）ミシェル・フーコー「ヴェルナー・シュレーターとの対話」野崎歓訳、『ミシェル・フーコー思考集成Ⅸ　自己／統治性／快楽―1982-83』筑摩書房、二〇〇一、五〇頁。
（9）同右。
（10）ミシェル・フーコー「覆面の哲学者」市田良彦訳、『ミシェル・フーコー思考集成Ⅷ　政治・友愛―1979-81』二八六頁。
（11）ミシェル・フーコー「性の選択、性の行為」増田一夫訳、『フーコー・コレクション〈5〉性・真理』ちくま学芸文庫、二〇〇六、一五五頁。
（12）ミシェル・フーコー「生存の美学」増田一夫訳、『フーコー・コレクション〈5〉性・真理』三四八頁。
（13）ミシェル・フーコー『性の歴史Ⅰ　知への意志』渡辺守章訳、新潮社、一九八六、一二三頁。
（14）ジル・ドゥルーズ『フーコー』宇野邦一訳、河出文庫、二〇〇七、一七三頁。
（15）ジュディス・バトラー「フーコーと身体的書き込みのパラドックス」佐藤嘉幸訳（ミシェル・フーコー『ユートピア的身体／ヘテロトピア』水声社、二〇一三）、六三頁。
（16）同右、一九九頁。
（17）ミシェル・フーコー『性の歴史Ⅱ　快楽の活用』田村俶訳、新潮社、一九八六、一五頁。
（18）デイヴィッド・M・ハルプリン『聖フーコー――ゲイの聖人伝に向けて』村山敏勝訳、太田出版、一九九七、一二七頁。
（19）ミシェル・フーコー「ミシェル・フーコー、インタビュー―性、権力、同一性の政治」西兼志訳、『ミシェル・フーコー思考集成Ⅹ　倫理／道徳／啓蒙―1984-88』筑摩書房、二〇〇二、二五八頁。
（20）ミシェル・フーコー「スティーヴン・リギンズによるミシェル・フーコーへのインタビュー」佐藤嘉幸訳、『ミシェル・フーコー思考集成Ⅸ　自己／統治性／快楽―1982-83』四三七頁。

(21)フーコー『性の歴史Ⅱ　快楽の活用』一五頁。
(22)ミシェル・フーコー「ユートピア的身体」佐藤嘉幸訳（ミシェル・フーコー『ユートピア的身体／ヘテロトピア』）、一七頁。
(23)同右、二〇頁。
(24)同右、二一頁。
(25)佐藤嘉幸「フーコー的ユートピア／ヘテロトピアから抵抗へ――解説にかえて」（ミシェル・フーコー『ユートピア的身体／ヘテロトピア』）、一二〇頁。
(26)フーコー「ユートピア的身体」、二七頁。
(27)ミシェル・フーコー「ヘテロトピア」佐藤嘉幸訳（ミシェル・フーコー『ユートピア的身体／ヘテロトピア』）、三四―三五頁。
(28)同右、四八頁。
(29)中森弘樹『失踪の社会学――親密性と責任をめぐる試論』慶應義塾大学出版会、二〇一七、二六一頁。
(30)同右、二七二頁。
(31)同右、二七七―二七八頁
(32)ミシェル・フーコー「かくも単純な悦び」増田一夫訳、『ミシェル・フーコー思考集成Ⅷ　政治・友愛―1979-81』七一頁。
(33)同右、七四頁。
(34)同右、七四頁。

# 2　生に抗って生きること　断章と覚書

夜を彷徨する一人の子どもは、ある種の追放を受けた者が自分のいた社会のなつかしい安らかな空白のないことを悲しがるのと同じように、自分が死産にならなかったことを悲しがっていた。

——トマス・ピンチョン『競売ナンバー49の叫び』(1)

なにかに値するという考え、なにかを得るという考えを捨てなさい。そこではじめて人は自由に考えることができるようになるのです。

——アーシュラ・K・ル・グィン『所有せざる人々』(2)

私たちは誰もかれも地獄の底にいる、一瞬一瞬が奇蹟である地獄の底に。

——E・M・シオラン『悪しき造物主』(3)

反出生主義は「生」に対するひとつの様式《スタイル》であり、ひとつの実践である。あるいは、それはひとつのエートスであり、ひとつの倫理的態度である。もしくは、シオランの言葉を借りるなら「ひとつの個人的経験」である。

*

生はその本来性において、どこまでも無根拠、すなわち無底である。だが生は意味づけされ、解釈され、方向づけられ、価値という尺度のもとで計算され、その結果、今や生はひとつの負債と何ら変わることのないものと化している。

負債を支払う能力を測る尺度、それが「生産性」と呼ばれているものである。

＊

反出生主義とは「生産性」に抗するラディカルな〈生〉のスタイルを指す。それは負債としての生に反抗するひとつの「生き方」であり、この生を肯定するための逆説的な手段とも言える。だからそれは、不可避的に矛盾を孕んだ、それでいて決して終わらず、絶えず再開されねばならぬ〈営み〉としてあるだろう。

＊

ある日の某国の国営放送。相模原障害者施設殺傷事件から明日で三年という節目に作られたというその特集。冒頭、アナウンサーが「全国の一八歳以上の男女に電話で世論調査を行ったところ、障害者への差別や偏見は「社会にある」と答えた人が八〇パーセント近くにのぼりました」と言った。すると、もう片方のアナウンサーが、「今回は、障害のある人が地域に出て働こうとする現場に注目します。差別や偏見をなくすために、どんな支援が必要なのでしょうか」と言った。

映像が切り替わる。ＴＶのスクリーンには一人の知的障害の男性が映し出されている。その男性（Ｔさん）はナレーションによると「軽度の知的障害」のある三一歳の男性で、かつて病気の母親と二人暮らしだったが、ほとんど学校にも通わず、働くこともなく、要するに引きこもりのような生活を送っていた。およそ二年前に母親が高齢者施設に入所したことをきっかけに、とある障害者支援団体のグループホームで共同生活を始めた。そこで職員のサポートを受けながら定職に就くことを目指しているのだという。

カメラに向かってTさんはこう語る。「やるしかない。もう逃げちゃだめだと思って」

場面が切り替わり、彼はグループホームの職員に連れられて飲食店のような場所で働くことになる。しかし、Tさんは複数の作業を同時に行うことが苦手のようで、明らかにその仕事に向いていないように見えた。

さらに場面が切り替わる。会議室のような場所。支援団体の職員たちが話し合っている様子。すると、支援団体の理事を名乗る、柄の入ったシャツにサングラス、そして角刈りという、明らかに「堅気」に見えない風貌の男性がカメラに向かって語り始める。次のように。

「とにかく彼ら［障害者たち］があきらめる心だけは持たせたくない。あきらめたら、そこで終わってしまう」

また、次のようにも語る。

「生まれてきた以上は世の中に必要とされている人間だ」「今、命がある限り、必ず君には使命がある」「使命を見出すためにも、自分の人生を力強く歩んでいかないといけない」

再びTさんの近況をめぐるVTRへ。Tさんは、これまで外で七つの仕事にチャレンジした。工場でゴミを分別する仕事は一年半以上続いている。彼の現在の月収は十数万円であるらしい。

VTRはTさんがインタビュアーに対して「仕事は楽しい」と笑顔を見せるショットで終わる。アナウンサーは、「努力し続けることがやはり大事なんですね」といったようなコメントをして満足気にこの特集を締めくくった。

*

以上の某国営放送の番組が、曰く言い難い「気味の悪さ」あるいは「何かいやな感じ」を纏わりつかさせているとすれば、その原因は奈辺にあるのか。

まず、番組内に出てきた障害者支援団体という存在。彼らが一体何者なのか、どのような組織が運営しているのか、その詳細については番組内からはほとんど伺い知ることさえできない。映像の中で触れられていた団体名でGoogle検索をかけてみたが、情報は皆無。唯一、一般社団法人として法人検索サイトに登録されていることだけは確認できた。

この支援団体のグループホームの内実について。番組では七人の知的障害者が共同生活を送っているという。だが、誰が家賃や生活費を払っているのか、とくに説明はなされない。彼らが受け取っているはずの諸々の障害年金や生活保護などの福祉は、一体どのように使われ、あるいはどこに消えているのだろうか――もし支援団体が彼らに支給された福祉を不当に（家賃などと言って）搾取していなければ、の話だが。

彼らの（強いられている）労働について。彼らはどの程度「自由意志」のもとで労働に従事しているのだろうか。明らかに適性のないように見える職種に七つも従事し、健常者よりもはるかに苦しいであろう経験をして、たったの月収十数万円という現実。

支援団体とこの特集番組に共通する傾向、それは「生産性」に対する疑うことなき価値付与である。

＊

アナウンサーは不断に努力することの価値を寿ぎ、VTRに登場した知的障害者男性の「現実」を「美談」に仕立て上げる。「努力し続けることがやはり大事なんですね」。だって素晴らしいことではないか。知的障害を抱えた男性が「我々の社会」の一員として、勤労によって（非常に安い賃金とはいえ）自立生活のための糧を得ている姿。それもこれも絶えざる本人の「努力」の賜物である、というわけだ。素晴らしき哉、地域共生社会、そして一億総活躍社会……。

＊

だが極めつけは、前述した（自称）理事の次のような発言だろう。「生まれてきた以上は世の中に必要とされている人間だ」「今、命がある限り、必ず君には使命がある」「使命を見出すためにも、自分の人生を力強く歩んでいかないといけない」

ここで表明されていることは、結局のところ「生産性」のイデオロギーでしかない。ここで言われている「使命」は「責務」と言い換えることもできる。この社会に生まれてきた以上、人間はそのはじまりから属している社会に対して責任＝義務を負っている。責務を果たすためには、労働に奉仕して社会のために何らかの役に立たなければならない。これが「生産性」にまつわるセントラルドグマである。

理事の先の発言にある「世の中に必要とされている人間」というのは、言い換えれば「社会にとって有用である人間」程度の意味合いしかない。その際の指標となるのもまた「生産性」なのだ。理事の発言の裏を返せば、「生産性」に寄与しない人間とは、端的に言って「社会にとって有用でない人間」、すなわち「世の中に必要とされていない人間」のことを指すのだろう。

＊

そして、ここに至って、障害者支援団体の理事の発言は、奇妙なことに（？）、「生産性のない人間には生きる価値がない」という植松聖の主張と意外なほど似通ってくるのである――。

＊

二〇一六年七月二六日、神奈川県相模原市の知的障害者福祉施設「津久井やまゆり園」において、元施設職員の植松聖被告人が、一九人の障害者を殺害し、二七人に重軽傷を負わせた。同被告人は、同年二月、同施設の職員に「重度の障害者は生きていてもしかたない。安楽死させたほうがいい」と述べていた。また、その後の措置入院中には「ヒトラーの思想が二週間前に降りてきた」と述べたという(4)。

＊

ナチスから社会の「穀潰し」と見なされた人々の安楽死計画――T4安楽死計画――が秘密裏に発動されたのは一九三九年一〇月のことである。この計画はナチス政権に対する大衆の支持を損なうという恐れから、一九四一年八月二四日にヒトラーによって計画の停止命令が下された。しかし、それまでに六つのT4安楽死施設で、少なくとも七万人、おそらく二五万人もの障害者が殺戮された（安楽死させる障害者を選別する際にひとつの指標となったのは彼らに労働が可能か否かであった）[5]。

その上、T4安楽死計画は公式には終了したにもかかわらず、ヒトラーの停止命令は六つの公式の安楽死施設と毒ガス使用のみに適用されていたため、障害者のジェノサイドは他の地域や他の様々な手段で続けられた。この「野生化された安楽死」と呼ばれた無軌道かつ酸鼻極まる医療的殺害は終戦まで続けられた[6]。

＊

ナチスの安楽死計画において、おそらく重要な役割を果たしたであろう一冊の書物。それは一九二〇年に出版された、ライプツィヒ大学の高名な刑法専門家カール・ビンディングと、職業倫理に関する問題を扱う医学教授アルフレート・ホッへの二人によって書かれた、『生きられるに値しない生の抹消の認可（Die Freigabe der Vernichtung Lebensunwerten Lebens）[7]』という名の書物だった。「生きられるに値しない生」という概念。本書では、著者らは「生きている人間が自分自身の実存にもつ主権」の議論からはじめる。自殺は、自己主権を持つ主体によってなされる主権的表現と見なされるので、現行の法的秩序によってこれを罰することはできないとされる。

著者らはその上で、次のような問いを立てる。「生の抹消が罰せられないということは、現行法におけるように自殺に限定されなければならないのか（不可抗力を除く）、それとも第三者の殺害へと拡大されるべきなのか？」[8]

この不穏な問いは、彼らによって次のように解決される。そして、そのときに導出されるのが「生きられるに値しない生」、ひいては「価値のない生」という概念なのである。

曰く……。価値に満ち溢れた生、その最も貴重な人材である兵士たちの死体が戦場を覆っている。それに対して、「生きられるに値しない生」に向けられる無用な配慮。たとえば、精神病院では患者たちに彼らへの配慮が無駄に浪費されている。つまり、「価値のある生」と「価値のない生」の間には、コスト面（つまり生産性の面）において重大な非対称性が存在する。以上が著者らの主張である。[9]

著者らは、国家の生産性向上のために生を抹消する必要性があるとされるグループについて詳述する。たとえば、「死に至る過程を早める」ことを切望している終末期の患者あるいは重症患者。だが、彼らがとりわけ問題としたのが、すべての「不治の白痴者」が含まれるグループであった。「不治の白痴者は完全に無駄な生命」であり、「彼らの親類や社会の全体にとって大きなお荷物である」と、ビンディングは明言している。[10]

＊

ナチスの行った障害者に対する安楽死政策は彼らの優生主義のひとつの発露であったが、これをユダヤ人に対するホロコーストや民族主義／人種主義を含めたナチスの他の悪行と一緒くたにすると歴史的文脈を損なうかもしれない。

というのも、第二次大戦後のニュルンベルク裁判ではナチスの優生政策は追訴の対象に入っていなかったからである。一九四五年に連合軍が設置した非ナチ化委員会が行った強制解除の対象に、悪名高きナチス断種法も含まれていない。結果的に、ナチスが断罪されたことに伴って、先進国を含むいくつかの国では、戦後になって本格的な科学的優生学の時代が到来することとなる。(11)

＊

ナチスの優生政策に触れる上で断種法は避けて通れない。もっとも、優生学を系譜学的に辿るのであれば、一九世紀イギリスの自然科学主義に端を発する社会ダーウィニズムの興隆にまで遡る必要があるだろうが（たとえば、世界初の断種法を成立させた国はアメリカである）(12)、ここでは割愛する。

とはいえ、ドイツにおける優生学の歴史に限っても、その土台はナチス政権以前のヴァイマル共和政時代の時点ですでに整えられていたということは付言しておかなければならない。優生学の問題をナチズムに限定／還元させるのは、ともすればミスリードの危険を伴うということだ。

＊

ドイツにおける優生学の確立において重要な役割を果たした一人、アルフレート・プレッツは一八九五年に主著『人種衛生学・第一巻――われわれの種の屈強さと弱者の保護（Grundlinien einer Rassen-Hygiene 1 THEIL : Die Tüchtigkeit unsrer Rasse und der Schutz der Schwachen）』を発表している。

プレッツの人種衛生学（優生学）の理論は、「社会」と「種」の概念の差異を強調する。プレッツは、「社会」という概念からは隣人愛や相互扶助が求められ、その反対に「種」という概念からは闘争と淘汰が求められるとした上で、彼は後者の重要性を主張した。すなわち、「社会」の存立を支える隣人愛や愛他主義が「虚弱者」を生き長らえさせることによって、「種」の進化が妨害されていると説きながら、その解決策として、劣った資質の個人が子孫を持つこと、つまり遺伝子を後続の世代に残すことを防ぐプログラムの必要性を提示した。ここから、低価値で無能力と何らかの形で観察ないし推定できる生殖細胞の除去を目的とする学問、「生殖衛生学」の提唱へと至る。誕生した人間の抹殺が愛他主義の原理に反するとしても、それを人間の出生前に移行させれば矛盾は生じない、という理路である。(13)

＊

優生学と戦争が緊密に結びついているという認識はあまり正しくない。むしろ実態は逆で、ドイツにおける多くの優生学者たちは戦争を「逆淘汰」（生物学的に「優秀」な者が減り、逆に「劣等」な者が増えること）の徴候として真っ向から反対していた（前述のプレッツもその一人）[14]。

＊

ヴァイマル共和政期における優生学の興隆には人口政策と福祉の理念が深く関わっている。第一次世界大戦の終結とともに、ドイツは富国強兵のための人口増大政策から、人口の「質」の向上へと政策転換を迫られた。そこで、虚弱な子どもの出生を予防し、反対に屈強な子どもが生まれ、生き長らえるようにすることこそが新生ドイツにおける人口政策の課題であるとされた。

同時に、子どもの養育のための公共施設の設立などを通じて、子育ての社会化＝国有化が目指された。つまり、ヴァイマル共和政期を通して、国家社会が人間の生命の維持や再生産に直接介入してくる福祉システム（生命の国有化、医療政策、人口政策）、すなわちミシェル・フーコーが「統治性」や「生政治」といった概念によって描き出してみせた政治的テクノロジーの領野が形成されていったのである。

これらに表出された価値観は、「子どもを身体的にも、精神的にも、社会的にも有能な人間に養育することは、親の最高の義務であり、かつ自然の権利であって、その実行については国家共同体がこれを監視する」というヴァイマル憲法の規定（第一二〇条）にも表れている[15]。

＊

優生主義＝ナチズム＝戦争という等号は、逆に実態を見えづらくする遮蔽幕《カーテン》として機能する。そのことは日本における事例に目を向けても明らかである。

現在まで続く日本における優生社会は終戦直後の民主化とリベラル化の過程において形成された。よく知られているように、日本で優生保護法が施行されていたのは一九四八年から九六年までの間である（九六年六月に同法は大幅に改正され、名称も母体保護法に改められた）。

優生保護法の内容について、ここで今さら詳述する必要はないだろうから割愛するが、公式統計によれば、同法が施行されていた約半世紀の間に、手続き上本人の同意を必要としない強制的な不妊手術＝断種は、約一万六五〇〇件実施されたという[16]。この中には障害者も含まれており、近年になって再び当時の実態の検証及び議論が活性化していることは周知の通りである。

＊

戦時中における（国民優生法のもとでの）「産めよ殖やせよ」の人口増強策から一転して、敗戦は日本に過剰人口問題をもたらした。領土の縮小、経済の壊滅、食糧難と住宅難、海外からの引き上げと復員、そしてベビーブーム……。戦時中は、政府は避妊の普及や中絶を厳しく取り締まったが、敗戦後はＧＨＱの民主化政策のもとで、政府側も産児調節を個人の自由として容認することになった。一方で、敗戦後の「逆淘汰」の進行を危惧した厚生省によって優生化が強化された[17]。

＊

日本は一九五〇年代半ばから高度経済成長時代に入り、敗戦直後の過剰人口問題も解消された。

そこで、六〇年代以降は高齢化社会到来を視野に入れつつ、「人口資質」をいかに向上させながら経済成長を維持できるかが人口政策における焦眉の課題となった。

一九六〇年一一月に国民所得倍増計画を決定した池田内閣のもとでの厚生省人口問題審議会は、六二年二月に「人口資質向上対策に関する決議」を発表した。それによれば、経済成長政策の前提として技術革新に即応できる心身ともに「優秀な人間」が必要であり、「人口構成において、欠陥者の比率を減らし、優秀者の比率を増すよう配慮することは、国民の総合的能力向上のための基本的要請である」とされた。[18]

＊

政府側は経済成長のための人口資質向上政策を、「社会開発」という概念のもとで福祉の拡充と一体化させた。社会開発は経済開発の前提となる国民生活の基盤の形成（福祉、教育、保護、交通などの整備）を担うものとされた。

こうして日本が福祉国家に向かう過程で、障害者対策福祉として障害者施設の拡充などが国民の側からも求められるようになる。こうした流れに対して、「障害児は財政を圧迫させるから、福祉コスト削減のために障害児の発生を未然に防ぐべきだ」という声が浮上してきた。[19]

端的に言えば、障害者の存在は福祉コストに見合わないと見なされたのだった。こうして、七〇年代以降は福祉コスト削減のための「発生予防」、すなわち新生児スクリーニングや出生前診断（出生前遺伝子検査）にフォーカスが向けられていくこととなる。

＊

こうして見ると、優生思想は人間理性に対する一過性的なバックラッシュなどではなく、むしろ近代国家という統治システムとその理念に遍くまとわりつく影のような部分であることがわかってくる。

＊

前述した『生きられるに値しない生の抹消の認可』の著者の一人アルフレート・ホッヘは次のように述べている。

「国家有機体は、[…]自己完結型の組織として、全体の福祉のために独自の法律や権利をもっている。それは、私たちのような医師が、価値のない、有害になった部分や断片を取り除き、捨てるものだと認識しているのと同じことだ(20)」

＊

国家をひとつの身体として表象すること。彼らにとって、いわば優生学とは、国家という有機的身体に発生した腫瘍(＝生きられるに値しない生)を取り除くための「医学」に他ならないのである。

＊

一六五一年にトマス・ホッブズが著した『リヴァイアサン』初版の口絵。フランスの版画家アブラハム・ボッスによるその口絵には、城壁に守られた都市とその向こうに広がる国土の丘を背景に、武力を象徴する剣を右手に、統治を象徴する王笏を左手に屹立する王冠を被った巨人が描かれている。巨人の身体をよく見てみると、それが多数の人間＝臣民の集合体であることがわかる。(21)

ホッブズにおける、絶対的権力への臣民の主権の委譲という社会契約のヴィジョンの内に、すでに国家をひとつの（人民の集合体によって構成される）有機的身体として表象する契機が存在していたことが窺える。

＊

しかし国家を有機的身体として表象する観念は、ことによると中世の神学的概念から派生してきたものである可能性がある。その際のキーワードが「神秘体」である。

エルンスト・カントーロヴィチによれば、「神秘体」という観念の元を辿ると、キリストの身体としての「聖体《ホスティア》」に行き着く。ところが一一五〇年以降になると、トゥールのベレンガリウスの異端説に対抗する形で、次第にローマ教会は「神秘体」の観念を、聖餐台の秘蹟において統合されるキリスト教社会の組織体たる教会へ移していった。そして一三〇二年、教皇ボニファティウス八世の教令によって、「教会は、キリストを頭《かしら》とする一つの神秘体を表わしており、キリストの頭は神である」として教義化された。(22)

キリストの神秘体としての教会は、やがて教皇を頭とする神秘的政体へと推移していったが、一方で世俗的な国家行政集団も「神秘体」という観念を教会から受け継ぐことで、ある種の神聖化＝超越化を図ったのだった。一三世紀中葉には、ドミニコ会士ボーヴェのウィンケンティウスが、はやくも「国家という神秘体」という用語を使っている[23]。

頭と四肢から成る一つの身体としての国家という表象。たとえば、一四世紀のイタリアの法学者バルドゥスは、〈人民〉を神秘体として定義した上で、「一つの神秘体へと結合した人間の集合」と説明している[24]。こうして、世俗的な国体に神学的な比喩が転用された「国家という神秘体」というイメージは、ホッブズの口絵などを経て近代以降に継受されていくことになる。

＊

カール・シュミットの政治神学における、国家という政体は法の規範によって基礎づけることができないという確信は、おそらくこうした点に由来する。

「主権者とは、例外状態に対して決断を下すものである」という彼のテーゼは、例外状態を奇蹟の、そして主権者を神のアナロジーとして捉えることを可能にする。

＊

他方で、例外状態における主権的締め出し――包摂的排除――によって不可避的に生み出される「剥き出しの生」（ホモ・サケル）に光を当てたのはジョルジョ・アガンベンであった。

ホモ・サケルとは古代ローマの古法に登場する存在で、何らかの処罰を受ける者である。とはいえ、このホモ・サケル――聖なる存在――と呼ばれた者には、法律が適用されない。すなわち、法的秩序の外部に遺棄された存在として、殺害しても処罰されないが、神に犠牲として供することもできない者なのである。

古典古代のギリシアにおいては、ゾーエーとビオスは明確に区別されていた。ポリスとはビオス――生の形式――が営まれる場であったが、近代においては、ゾーエーがポリスの領域に侵入してくる。したがって政治はゾーエー、すなわち人民の生物学的な意味においての生そのものの管理を統治の中心に置くようになった。このアガンベンによる理路は、言うまでもなくフーコーの「生政治」論の脱―歴史化を意図している。[25]

＊

本章の文脈に照らすならば、ホモ・サケル（剥き出しの生）とは、国家という身体から削ぎ落とされた「生きられるに値しない生」のことであろう。

アガンベンは、「主権者とはありのままの生の価値や無価値に関して決定する者である」と述べている。[26]現代では法学者や医師らが主権者のように振る舞うという、両義的な領域が形成されている。だがそれにしても、「生の価値」というこの概念は、どこから出てきたのか。なぜ、ある生が「価値」となり、別の生が「負債」となるのか。もちろんアガンベンであれば、その起源をアリストテレスらに求めるだろうが、ここでは少し別のアプローチにも目を向けていきたい。

＊

アガンベンが、原初的な政治関係を「締め出し」（外部と内部、排除と包含のあいだの不分明地帯としての例外状態）に定礎したのは、国家権力の起源が「契約」であるとする数多の理論に対する批判的問いかけを含意していた。(27)

同様に、デヴィッド・グレーバーも『負債論』において、「欲求の二重の一致」仮説に基づく、物々交換の媒介物として貨幣が生まれたとする神話、アダム・スミスが経済学を創設するのに大いに貢献した貨幣創世神話に対する真っ向からの批判を展開している。なお、この神話はスミスによる「見えざる手」を経て、やがてセイの法則として近代経済学の中核に居座ることになる（そしてこの法則に対抗しようとしたのがケインズである）。

それに対して、グレーバーは貨幣は「負債」という観念と同時に生まれたという、まったく異なる創世神話を説く。グレーバーの記述は、メソポタミアにおける世界最古の貨幣が宮殿＝神殿複合体という行政組織を介した信用貨幣であった等の史実を参照しながら、ミッチェル・イネスによる貨幣信用説、そしてフランスのレギュラシオン学派による原初的負債論の検討に至る。それらによれば、貨幣という概念は「負債を測る尺度」として現れたのだという。(28)

＊

たとえば、前一〇〇〇—八〇〇年頃のあいだに編纂されたヴェーダ聖典のブラーフマナには、

「生まれ落ちた人間は負債である。彼自身死せるものとして生まれ、自己を供犠としてはじめてみずからを死から救済するのである」という記述が見られる。[29] 負債を背負って生きることは有罪であり、死のみがそれを完済できる。とはいえ、死の繰延として供犠の貢物をいわば利子の支払いとみなすことが許された。神に対する負債は供犠によって返済される。

だが神に対する負債という観念は拡大解釈されていき、あらゆる社会的責任がなんらかの負債となる。たとえば、ヴェーダの教えをつくりあげた賢者たちにも私たちは負債を負っているのであって、それは学習によって返済されなくてはならない。私たちの祖先に対しては、子どもをつくることによって返済しなくてはならない、等々。[30]

原初的負債論に従うならば、貨幣の起源には人間本性に備わっている存在論的な表象作用としての〈原負債〉の観念があり、それは同時に主権的諸権力の発生と宗教的ないし社会的共同体の起源に結びついている、ということになる。

*

グレーバーはこの原初的負債論に全面的に同意しているわけではなく、実際に厳しい批判的検討が加えられていくわけだが、ここでは紙幅の都合上やはり措く。とはいえ、原初的負債論は「生の負債化」を考える上では示唆的な点を含んでいる。生まれ落ちた時点で人間は（なんらかの形で）債務者であり、死ぬまで負債の返済（＝償い）を続けなければならない。かくして、負債を返す行為は道徳的規範、すなわち「善」となる。

＊

ニーチェは『道徳の系譜学』の中で、〈負い目〉の起源について考察している。それによれば、太古の原始的種族社会の内部では、生存している世代は常に前の世代に対して、ある法的な義務を感じていたという。ここに負い目の起源があるのだが、「この祖先は強力な霊として存在し続けることが感じられ、その力によって新しい世代に新たな利益と〔利益の〕〈前貸し〉を与え続けていることが感じられるだけに、祖先へのこの負い目はますます大きくなってゆくのである[31]」。

もちろんこの利益の〈前貸し〉は無償で与えられるわけではない。祖先の霊は代償を、すなわち犠牲を、祝祭を、礼拝堂を、崇拝を、そしてとりわけ服従を要求した。言い換えれば、ニーチェはここに一神教と道徳が発生する契機を見ているのである。「——最後に祖先は神に姿を変えるようになるのは必然である。おそらくここに神々の起源がある。それは恐怖から生まれたのだ！[32]」

＊

シオランは、とある対談の中で印象深いエピソードを語っている。それはシオランが二〇歳のときで、働きもせず明け方に町を彷徨する息子に対して母親が、「わかっていれば、中絶しておくんだった！」と言い放ったというものである。

この言葉は、私を打ちのめすどころか、私にとって解放であったと言わなければなりません。

この言葉で、私は気力を取り戻した……と言いますのも、自分がまぎれもないひとつの偶発事にすぎず、自分の生を真面目に考える必要のないことがわかったからです、それは解放の言葉でした。[33]

＊

中絶という、換言すれば「自分の不在」という、あり得たもうひとつの可能性に思いを巡らせること。それはこの生の負債からの、ないし祖先という「道徳の神」からの、ひとときの解放となる。シオランは祖先たちから、いかなる負債も恐怖も受け継がなかった。代わりに彼が受け取ったのは、「汚辱の域にまで至らしめるほどの生に対する好奇心[34]」という、彼の思想を特徴付けるあの「飢餓感」だった。

＊

「私たちは中絶の支持者である[35]」とリー・エーデルマンは決然とした口調で述べる。ここでの「私たち」とは、端的に言えば「クィアな生」を指す。エーデルマンによれば、クィアネスは社会秩序の現行維持をするためのあらゆる「(再)生産性の信仰」に対立する、という点において、右派／リベラルという対立性の「政治」そのものに対立する。「実際、いったい誰が中絶を肯定し、再生産に対立し、未来に反対し、したがって生に反対するというのだろうか。誰が〈子ども〉を滅ぼし、それでもってシニフィアンの裂け目を埋めようとする持続的な幻想を破壊するというのか」[36]。（言うまでもなく）それはクィアな生である。クィアなセクシュアリティは、社会的、象徴的な意味での契約の根本的な破壊を志向し、未来の再生産への基盤的な信仰を破裂させることによって国家秩序を再定義する。その意味でそれは、「未来は子ども騙し」であると主張する意志、「未来はここで終わる」[37]と主張する意志なのである。

＊

「（再）生産性」に対する闘いは畢竟、系譜原理に対する闘いとなるだろう。それは最終的には、人間の終焉＝ポスト・ヒューマニティを、言い換えれば「絶滅の真理」（レイ・ブラシエ）を志向することを意味する。

＊

反出生主義はニーチェ的な価値転換を、言い換えれば、いかなる超人の誕生も歓待しない。反出生主義は人間の「乗り越え」を志向しない。反対に、それはどこまでも人間からの倒錯的な「逸脱」を、怪物への生成変化すらも厭わないほどに志向する。そう、それは始原にまで至る先祖の系譜という、「この生」にとっての可能性の条件＝超越論的原理からの意図的な切断を試みるという点で、まさしくフランケンシュタイン的な怪物の誕生を予言する。ある意味で、反出生主義はプロメテウス主義の異形の変種なのである。

それは終わりを目指し、終わりを反復し、そしてそのつど終わりを再開する。また終わるために。内在――ひとつの生……。

＊

古代バビロニアでは多くの都市で、金融出納の記録されていた粘土板の儀礼的な破壊、つまり債務帳消しのプロセスが行われていた。これは歴史上、どの農民蜂起においても繰り返されてきた。[38]

既存の価値の肯定でもなく、価値転換でもなく、価値尺度の計算システム総体それ自体を破壊すること。神の裁きと訣別するため――。

＊

「生にはなんの意味もないという事実は、生きる理由の一つになる。唯一の理由にだってなる」[39]

このシオランの言葉を、まずは素朴に受け止めてみること。このニヒリズムを、「生誕の厄災」を生き抜くこと。この地獄の底にとどまること。この、一瞬一瞬が奇蹟である地獄の底に。

## 註

（1）志村正雄訳、ちくま文庫、二〇一〇、一七三頁。
（2）佐藤高子訳、ハヤカワ文庫、一九八六、五一九頁。
（3）金子裕訳、法政大学出版局、一九八四、二〇七頁。
（4）スザンヌ・E・エヴァンス『障害者の安楽死計画とホロコースト――ナチスの忘れ去られた犯罪』黒田学・清水貞夫訳、クリエイツかもがわ、二〇一七、二〇四頁（「監訳者あとがき」）。
（5）同右、八六頁。
（6）同右、四四―七〇頁。
（7）以下の邦訳がある。『「生きるに値しない命」とは誰のことか――ナチス安楽死思想の原典を読む』森下直貴・佐野誠訳、窓社、二〇〇一。
（8）ジョルジョ・アガンベン『ホモ・サケル　主権権力と剥き出しの生』高桑和巳訳、以文社、二〇〇三、一八七―一八九頁。
（9）同右、一九〇頁。
（10）エヴァンス前掲書、一〇五頁。
（11）米本昌平「イギリスからアメリカへ――優生学の起源」『優生学と人間社会――生命科学の世紀はどこへ向かうか』講談社現代新書、二〇〇〇、四六頁。
（12）同右、三五頁。
（13）市野川容孝「ドイツ――優生学はナチズムか？」『優生学と人間社会』七二―七三頁。
（14）同右、七五―七六頁。
（15）同右、七八―七九頁。
（16）松原洋子「日本――戦後の優生保護法という名の断種法」『優生学と人間社会』一七〇―一七一頁。
（17）同右、一八八頁。
（18）同右、一九一頁。
（19）同右、一九二―一九五頁。
（20）エヴァンス前掲書、四四頁。
（21）神崎繁『内乱の政治哲学――忘却と制圧』講談社、二〇一七、八七頁。
（22）E・H・カントーロヴィチ『王の二つの身体（上）』小林公訳、ちくま学芸文庫、二〇〇三、二五七―二五九頁。
（23）同右、二七二―二七四頁。
（24）同右、二七六頁。

(25)アガンベン前掲書、二六六―二六七頁（「解題」）。
(26)同右、一九六頁。
(27)同右、二四六頁。
(28)デヴィッド・グレーバー『負債論――貨幣と暴力の5000年』酒井隆史・高祖岩三郎・佐々木夏子訳、以文社、二〇一六、七三頁。
(29)同右、八五頁。
(30)同右、八六頁。
(31)ニーチェ『道徳の系譜学』中山元訳、光文社古典新訳文庫、二〇〇九、一六五頁。
(32)同右、一六七頁。
(33)シオラン『シオラン対談集』金井裕訳、法政大学出版局、一九九八、八八―八九頁。
(34)シオラン『告白と呪詛』出口裕弘訳、紀伊國屋書店、一九九四、五三頁。
(35)リー・エーデルマン「未来は子ども騙し――クィア理論、非同一化、そして死の欲動」藤高和輝訳、『思想』二〇一九年五月号、一二五頁。
(36)同右、一一六頁。
(37)同右、一二五頁。
(38)グレーバー前掲書、一二四頁。
(39)シオラン前掲書、五三頁。

## 3　この世界、そして意識　反出生主義のユートピア（?）へ

無意識は祖国である。意識は流刑だ。
——E・M・シオラン『生誕の災厄』(1)

悲観主義者の誰もが同意するように、意識は実存的な負債である。
——トマス・リゴッティ『人類に対する陰謀』(2)

本章は一種のスペキュレイティブ・フィクションとして、あるいはアイロニカルなジョークとして読まれる必要がある。また同時に、本章は御冷ミアハは反出生主義者である、という仮定のもとで読まれる必要がある（本章における反出生主義の定義については以下の叙述を通して自ずと明らかになる）。

ミアハは人間を憎み、生府《ヴァイガメント》を憎み、意識を憎み、そして世界を愛した。ミアハは反出生主義者であると同時に革命家であった。ルーマニアの反出生主義的な哲学者シオランが書きつけたように、「ひとつの、ただひとつの思想のみを持つべきだ——ただし世界を木端微塵に粉砕する思想を」(3)持った偉大な革命家であった。ただしミアハは、人類から意識を完全に消去させることで、世界を木っ端微塵に粉砕する代わりに、世界をミクロレベルまで調和《ハーモナイズ》させることを選択したのだが。ミアハは伊藤計劃『ハーモニー』の作中で次のように述べている。

というより、意識であることをやめたほうがいい。自然が生み出した継ぎ接ぎの機能に過ぎ

ない意識であることを、この身体の隅々まで徹底して駆逐して、骨の髄まで社会的な存在に変化したほうがいい。わたしがわたしであることを捨てたほうがいい。『わたし』とか意識とか、環境がその場しのぎで人類に与えた機能は削除したほうがいい。そうすれば、ハーモニーを目指したこの社会に、本物のハーモニーが訪れる。(4)

意識の役割を弾劾し、意識の価値下落を訴え、あまつさえ意識の削除を訴える御冷ミァハのアジテーションは、極めて反出生主義者のそれに近い。たとえばシオランは著書『悪しき造物主』の中で、極めて簡潔に「苦しむとは、すなわち意識を**生み出す**ことだ」(原文強調)とコメントしている。同様にシオランは、『生誕の災厄』のなかで次のようなアフォリズムも残している。

人間は心の奥のまた奥で、意識**以前**に住みついていた状態へ、なんとか復帰したいと渇望している。歴史とは、そこまで辿りつくために、人間が借用している回り道にすぎない。(原文強調)(5)

数え切れない種類の苦しみを再生産する意識は、シオランからすれば意識以前に住みついていた状態からの「流刑」に他ならず、歴史とは意識以前の「ハーモニー」に帰郷するまでの遠大な回り道にすぎない。

『ハーモニー』作中、霧慧トァンはコーカサスの山脈を登りながら、意識について内省する。糖尿病が進化の過程で人類が手に入れた病気であったように、意識もまた人類が進化の過程において、状況への場当たり的な適応として、あるとき半ば偶然大脳に発生したものにすぎないのではないか。もしそうであれば、「社会的動物である人間にとって、感情や意識という機能を必要とする環境が、いつの時点でかとっくに過ぎ去っていたら。我々が糖尿病を治療するように、感情や意識を「治療」して脳の機能から消し去ってしまうことに何の躊躇があろうか(6)」

人間の意識を、角が重すぎて絶滅したと言われるギガンテウスオオツノジカの巨大な枝角に例えた上で、人間の意識は進化の過程で生じた悲劇的なエラーであり、様々な苦悩を生み出す余剰物でしかない、と喝破したのは、ノルウェーの哲学者ピーター・ワッスル・ザッフェ（Peter Wessel Zapffe）である。彼は「ラスト・メサイア（The Last Messiah）」と名付けられた黙示録的なテクストの中で、人間の大脳にウィルスのように突然変異的に寄生した意識は、自然とのハーモニーを引き裂き、代わりに生に対する限りない恐怖と苦しみと悪夢を呼び起こす、と主張する(7)。意識とは重荷でしかない。

たとえば精神医学では、健康的で生命力のある状態が正常とされ、うつ病、「生への恐怖」、拒食症などは病の症候とみなされ治療の対象となる。だがザッフェによれば、このような症状は、しばしば、より深く、より直接的な生命の感覚からのメッセージであり、そしてこのような感覚の根源には、人間が不可避的に持つ反―生物学的傾向性が横たわっているという。それは病ではなく、防衛の失敗として現れているのだ。彼は言う。「人間がうつ状態で命を絶つとき、それは精神的な原因による自然死である」。精神医学のメカニズムは、死の欲動を思わせる、こうした意識のパラドキシカルかつ自己破壊的な側面から人間をなるべく遠ざけ分離させるための制度として社会に組み込まれている。同様に、社会や国家、教会や神、家庭や労働、富や権力、文化や道徳などは、いずれも意識の裂け目の中心に打ち下ろされる錨であり、生命の解体という存在論的恐怖に対する強力な（しかしどこまでもフィクショナルな）防波堤として機能する。私たちは皆、意識の深部へのアクセスを人為的に制限することで自己防衛を行っているわけである。

だが、所詮それらは気休めでしかなく、最終的な解決とは遂になりえない。人々は変わらず救いと肯定を求め、何人もの自称救世主が現れ、偽りの癒やしと約束を残していく。だが、無数の救世主が磔にされた後、最後の救世主（メシア）が来る。生命とその宇宙的な地平を理解し、苦しみを地球の集合的な苦しみとして引き受ける勇気を持った最初にして最後の人間。彼の声が布のように地球を包み込み、奇妙なメッセージが響くとき、人々から生の苦しみが取り除かれるであろう――。

ザッフェの「ラスト・メサイア」は、以上のような予言的な幻視《ヴィジョン》を伴う筆致で締めくくられている。だが、私たちは最後の救世主の名前をすでに知っている。言うまでもなく、御冷ミァハである。

＊

あまねく生の苦しみの源泉たる意識こそが諸悪の根源である、というのが多くの反出生主義者が受け入れる共通見解であるとすれば、反出生主義者の理想を実現するための方策として「人類の絶滅」を早急に選び取る必要性は必ずしもない。たとえば、ドイツの作家ウルリヒ・ホルストマンは、その著書『人間怪物論』の中で、核兵器による地上生物の全的殲滅＝アポカリプスを唱える異形の思想＝全破壊主義《アンニヒリズム》を展開しているが、これなどは極端なケースと言わなければならない(8)。

大抵の反出生主義者の要求は意識の消滅によって充分達成可能だと思われるので、ここに反出生主義者によるユートピア構築の可能性が開かれたことになる。反出生主義者は、世界を愛する者でなければならない。御冷ミァハがそうであったように。「うん。わたしは愛してる。この世界を全力で愛してる——すべてはこの世界を肯定するため。すべては『わたし』に侵食される世界を救うため」[9]

私たちは今や「ハーモニー・プログラム」による意識の消失を反出生主義の観点から考察することが可能となった。とはいえ、(当然のことと言うべきか)反出生主義者にとってのユートピアが、そのまま出生主義者(あるいは反出生主義者以外のすべての人間)にとってのユートピアとなる保証はどこにもないのではないか。それは確かにその通りである。よって、ここでは出生主義者と反出生主義者を同時に満足させる社会の設計が目指される。

この課題を功利主義の立場から捉え直してみるならば、出生主義者と反出生主義者双方の「効用」を満足させる社会がすなわちユートピアであるということになる。周知のように、功利主義は快楽の最大化と苦痛の最小化を目指す教義である。この場合では、「ハーモニー・プログラム」による意識の消失が、(出生主義者であれ反出生主義者であれ関係なく)万人における快楽の最大化と苦痛の最小化に直結すること、すなわち福利・厚生の総和を最大化させるような社会の形態こそが私たちが模索するユートピアの条件ということになる。また、この条件を達成させるにあたって、あくまで快楽の最大化と苦痛の最小化が求められる第一原理であり、自由、平等、道徳的権利、民主主義などは、人々の福利を最大化させる限りでしか価値を持たない。逆に言えば、これらはそれ自体としては何ら内在的な価値を持たないものとされる（帰結主義）。

言うまでもなく、功利主義における「最大多数の最大幸福」のテーゼに照らすならば、反出生主義者とそれ以外のすべての人々の効用を同時に満たす社会は、それ以外のすべての社会と比較して望ましいことになる。そして筆者は、「意識の消失」こそが両者の効用を同時に満たす唯一の手段であることを以下に続く思考実験を通して証明してみたい。もっとも、すでに私たちは、「意識の消失」が少なくとも反出生主義者の側の効用を満たすことを確認してきた。したがって、「意識の消失」が残る反出生主義者以外の人々の効用を満たす仕組みを考えることができれば、私たちの目下の課題はさしあたり達成されることになる。

とはいえ、「意識の消失」を前提とした社会を考えるとき、私たちが選ぶことのできる選択肢はさほど多くないだろう。それが、社会の成員の福利を最大化させることのできる社会となれば尚更である。試みに、以下ではアーキテクチャ的統治社会について検討してみることにする。

筆者がここでアーキテクチャ的統治社会を選択することにはもちろんそれなりの理由がある。まず第一に、身も蓋もない話だが、現代の技術水準では、人々の意識を人為的に消失させることはおよそ不可能であり、またたとえ可能であったとしても、その実装は現実的ではないと言わなければならない。したがって、私たちが採るべき戦略は、意識を自然的に消失させるように誘導するアーキテクチャの実装を通して、言い換えれば意識を前提としない、もしくは必要としない社会の設計を通して「意識の消失」の間接的な達成を目指すものとなる。要するに、「ハーモニー・プログラム」をアーキテクチャとして外在化することで、「意識の消失」という目標に対して迂回しながら向かっていく、という戦略である。私たちの目論見どおりに進めば、アーキテクチャ的統治によって、世代を経るにつれて、人々の用済みになった意識は漸進的に消滅していき、そして人類の来るべき進化（あるいは退化？）の果てに、意識をまったく持たない人間が生まれるだろう。もちろんこの場合、「意識の消失」という反出生主義者のユートピアを実現するために、出生主義者による種の再生産が必要とされるのだが（反出生主義者と出生主義者による感動的な二人三脚！）。

＊

それでは、「意識を自然的に消失させるように誘導するアーキテクチャ」とは具体的にどのようなものか、それが問われるべきである。だがこの問いに答える前に、意識の定義をなるべく明確にしておく必要があるだろう。

アンリ・ベルクソンは、「意識と生命」と題されたハクスリー記念講演の中で、意識の機能について次のように述べている。

すでにないものを記憶して、まだないものを予期すること、これが意識の第一の機能です。もし現在が数学的な瞬間に還元されるとしたら、意識にとって現在は存在しないことになります。〔…〕私たちがじっさいに知覚するのは、過ぎ去ったばかりの過去と、間近にせまった未来という二つの部分からなる持続のある厚みです。私たちはこの過去に寄りかかり、この未来に身を傾けています。寄りかかることと身を傾けること、これが意識ある存在に固有なことです。それゆえ意識は、あったこととあるだろうこととの間を結ぶ連結線であり、過去と未来の間に渡された橋であると言えましょう(10)。

ベルクソンによれば、意識とは持続のある厚みである。それは過去と未来の一部分を内に含み込んでおり、また過去と未来とを媒介する橋の機能を果たす。それでは、意識のこのような機能は何のために存在するのだろうか。言い換えれば、人間にとって意識はどのような役割を担っているのだろうか。この点についてベルクソンは明快な説明を与えている。すなわち、「選択」をし、「決断」を下すために他ならない、と。

意識が過去をとどめて未来を予期するとすれば、それはまさに疑いもなく、意識が選択をするよう呼びかけられているからです。選択をするには何をなしうるか考えなければなりません。すでにしたことが結果として益であったか害であったか、それを思い出さなければなりません。つまり、予見しなければならず、思い出さなければならないのです。

［…］じっさい意識が選択を意味し、そして意識の役割が決断を下すことであるとすれば、自発的な行動を起こさず、したがって決断しようともしない有機体に意識があることは疑わしく思われます。しかし本当を言えば、自発的行動がまったくできないように思える生物はありません。植物界にあってさえ、その組織が一般には地面に固定されていても、自分を動かす機能は存在しないというよりは眠っているのです。［…］植物は、よく言われるように大地に寄

生しているのではないでしょうか。それゆえ、意識は起源的にはすべての生き物に内在しているが、自発的な運動がなくなったところでは眠り、逆に生命が自由な活動に向かっているときには高まるということが、私には本当らしく思われます。(11)

引用文の後半箇所はとりわけ意味深長である。ベルクソンは、意識は起源的には植物を含めたすべての生物に内在しているが、それを必要としない生物にあっては意識は潜在的な領域に眠っているのだという。植物が選択や決断を行わないのは、換言すれば意識を必要としないのは、彼らが大地に寄生しているからである。私たちの語彙でいえば、ここでの大地とはアーキテクチャに他ならない。大地というアーキテクチャが植物に不断に配慮しているおかげで、植物は意識を眠らせたままにしておくことができるのである。

そして、ここからベルクソンは以下のように結論づける。

私たちの行動が自発的であることをやめ自動的になったとき、どんなことが起こるでしょう。意識がそこから消えていくのです。たとえば、私たちはある運動を練習するとき、自分のおこなう動きの一つ一つを意識することから始めます。なぜなら、その動きは私たちのものであり、ある決断から由来して、一つの選択を含んでいるからです。そうしているうちに、それらの動きは相互にもっとよくつながり合い、互いに自動的に決定し合って、私たちが決断したり選択したりする必要はなくなります。そうなるにつれて、私たちがそれらに対して持っていた意識は減少し、やがて消えていきます。[…]したがって、私たちの意識の強度は、私たちが自分の行為に際してどれだけの選択をするのか、この場合の選択は創造といってもいいものですが、その大きさにまさに対応するもののように思われます。(12)

ピアニストがピアノを弾くとき、鍵盤の上を滑る指の動きを意識しない。それらの動きは、反復された練習を通じて無意識下で精緻な回路が形成されているので、意識的に制御しようとすればかえって悲惨な結果を招く、ということをピアニストは知っている。

現代の認知神経科学の中にも、ベルクソンの「意識は意思決定のために存在する」という教えを多かれ少なかれ裏付ける知見を見つけることができる。たとえば、認知科学者のダニエル・デネットは、意識の主な役割は、持続する思考を形成することだと主張する。ある一片の情報が意識されれば、私たちがそれに注意を向け、覚えているあいだ、その情報は脳のワーキングメモリに一時的に蓄えられ、意思決定のための安定した情報源として用いられる。一時記憶のメカニズムは、現在に厚みを持たせるのだ。ワーキングメモリに関わる前頭前皮質に損傷を負った患者は、意識的抑制、長期的思考、計画立案の能力が著しく損なわれる。(13)同様に、認知神経科学者のスタニスラス・ドゥアンヌが提唱した「グローバル・ニューロナル・ワークスペース」仮説によれば、意識は脳全体の情報共有を行う高次の意思決定システムである。

人間のグローバル・ニューロナル・ワークスペースは、感覚入力および記憶からすべての必要な情報を集めて統合し、その結果を評価し、それについて好きなだけ時間をかけて熟考したうえで、実際の行動を導く。これこそが、私たちが意思決定と呼ぶところの行為だ。(14)

議論を整理するために、心理学の分野で用いられる「システム1」／「システム2」の二分法を援用してパラフレーズするならば、意識の役割は「システム2」とほぼ合致する。認知心理学者のダニエル・カーネマンに従えば、「システム1」は自動的に高速で働き、努力はまったく不要か、必要であってもわずかである。また、自分のほうからコントロールしている感覚は一切ない。それに対して「システム2」は、複雑な計算など頭を使わなければできない困難な知的活動にしかるべき注意を割り当てる。システム2の働きは、代理、選択、集中などの主観的経験と関連づけられることが多い。(15)

「システム1」は無意識下で作動する自動的なシステムを指す。たとえば、二つの物体のどちらが遠くにあるかを見て取る、あるいは2＋2の答えを言う、といった思惟を介さず自動的に処理される認知作用は「システム1」に含まれる。対して、複雑な計算をしたり、自分の考えを持って自ら選択し、何を考えどう行動するかを自分で決定する意識的な処理は「システム2」に含まれる。(16)

＊

一言でいえば、私たちが設計するべきアーキテクチャは、このうち「システム2」を肩代わりしてくれるようなアーキテクチャである。意識の役割であるところの「システム2」の機能をアーキテクチャに外在化させてやることができれば、不要となった私たちの意識は（さながら大地に寄生する植物たちのように）やがて眠りにつくはずだ。植物化するポスト・ヒューマン。

念の為に付け加えておけば、意識の機能（の一部）をアーキテクチャに外在化させるという発想自体は取り立てて珍しいものではない。たとえば、人類は歴史を通して書物やＨＤＤといった外部記憶装置のアーキテクチャに記憶を外在化させてきた。外部記憶装置が私たちの代わりに覚えておいてくれるおかげで、私たちは安心して記憶を忘れることができるのである。であれば、外部記憶装置ならぬ外部意識装置が私たちの世界を包囲したとき、何が起こるか想像は容易い。上でベルクソンの述べたことを、ここでもう一度思い起こす必要があるだろうか。「私たちの行動が自発的であることをやめ自動的になったとき、どんなことが起こるでしょう。意識がそこから消えていくのです」。

閑話休題。上で述べた「システム２」を肩代わりするようなアーキテクチャは、見方によっては一部ですでに実装されている。たとえば、法学者のキャス・サンスティンと経済学者リチャード・セイラーは、ある主体が選択する際の無意識的な心理的メカニズムを「選択アーキテクチャ」、それを利用した無意識的な誘導を「ナッジ（nudge）」（背中をそっと押すこと）と呼んでいる。[17] 選択アーキテクチャによる無意識的な誘導によって、主体から意識的な選択を剥奪する（選択の自動化《オートメーション》）。サンスティーンに言わされれば、このような選択アーキテクチャは既にあらゆる場所に遍在している。たとえば、健康に良い食べ物を個人が選択しやすいよう、食べ物の配列があらかじめデザインされたビュッフェ方式のレストランなど。だが、とりわけインターネット空間のアーキテクチャ（＝法としてのコード）は、ビッグデータやアルゴリズムによる選択環境の構築と変更が現実空間と比べてはるかに容易（可塑的）である。たとえば、選択環境の「個人化」（パーソナライゼーション）では、プロファイリングによって個人の過去の行動記録から導き出された選択を「ナッジ」として誘導することで、当人の福利を向上させることがそこでは目指される。[18] 言い換えれば、選択アーキテクチャが正しく作動すれば、意識的な選択よりも、「ナッジ」に誘導された無意識的な選択の方が、主体の福利は向上するというわけだ。要するに、選択アーキテクチャがさながら主体の代わりに思考し、選択してくれるかのようなのである。

ある意味では、ユートピア＝楽園とは「選択」の責務＝コストから解放された世界であるかもしれない。聖書に記された楽園追放の神話は、人間の意識は「選択」という意思決定とともに発生した可能性を示唆している。試みに、エーリッヒ・フロムの『自由からの逃走』から以下のパッセージを引用しておこう。

神話も人類の歴史のはじまりは、選択という行為にあるといっている。しかし、神話はこの最初の自由な行為が、どんなに罪深いものであり、またその結果生ずる苦悩が、どのようなものであるかをとくに強調する。男と女はエデンの花園において、おたがい同士、また自然とも、まったく調和して生活している。そこは平和の楽園であって、働く必要はないし、選択も自由も思考もない。人間は善悪の知恵の木の実を食べることを禁じられている。ところがかれは神の命令に背いて行動する。自然を超越することなく自然の一部となっていた調和の世界を破壊する。［…］神の命令に反逆することは、強制から自己を解放し、前人間的生命の無意識的な存在から、人間の水準へぬけだすことである。(19)

エデンの園は「選択」以前の世界であり、ひいては「意識」以前の世界であり「人間」以前の世界である。アダムは知恵の実を食べるという「選択」を行ったことで、ザッフェのいう様々な苦悩を生み出す「意識」という原罪を背負い込むことになったのだ。そうであるならば、私たちはこの「意識」なる重荷＝負債を捨て去ることで、すなわち「人間」をやめることで、原初の楽園へ帰郷しなければならない。放蕩息子《ポストヒューマン》の帰還。

＊

法哲学者の安藤馨は著書『統治と功利』において、統治功利主義の立場から、アーキテクチャに象徴される新たな統治技術の発達により、被治者の予期を前提とする威嚇サンクションが不要となるだけでなく、予期の担い手となる自律的な個人も無用となる「人格亡きあとのリベラリズム」を提唱した。(20)

統治功利主義は、我々を「人格」の桎梏から解放せしめるものとして目下の統治技術の発展を基本的に称揚し、濫用を防止しつつその正しい（＝幸福を最大化する）使用を確保せしめるような統治アーキテクチュアが如何に可能かを問おうとするのである。(21)

それに対して、法哲学者の大屋雄裕は、安藤の「人格亡きあとのリベラリズム」構想を、スタニスワフ・レムの『ソラリス』を引用しながら「感覚のユートピア」と名付ける。そこにおいては、すべての人格のあいだの境界は取り除かれ、他者の快苦に対して自らの感覚とまったく等しく配慮できるようになる。「つまりこの構想が実現する一つの姿は、**我ら人類がすべてソラリスの海へと溶けていくことにある**、ということになろう」[22]（強調原文）

安藤は主体の予期能力を前提としない統治アーキテクチャを構想しているが、予期もまた意識の機能のひとつであったことを思い出そう。たとえば、ネット書店における過去の購入履歴の分析から提示される「おすすめ」書籍機能も選択アーキテクチャのひとつと見なせるが、これなども主体の予期スパンの短期化を促進させる。

もし私が何かを望んだ瞬間にその望みが叶えられるならば、我々は常に自分が一定以上の快楽を得ることを安定的に予期し、結局のところそうした予期自体が不要なものとなるであろう。お茶を飲みたいと思った瞬間にお茶が差し出されているならば、我々はお茶のためにそれ以上の何かをしようとはしないだろう。[23]

ネット書店の「おすすめ」アルゴリズムは、さながら「お茶を飲みたいと思った瞬間に（あるいは思うよりも前に）お茶が差し出されている」状況を思わせる。ビッグデータに支えられたアルゴリズムは私たちに対して常に先回りして「私の欲すること」を提示する。そこには「選択」も「予期」も、さらに言えば「自律的主体」も不要である。

かくして、現在から持続という厚みが漸進的に取り払われていき、意識は瞬間的な現在という零点に向ってゆるやかに縮減していく。刹那的主体は、過去も未来も存在しない間延びした「永遠の現在《いま》」に住まうだろう。それはさながら、生と死の外側に広がる空漠とした領域に横たわる、まどろみのような曖昧な「死後の生」のようでもあり……。

＊

意識を前提としない統治のあり方について、最後に急ぎ足で二、三、付け加えておきたい。統治功利主義を採用した場合、ＡＩによる功利主義的な統治がもっとも魅力的に映る。というのも、統治者には快苦の正確な計量と計算、そして行為から生じる帰結についての完全な情報が求められるが、情報収集能力と計算能力においてはＡＩの右に出るものはいないからである。

統治主体としてのＡＩに求められるのは、もっぱら厚生、すなわち快楽や欲求充足といった極めて限定された事項についての情報に尽きる。もちろん、それでもＡＩはかなりの情報収集能力を要求されるだろう。安藤の見立てによれば、ある状況である行為を被治者がなすべきか否かの決定を、人間よりも信頼できる形で行うためには、同種の状況での同種の行為に対して人々がどのように反応したかについての膨大な事実的情報（ビッグデータ）をＡＩは必要とする。言い換えれば、そうした情報を収集するためには、社会の至るところでＡＩによる不断の「監視」が行われることになるだろう。もちろん、これを独裁者による「監視」とただちに同一視することはできない。というのも、監視主体であるＡＩの内部で作動しているアルゴリズムは外部からはほぼ窺い知ることのできないブラックボックスと化しているからである。ＡＩが収集した膨大な個人データは、ＡＩのニューラルネットワークの重み付けへと溶け込み、ビッグデータの海へ還元されていく[24]。

もちろん、統治者が人間であれＡＩであれ、独裁などによるディストピアへと反転しないために、統治者に対する不断の監視は不可欠である。アーキテクチャ的統治のもとでは、どの空間領域で苦痛（＝厚生の減少）が生じているかを的確に検知し、その情報を統治者に即座にフィードバックするような仕組みが求められる[25]。

あるいは、何らかの民主的な投票機能が実装されてもよい。とはいえ、それはもちろん意識を介さない方法で行われなければならない。たとえば鈴木健が著書『なめらかな社会とその敵』の中で提唱しているような、ブレインマシンインターフェース（ＢＭＩ）を用いて脳の状態を直接スキャンして投票する方法や、あるいは胃にセンサーをつけて投票させる（胃の集合知！）といった、無意識の生体情報を用いた投票制度が選ばれるだろう[26]。ニーチェが言ったように、「それゆえ私たちは身体に問いたずねる[27]」。

アーキテクチャ的統治と民主主義は必ずしも両立不可能ではない（もちろん功利主義の立場からすれば民主主義はあくまで手段的価値しか持たないのであるが）。もちろん、こうした社会システムをディストピアと見る向きもあるだろう。しかし、高度に発達したディストピアは往々にしてユートピアと区別がつかないのである。

## 註

（1）E・M・シオラン『生誕の災厄』出口裕弘訳、紀伊國屋書店、一九七六、一六〇頁。
（2）Ligotti, Thomas. The Conspiracy against the Human Race: A Contrivance of Horror（English Edition）(p.35). Penguin Publishing Group. Kindle.
（3）E・M・シオラン『悪しき造物主』金井裕訳、法政大学出版局、一九八四、一四二頁。
（4）伊藤計劃『ハーモニー』ハヤカワ文庫JA、三四三頁。
（5）シオラン『生誕の災厄』、一六一頁。
（6）伊藤前掲書、三二六頁。
（7）https://philosophynow.org/issues/45/The_Last_Messiah
（8）ウルリヒ・ホルストマン『人間怪物論——人間脱走の哲学の素描』加藤二郎訳、法政大学出版局、一九八四、一五〇—一五一頁。
（9）伊藤前掲書、三四一頁。
（10）アンリ・ベルクソン「意識と生命」『精神のエネルギー』原章二訳、平凡社ライブラリー、二〇一二、一七頁。
（11）同右、二二—二三頁。
（12）スタニスラス・ドゥアンヌ『意識と脳——思考はいかにコード化されるか』高橋洋訳、紀伊國屋書店、二〇一五、一四四—一四五頁。
（13）同右、三六五頁。
（14）ダニエル・カーネマン『ファスト&スロー（上）——あなたの意思はどのように決まるか？』村井章子訳、ハヤカワ・ノンフィクション文庫、二〇一二、四一頁。
（15）同右、四二—四三頁。
（16）松尾陽「法とアーキテクチャ」研究のインターフェース」、松尾陽編『アーキテクチャと法——法学のアーキテクチュアルな転回？』弘文堂、二〇一七、二一頁。
（17）キャス・サンスティーン『選択しないという選択——ビッグデータで変わる「自由」のかたち』伊達尚美訳、勁草書房、二〇一七、一八六頁。
（18）同右、二四頁。
（19）エーリッヒ・フロム『自由からの逃走』日高六郎訳、創元社、一九五二、四三頁。
（20）成原慧「アーキテクチャの設計と自由の再構築」『アーキテクチャと法——法学のアーキテクチュアルな転回？』三六頁。

(21) 安藤馨『統治と功利——功利主義リベラリズムの擁護』勁草書房、二〇〇七、二七九頁。
(22) 大屋雄裕『自由か、さもなくば幸福か?——二一世紀の「あり得べき社会」を問う』筑摩書房、二〇一四、一九九頁。
(23) 安藤前掲書、二七五頁。
(24) 安藤馨「AIとその道徳的能力——AIによる統治の正当性条件を巡って」『人工知能と人間・社会』勁草書房、二〇二〇、二五〇頁。
(25) 安藤馨「アーキテクチュアと自由」NHKブックス別巻『思想地図 vol.3』特集・アーキテクチャ、NHK出版局、二〇〇九、一五三頁。
(26) 鈴木健『なめらかな社会とその敵—— PICSY・文人民主主義・構成的社会契約論』勁草書房、二〇一三、一五七頁。
(27) 柄谷行人『内省と遡行』講談社学術文庫、一九八八、九頁。

## 4　男たちの営みを巡る幾つかの雑多な引用

われわれにとって、存在と意識の乖離はどうすることもできないのである。

——柄谷行人「意識と自然」

冥王まさ子の小説『天馬空を行く』には、次のような描写がある。

ヨーロッパはおれにまかせろ、龍夫は出発間際にゴリラのように胸を叩いてみせた。なにせ経験者だからな。それにおれはきみとちがってフランス語ができるしな。羚が生まれた年の夏、龍夫は思い立ってヨーロッパを一人歩きした。言葉もろくに通じなくてどんなに心細いだろうかと弓子は案じていたが、ひと月経って痩せ衰えもせずに帰ってきたとき、これで何でも自分でやれる自信がついたよ、と龍夫はいった。男の自立への旅か、と弓子はからかった。アメリカは弓子の方が経験者なので、何でもやれるどころか龍夫は何もかも弓子に頼っていた。(1)

アメリカでの生活と子育てをほぼ妻の弓子に任せきりであった夫の龍夫は、この度の子連れヨーロッパ旅行においてみずからの「男の自立」を示そうとした。だが、龍夫のその目論見はあえなく失敗する。旅中、ろくに現地の言葉も話せない龍夫は弓子から「役立たず」という烙印を押され、結局ほとんどの局面を弓子に頼る羽目になる（余談として付け加えておけば、龍夫は売店で弓子へのプレゼントを万引きしたり、金欠時には子どもたちを路上に立たせて乞食行為をさせたりもしている）。

旅先では実務的な能力がまずものをいう。これは弓子の独壇場だ。龍夫の頭には抽象的思考のための脳みそは詰まっているが、現実にことを運ぶのには用をなさない。(2)

龍夫には卓越した抽象的思考力の代わりに、生活能力と呼べるものが皆無であった。結果として、生活の大半を弓子に依存することになった。言ってみれば、龍夫は「男の自立」に失敗した。言い換えれば、「父」になることに失敗した。

『天馬空を行く』の文庫版解説の中で柄谷行人は、「この作品に書かれていないのは、［…］この作品の夫のモデルである私が、彼女に劣らぬ危機的状態にあったことである」と述べている。龍夫一家のヨーロッパ旅行が行われたのは一九七六年の八月である。年譜によれば柄谷は当時三五歳で、その年の一月にポール・ド・マンの要請で「Interpreting Capital」という『資本論』についての論文を執筆していた。

ところが、この旅行の前に、私は突然その論文に疑いをもちはじめた。この旅行中、私が考えていたのはそのことである。私はこの論文で『資本論』を言語論的に読みかえることを試みていたが、いったん言語について考えると、哲学上の諸問題をすべて検討しなければならなく

なった。私は一からやり直そうと思った。(3)

以降、柄谷は文芸批評から距離を置き、理論的な仕事に向かうこととなる。だが、その理論もやがてデッドロックに乗り上げる。奇しくも、この小説は柄谷にとって重大な「転回」の時期にあたる一九八四年に書かれている。

また、この時期［一九八四年］、彼女はもはやこの作品の主人公のように、「息子たち」を率いて進む人物ではありえなかった。小説家として、彼女自身が「娘」になっていたからだ。私もそのことで彼女を助けることはできなかった。(4)

引用文中の「息子たち」には当然子どもたちだけでなく、柄谷＝龍夫本人も含まれているはずだ。柄谷＝龍夫にとって、まさ子＝弓子は妻であるよりもむしろ「母」であったのだ。かくして、柄谷＝龍夫は「父」と「息子」のあいだで引き裂かれる。柄谷にとってはどちらも抜き差しならぬリアルだが、しかし同時にその両方を生きることはできない。さながら地と図の反転のように、あるいはメビウスの輪のように、「父」と「子」が自己の内部でクルクルと入れ替わる。

柄谷がこのとき直面していた「危機」は、したがってひとつではなく、ふたつあったと言うべきだ。ひとつは理論における危機。そしてもうひとつは、内なる「父」と「子」をめぐる、決して統合されえない弁証法めいた存在論的危機。

「危機」はやがて家族の文字通りの崩壊というカタストロフに帰着する。『天馬空を行く』には、「聖家族」が描かれている。それは崩壊の寸前にあらわれる一瞬のエピファニー（顕現）である[5]」のちに柄谷行人と冥王まさ子は離婚している。時期は不明。結局、柄谷は「父」となることにも、「子」となることにも失敗したのである。そう、彼は挫折したのだ、家族をつくることに。

＊

丹生谷貴志は二〇〇一年に刊行した『家事と城砦』の「あとがきと補遺」の中で、ここ数年の日本の「文芸」は「男たち」の巻き返しの試みだったのではないかと感じている、と述べながら、幾人かの固有名詞とともに柄谷行人の名を挙げてみせる。

ある時期から日本の文学は「男たちの仕事」として喜劇化・滑稽化して行くかのように見えます。［…］そして、ここ数年の日本の現代文学には、或いはまたそれを取り巻く言説には、どこかこの、「男たち」の無自覚な巻き返しの試みによる空騒ぎの気配が私には感じられるのです。例えば柄谷行人氏の『論理21』を始めとする最近の「実践的批評・批評的実践」の試みなどは、いつもながらの鋭利な批評力に裏付けられたものと感服しながらも、そしてそれが、返す刀で「男たち」がやって来たことへの激しい批評となり得ていることを認めることにやぶさかではないのですが、私にはやはりどこか、「世界の使用法」を巡る「男たち」の巻き返しのように見えてしまうのです[6]。

「世界の使用法」を巡る「男たち」の巻き返し……。私はこの箇所を読んで、『天馬空を行く』のとある場面を思い起こさずにはいられなかった。それは以下の場面である。


「ああ、早く解放されたい」と龍夫が嘆息する。

「だからレストランがみつかったら停るっていっているでしょ」

「ちがうよ、子どもたちからだよ」

「それならあと二十年は無理ですね」

「かなわんなあ。こんなのがいちゃ、おれは仕事ができないよ」

「それはおたがいさまだからいいっこなし」

「おれが仕事できないのは国家的損失だぜ。お前らとはちがうよ」

弓子はまたむきっとなる。そんないいかたさえしなければ、龍夫に対してときどき殺意を抱いたりしなくてすむのだ。誰もがもの書きとしての龍夫の才能を信じている。弓子だってもちろん信じている。だからといって龍夫が弓子を軽視していいことにはならないのだ。そんなとき、弓子はとつぜん、あたしは夫や子どもの世話をするために生まれてきたんじゃありません、と女性解放論者になり、あたしも同じだけ時間をもらって自分の力を試したいのよ、と平等主義者になる。(7)


家事と城砦。男である柄谷＝龍夫はロゴスに従事することで「世界の使用法」を探査する。それは一般に仕事と呼ばれる。柄谷＝龍夫がその仕事に従事できないのは国家的損失に値するかどうかはともかく。一方、そうした男たちによるロゴスの仕事の背後で行われる女たちの営みは家事労働と、あるいはアンペイドワークと呼ばれる。

みずからはロゴスに従事し、妻に家事労働を押し付けること、言い換えれば家父長制的構造を固定化し再生産させること、それは取りも直さず柄谷＝龍夫にとっては、「男の自立」を果たし、「父」になり、そして「批評家」になることを意味していた。「男の自立」と「父になること」と「批評家になること」は柄谷の中で同時に達成されるのである（そして、だからこそ家族の崩壊と理論の危機は同時に訪れなければならなかったのである）。

＊

男たちの営みとしての批評の隣には、当然のことながら（？）男たちの営みとしての革命が存在している。たとえば、佐々木中は「歓び、われわれが居ない世界の――〈大学の夜〉の記録」と題された、二〇一〇年に早稲田大学において行われた講演の開始時、出し抜けに次のような発言をしている。

（灯りが落とされた満員の会場を見渡して）あのさあ、後から女の子が来たら席譲れよな、お前ら。俺たちを生んでくれたのも、俺たちのガキを生んでくれるのも、女子なんだからな。……こんなのフェミニズムでも何でもねえぞ。B-BOYイズムだ。いいな。よし。(8)

こうした振る舞いが果たしてB-BOYイズムなのかどうかはともかく、このとても「男らしい」振る舞いの背後にあるのは、性別やジェンダーを生物学的な属性に還元し、女性＝産む身体（産むべき身体）と見なす、あまりにナイーブな本質主義的発想である。

佐々木中は別の講演（「屈辱ではなく恥辱を——革命と民主制について」）の中で、ジル・ドゥルーズによる「男であることの恥ずかしさ、ここに書くということの最高の理由があるのではないか」というテーゼと、それは受けてのフェティ・ベンスラマによる「男であることの恥ずかしさ、ここに革命することの最高の理由があるのではないか」というパラフレーズを引用してみせている。

フランス語の「男（un homme）」には「人間」という意味も含まれている。佐々木もそのダブルミーニングを念頭に置いた上で「男」と表記しているのは理解できる。実際、佐々木は別の箇所で次のように述べている。

恥辱、それは「男であることの恥ずかしさ」です。だからといって自動的に「すべての」女性がそこから逃れるわけではないことは、ジャック・ラカンがはっきりと言っています。(9)

この発言も理解できる。だが一方で、わざわざこんなエクスキューズをつけるくらいならば、最初から「人間」と表記すればいいのではないだろうか、などと身も蓋もないことを思ってもしまうのだけれど。

革命のレーゾン・デートルを「男であることの恥ずかしさ」に求め、「俺たちのガキを生んでくれる女」に席を譲るよう壇上から命令する（それにしても、ここでの「俺たち」とは一体誰を指すのだろうか）。私などは、ここにも「男たち」による無自覚な巻き返しの試みを読み取ってしまうのだ。すなわち、革命に赴く前衛の「男たち」と、後衛（銃後！）において家事や育児や出産といった革命の戦士たちを再生産する労働に従事する「女たち」という構図がそこには暗に含まれているのではないか、と。佐々木にとって女性はすべて潜在的に妊婦（！）なのかもしれないが、子どもを産むかどうかを最終的に決定するのは当然の如く男性ではなく女性である。

もうひとつ、講演の中から印象的な発言を引用してみよう。

なぜ意味を創りださなくてはならないのか、人類そのものの生が無意味なのかもしれないのに、という問いがあってしかるべきでしょう。簡単です。後に来るもののために、です。未来のために、です。〔…〕自分が生きている世界を歓ぶことは誰にでも出来る。悲しむこともできる。しかし、それ以上のことがあります。自分が死んだ後の世界を、自分のいない世界を歓ぶこと、です。(10)

殊勝なアジテーションである。しかし、佐々木が確信を持っている到来すべき「未来」の存在根拠は、実はない。なぜなら「未来」を創り出す決定権は、言い換えれば子どもを産む決定権は常に女性の側にあるからである。佐々木が革命のための根拠とする「未来」は、しかし女性による子の生産と育児を常に前提としている。当たり前のことながら、世界中の女性が全員子どもを産むのをやめる決断をすれば、人類（そこには当然男たちも含まれている）は滅亡し、「未来」は消滅する（しかし、もしかするとそれこそが真の「革命」なのかもしれない）。よって「未来は終わらない」というテーゼは不正確である。正しくは次のように言うべきだろう。すなわち、「未来は終わるかもしれないし、終わるだろう。だが、それはさしあたり今ではない」。人類の命脈もいつかは（あるいは唐突に？）尽きる。これはペシミズムなどではなく、ただの凡庸な事実に過ぎない。

佐々木は、男たちは、みずから子どもを産むことができない者たちは、肝心要の局面になると女たちに依存し、「未来」のための負担を背負わせる（それが意識的であれ無意識的であれ）。勇ましい男たちによる革命の焔は、陰に陽に女たちに犠牲や重荷を強いる。だが、ここに隠された見逃せない逆説性は、男たち（「夫」）が女たち（「妻」）に全面的に依存するに至って、はからずも「息子」と「母親」の代補的な関係に近づいていく、という点にある（母性のディストピア！）。男たちの内部の「父」と「子」の分裂はここにも存在するのである。

ロゴスに従事する柄谷行人と、家事労働に従事する冥王まさ子。革命に赴く雄々しい男たちと、家事と未来の再生産を引き受けさせられる女たち。これらふたつの構図には、どこか似通ったものがないだろうか。

*

日本において近代批評を打ち立てた小林秀雄もまた、「子」と「父」の分裂を生きた批評家だった。というか、最初にそれを指摘してみせたのが批評家の江藤淳であった。江藤淳による評伝『小林秀雄』の中には次のような記述がある。

すでに指摘したように、彼は二十歳にして子どもであると同時に父の役割を果たすべき立場にあった。［…］ここにはきわめて尖鋭な自己矛盾がなければならない。ここでは「確執」も「和解」も、自分の外にあって、社会的な力と正義とをもった「成功者」の父との間になされるのではなく、むしろ自分の内なる「父」と、自分のうちなる「子」との間の葛藤として意識される。つまり、劇は社会的な文脈へのひろがりをもたず、閉鎖された自己の内部でおこなわれるものとなる。(11)

父を一高に入学した年に亡くした小林は、病母を抱えながら「自活」＝「自立」する道を選ぶことを余儀なくされる。彼は、二〇歳にして子であると同時に父の役割を果たすべき立場に立たされた。「父」と「子」のあいだで自己矛盾に苦しめられる小林のもとに現れるのは、やはり「母」の役割を担う女性である。小林は「父」と「子」の二律背反、一人二役を強いる家から脱出し、長谷川泰子のもとへ赴く。「女は俺の成熟する場所だった」（「Xへの手紙」）。故郷を失った小林秀雄は、女の中に成熟する場所を見出したのだ。

だが、その成熟の試みも失敗する。小林は泰子からも遁走し奈良へと行き着く。小林は「父」にも「子」にもならず、成熟すらも断念した。代わりに、彼は「批評家」になったのである。

「女は俺の成熟する場所だった」。この言葉を先ほど引用した江藤淳と彼の妻のケースに当てはめてみるとどうか。

＊

周知のように、江藤淳の『成熟と喪失』では、戦後日本社会における「母」の崩壊が繰り返し説かれているが、評論家の大塚英志はそれを江藤の実生活と結びつけて論じている。

ここでキーワードとなってくるのが「適者」である。江藤夫妻も柄谷夫妻と同じく海外体験をしている。『アメリカと私』はある意味で『天馬空を行く』のネガのような書物である。そこでの江藤は柄谷とは逆に、あらゆる困難やトラブルを妻ではなく自分が引き受けることで、アメリカ社会というダーウィニズム的適者生存の世界を生き抜くに足る「適者」であることを自己証明しようと試みるのだ。この「適者」というタームは、「父」や「成熟」、あるいはのちの江藤自身による「治者」というタームでパラフレーズすることもできよう。

「女は俺の成熟する場所だった」という言葉を江藤淳に適用するとき、病に冒された妻が江藤にとって「適者」になるための試練として表象されていた事態はとりわけ興味深い。大塚はこの点について、次のように述べる。

ぼくが『アメリカと私』そして「日本と私」で不思議に思うのは「妻」が身体の不調を繰り返していることだ。それは現実の江藤夫人が病弱であったこととは別に、「妻」の病は常に江藤が「適者」としての資質を問われていると彼が感じる時にあたかもそのことを象徴するかのように起きることに注目せざるを得ない。(12)

江藤は「日本と私」の中で、妻を「浅黒い痣ができるほど」殴っている。大塚によれば、江藤の妻への（悪名高い）DV行為の背景には、江藤の中に自分が今こうなっていることへの理由を妻に見出してしまうという、ひそかな妻への被害者意識が存在しているという。そこから、江藤の「適者」への欲望から生じた軋轢を実際に引き受けるのは江藤ではなく妻であるという、先に見てきたのと同種の構図が引き出される。

幼い頃に実母を亡くした江藤もまた、「失われた母」を求める「子」と家長たる「父」をめぐる内的葛藤に苦しめられてきた人間である。その内的葛藤は、彼と「家」との関係において如実に現れる。たとえば「日本と私」で描かれる住居選び。アメリカから帰国した江藤は、ノミの出る旅館、拭いても拭いてもホコリの積もるアパート、千葉の廃屋のような家、等々、まるで「不完全な家」だけを選んでいるかのように住居を転々とする。江藤は、妻が病んでいるのは、「家」が「家」として不完全だからだと考える。しかし、江藤の不断の「建築への意志」は常に挫折せざるを得ない。なぜなら、江藤にとっての唯一の「家」とは幼少の頃に過ごした、母の匂いのする納戸しか存在しないからだ。大塚は、「江藤が不完全な家しか手に入れられないのは彼にとっての「家」が結局は生家の納戸という母胎の代償的空間としてしかあり得ないからだ」と指摘している。

「家」は適者として「外の世界」に着地する接点ではなく、「外の世界」を遮断するものである。そして、それはとうに喪われたものであることを「私」は知っている。にも関わらず、若い批評家はその母胎の喪失という甘美な痛みを麻薬のように反復するために不完全な「家」で「妻」の崩壊を何度も実現してしまうのである。(13)

完全な「家」を手にすることは常に失敗する。せざるを得ない。そして、ここにこそ江藤にとっての「成熟」の逆説がある。そこでは、「成熟」とは常に成熟しそこねるプロセスそれ自体としてである。現に、江藤の「成熟」は、「妻＝母」が崩壊し続けるという「甘美な痛み」に支えられていた。このアイロニカルな関係性は、妻が死去することで決定的に終わる。江藤もまた崩壊せざるを得なくなったのである。結局、彼は妻の死後、みずから命を絶った。

＊

東浩紀は、自身の内なる「父」と「子」の解離状態を視覚的に表した特異なテクストを執筆している。一九九七年に発表された「オタクから遠く離れて」がそれだ。このテクストは上下に二分割されており、それぞれのテクストが同時並行的に展開されていく（この形式はもちろん表向きにはジャック・デリダ『弔鐘』のパスティーシュである）。上段はわりとフォーマルな文体で日本アニメ史を批評的に解説していくという内容だが、下段になると文体が一変し、オタクとしての東個人による饒舌な自分語りへと変貌する。この二つの文体、すなわち上部構造と下部構造の解離は、それぞれ

「成熟」と「未成熟」、「意識」と「無意識」、「コンスタティヴ」と「パフォーマティヴ」の解離として捉えることができるだろう。

東浩紀の仕事の中でもっとも「父」と「子」の葛藤が表れているのは言うまでもなく小説『クォンタム・ファミリーズ』である。作中の主人公を作者本人と重ね合わせる読解はもちろんご法度とされているが、ここではあえて主人公の「ぼく」＝葦船行人を東浩紀の分身、というよりも「あり得たかもしれないもうひとりの東浩紀」として捉えてみたい。

もっとも、ここでは『クォンタム・ファミリーズ』の物語に多くは踏み込まない。私が注目したいのは、葦船が過去に犯した「罪」である。

葦船が高校生だったある夏の日、雑木林の中で葦船は小学生の女児に性的暴行を働く。それは一九八九年のことだった。場所は丘陵地帯に強引に開かれた、農地と雑木林がモザイク状に混在する東京郊外の新興住宅地であった。葦船は己の罪が暴かれるのではないかと慄くが、ある日、別の人間が逮捕される。


一九八九年の夏だった。ワイドショーでは、少女を対象にした猟奇的な連続殺人事件が話題になっていた。ぼくは母の隣でテレビを眺めながら恐怖で押し潰されそうになった。夏が終わり同じ街でひとりの猥褻犯が逮捕された。[…] ぼくは自分の罪が、見知らぬ犯罪者の罪に含まれて消えることを祈った。(14)

そう、報道の中で逮捕されたひとりの猥褻犯とは、明らかに宮崎勤のことを指している。一九八八年から一九八九年にかけて起きた、東京・埼玉連続幼女誘拐殺人事件の犯人。

葦船が抱え込んだ「罪」は、「父」としての実存を不断に脅かす。たとえば、「罪」の記憶に苛まれた夜、葦船は自身の娘の風子を犯し、妻の友梨花を殺害する夢を見る。まるで、「罪」を引き受けるためには、夢の中で娘を犯し、妻を殺す必要があった、とでもいうかのように。

「罪」を抱える限り、「家族」の維持も、「父」としての実存も、ともに自壊せざるを得ない。物語は、葦船が過去の「罪」を償い、「家族」を再生させるために警察署に入っていくシーンで終わる。

なぜ二〇〇九年に刊行された小説作品において、一九八九年に起きた宮崎勤の事件が暗に言及されているのか。葦船は、あるいは東の分身は、自身のある部分を宮崎勤と重ね合わせていたのだろうか。事件当時、東京・埼玉連続幼女誘拐殺人事件は「オタク」による事件（宮崎はおたく・ロリコン・ホラーマニアとして報道された）であったことも注目された。現に漫画編集者でもある大塚英志などは、この事件に衝撃を受けて『Mの世代――ぼくらとミヤザキ君』という中森明夫との対談本を緊急出版している。

ここにおいて、先に見てきた「オタクから遠く離れて」との共振性が明らかになる。東にとって、オタクとしての自分は、どこか宮崎勤的なものを引き受けてしまっているのではないか、という実存的不安と隣合わせのものとしてあったのではないか。だからオタク的（＝未成熟）な自己はなるべく抑圧して、代わりにフォーマル（＝成熟）な批評家としての自己によってもうひとりの自己を糊塗しようとした。そうした己の内的葛藤を視覚的に表現してみせたのが「オタクから遠く離れて」に結実した文章形式だった、としたら。

だから東浩紀が「コンスタティヴ」と「パフォーマティヴ」というイギリス言語行為論が用いる概念をみずからの批評に導入したのには必然性があった。そもそも、東が自身の仄暗い（と受け取られかねない）一面を、批評や小説といった形式で表現するという営為自体が一種のパフォーマティヴな戦略なのだ。かくして、東浩紀は批評家というパフォーマーになった。「父」を演じるために。自身の内なる「子」を隠すために。

＊

代々反復されてゆく「批評という病」、あえて言えば私はそれを記述し続けてきたともいえる、この原稿を通して。それはまた、小林秀雄が「宿命」と呼んだものだったかもしれない。

柄谷にとって「父」になることは不可能であった。そうした実存（の不可能性）が、同時期の理論的な仕事、すなわち基礎づけの必然的破産を執拗に説く批評テクストにおいてパフォーマティヴに示されている。アメリカから帰国した八〇年代前半の柄谷行人、すなわち家族がすでに危機に貧していた時期の柄谷は、（東による要約を借り受けるならば）西洋的な思考一般を既定する建築化＝形式化＝基礎づけへの意志をさまざまな学問領域から取り出し、それらの企図の必然的破産を執拗に説いていた。

だが、この〈外部〉に出るために〈内部〉を徹底的に掘り下げて自壊に導くという戦略は、結局のところそれもひとつの罠であり〈外部〉のない自閉でしかなかったことが明らかになる。端的にいえば、このとき柄谷はまさしく「危機」の最中にあった。柄谷はまた、この時期にアメリカで精神分析を受けていたことを一九八四年に行われた村上龍・坂本龍一との鼎談の中で打ち明けている。柄谷は理論的にも精神的にもデッドロックに乗り上げてしまったわけだ。柄谷が完全に「治癒」するには、ウィトゲンシュタインと言語ゲームを導入し、垂直方向ではなく水平方向に自閉空間を抜け出ていく『探究』シリーズに取り掛かるのを待つ他ない。

＊

パフォーマティヴな批評。それは、「父」は虚構であり不可能であると了解しつつも「父」を演じる他ない、だがその一方で「母」に依存する「子」という構図をどこかで温存し続けてしまう男たちによる営み＝アイロニーとしてあるのかもしれない。

「子として死ぬだけでなく、親としても生きろ」。これが、東浩紀が『観光客の哲学』の結部で示した結論だった。もちろん、東自身も念を押すように、ここでの親は生物学的な親を必ずしも意味しない。たとえば、東が設立した株式会社ゲンロンは、東による疑似家族を形成する試みであったといえよう。もちろん家父長は東自身である。

たとえ不可能であったとしても、あるいは偽りであったとしても、内なる「子」と葛藤しながら「父」としてパフォーマティヴに振る舞うこと。振る舞い続けること。それが、日本の批評という営みの遺伝子に取り憑いたオブセッションであった、としたら……。

だが、それも所詮は家父長制という土俵の上で演じられたゲームにすぎない、と言ってしまうこともできる。家父長制の外部にはまた別の、未だ名付けられたことのないゲームが存在するはずだ。それを果たして「批評」と呼ぶかどうかは、私の後に来る人々に任せる他ないのだが。

それと、ここまで読み進めてきた読者は、この文章がある種の自己言及的な構造を備えていることに気づくかもしれない。たとえばこの点について、この文章が載った『文藝』二〇二三年春季号の責任編集を務める水上文は拙稿掲載前に次のように指摘していた（以下、水上による拙稿へのコメントの一部に私が適宜アレンジを加えたものを引用する。決して厳密な引用とはいえず、したがって文責はすべて私にある）。すなわち、〈木澤が引用してきた丹生谷貴志の議論、あるいは大塚英志による江藤淳読解、そして江藤淳による小林秀雄読解は、どれも「父になれない男性批評家が同じく父になれない悩みを抱える男性批評家を解読する」形になっていた。そして、木澤は東浩紀の小説と議論をその手法を用いて読み解いたが、たとえば柄谷の議論を実存の側から読み解き、「父」になれない悩みとして解読することは、当の東浩紀が『現代日本の批評 1975-2001』の中で行っていたことだった。要するに東は柄谷の「私生児」としてそれを行うわけだが、木澤は東の柄谷に対する読解を反復するように東の「私生児」（！）としてここで議論していた、というわけである。つまり、「不可能な父を演じること＝パフォーマティブな批評」だとすれば、ある意味では「私生児」として男性批評家たちの「父になることの失敗」を読み解いていくことはその一部であって、この論考自体が「家父長制という土俵の上で演じられたゲームにすぎない」批評を批判的にまなざすようでありながら同時にその系譜を引き継いで再演させるパフォーマンスになってしまっている、という自己言及的な循環構造がある〉、と。そして、あるいは言うまでもなく、こうしたパフォーマティブな自己言及性すらも、東浩紀の『存在論的、郵便的』の退屈なパスティーシュにすぎない、としたら……。「しかしこの一連の試論を終えたいま、僕はまさにそれが罠だったと感じている」[15]

結局、この自己言及の罠から逃れることはできない。もしかしたら、それこそが「宿命」の意味なのかもしれない。「それゆえ突然ながら、この仕事はもう打ち切られねばならない」[16]

しかし、登り終わったのちに打ち捨てられるべき梯子のように、あるいは海原において進むべき方向を照らし出す灯台のように、「向こう側」を指し示すことはできる。そのためにも、やや唐突になるが、冒頭で引いた『天馬空を行く』から、主人公の弓子＝冥王まさ子の言葉を引用してさしあたりの結語の代わりとしたい。というのも、彼女の言葉には、男たちのロゴスから決定的に逸脱したロゴスが存在しているように思えるからだ（そして、逆説的にもそれが男たちのロゴスから逸脱している限りにおいて、「男たち」によって規定された「女たち」といったカテゴリーからもそれは逸脱していくだろう）。あるいは言い換えれば、それは家父長制の外部にある言葉に違いないのである。

あたしは自分を女だとなんか思っていないんだからね。あたしは女でも日本人でも何者でもないんだ。規定できないもの、未だ成らざるものなんだ。自分を何者かだと思い込んでいる人間はそれで行き止まりなんだよ。あたしは何者でもない、あたしはこれから自分を産み出すんだ。つぎつぎに新しい自分を産みつづけるんだ。お前たちはもう産んでやったんだから、あとは勝手に育てばいいよ。お母さんは自分を産んで育てなきゃならないんだ。わかったか。[17]

## 註

（1）冥王まさ子『天馬空を行く』河出文庫、一九九六、三一—三二頁。
（2）同右、五四頁。
（3）柄谷行人「解説」『天馬空を行く』四一七—四二八頁。
（4）同右、四一九頁。
（5）同右、四一九頁。
（6）丹生谷貴志『家事と城砦』河出書房新社、二〇〇一、二〇五頁。
（7）冥王前掲書、一四六頁。
（8）佐々木中『仝：selected lectures 2009-2014』河出文庫、二〇一五、六五頁。
（9）同右、二一〇頁。
（10）同右、一〇七頁。
（11）江藤淳『小林秀雄』講談社文芸文庫、二〇〇二、二一—二二頁。
（12）大塚英志『江藤淳と少女フェミニズム的戦後』ちくま学芸文庫、二〇〇四、三八四頁。
（13）同右、四五頁。
（14）東浩紀『クォンタム・ファミリーズ』新潮社、二〇〇九、一八三—一八四頁。
（15）東浩紀『存在論的、郵便的——ジャック・デリダについて』新潮社、一九九八、三三七頁。
（16）同右、三三五頁。
（17）冥王前掲書、三六九頁。

# Ⅲ　現実としてのここではないどこか

## 1　ダークの系譜　ヨーロッパ新右翼から暗黒啓蒙へ

オーストリア自由党は、一九八六年にイェルク・ハイダー（Jörg Haider）が党首に就任して以降、急速に勢力を拡大した。自由党とハイダーが提起するのは「郷土を求める権利」である。ハイダーは、「外国による影響から自分を守る権利」を、オーストリアにおける少数派民族を含むすべての民族が有する、と主張する。ただし、これとまったく同じ権利をオーストリア民族も有する、と付け加えるのを忘れない。ハイダーは、いわゆる民族多元主義の論理を、多数派民族《マジョリティ》であるオーストリア民族にも適用させることで、多数派民族による「差異への権利」を主張する。ここから導かれるのは、民族や文化の混合の拒否、言い換えれば多文化社会の否定である（実際、ハイダーはケルンテン州知事在任中に、スロヴェニア系少数民族との混住地域における二言語教育を廃止した）[1]。ハイダーは次のように述べている。

多文化社会の実験は、どこでも成功していない。それを試みたところでは、どこでも、測りしれないほどの社会問題や、ゲットーやスラムの形成、高い犯罪率、社会的騒乱、などがもたらされた。アメリカ合衆国がそのよい例である[2]。

オーストリア自由党は、オーストリアにおけるヨーロッパ新右翼（New Right）を代表する政党と見なされている。一九八〇年代中頃を境とするヨーロッパ新右翼の台頭は、単なるナチズムやファシズム勢力のリヴァイヴァルではなく、ヨーロッパ諸国における右翼勢力内部での新旧交代を象徴する出来事であったとされる。

新右翼を旧右翼と分け隔てる特徴はいくつか挙げることができるが、ここではとりわけ「多元主義」に言及しておきたい。新右翼は「差異への権利」を主張し、種を異にするものの「棲み分け」の権利を主張する（分離主義）。これは外国人の立ち入りや共生を排斥するという意味では、リベラリズムにおける「多文化主義」とは明らかに様相を異にする。それでも、旧来的右翼のように「民族共同体」への結集を呼びかけないという点で、やはり何か新しい右翼思想の胎動がそこに認められたのである。(3)

＊

ヨーロッパにおいて最初に新右翼の台頭が確認されたのはフランスだった。国際政治学者の畑山敏夫は『フランス極右の新展開——ナショナル・ポピュリズムと新右翼』の中で、ジャン＝マリー・ル・ペン（Jean-Marie Le Pen）率いる国民戦線の勢力拡大の背景には、一九八〇年代におけるフランス政治の変容と危機が横たわっていると指摘する。二度にわたる石油危機、社会党政権の実験の挫折、失業の倍増、低賃金での雇用形態の増加、等々。保守から左翼への、そして左翼から保守への相次ぐ政権交代によっても社会・経済的危機は克服されず、政治代表に対する国民の信頼は急速に失われていく（民主主義への信頼性の低下、選挙での投票率の低下）。こうした「代表制の危機」は、伝統的な左右の政党への不信として顕在化する。左翼—右翼といった伝統的な対立軸自体が意味を失っていく中で、左右の水平軸に代わって、垂直軸が政治空間において前景化してくる。いわゆるポピュリズム政党の躍進である。(4)

ポピュリズム政党は、エリート対庶民の構図を打ち出し、政治自体から排除されているという感覚を強めている市民感情に訴えかける。国民戦線（ＦＮ）の台頭も、明らかにこうした現象から養分を得ている。「彼らは、左右の既成政党を痛烈に批判し、民衆の感情と利益を唯一代表する政党として、既成政党に飽きたらない有権者にアピールし、国民の中にある不満と幻滅を、異議申し立ての政治的行動に誘導することに見事に成功する。ＦＮの成功は、フランスの政党システムの危機の表現であり、政治的代表システムの行き詰まりの表現でもあった」(5)

移民問題も、国民戦線の台頭に影響を与えたファクターとして当然無視できない。移民労働力は、高度経済成長期のフランス社会にあって不可欠な存在だった。しかし、一九七三年の石油危機に端を発する世界的不況を転換点として、移民を取り巻く環境は激変した。外国人嫌悪《ゼノフォビア》の活性化、人種主義的言動の顕在化。移民の存在が可視化され、社会問題化し、そして政治化されていった。畑山は、国民戦線は一九八三―八四年にかけての諸選挙で目覚ましい躍進を遂げるが、その背後には移民問題が作用していた、と指摘する。ルペンは、フランス社会の抱える諸問題――失業、犯罪の増加、重税、社会保障財源の逼迫、等々――の原因を移民に押し付けたのだ。(6)

国民戦線の思想の核心部分を探るためには、その背後にある「新右翼（Nouvelle droite：以降ＮＤ）」と呼ばれるフランスにおける極右の思想潮流を確認しておく必要がある。

ＮＤは様々なグループ、サークル、雑誌のネットワークから成っているが、その中心となる団体が一九六八年に結成された「ヨーロッパ文明調査研究集団（GRECE）」であった。畑山は、新しい右翼を名乗るNDの「新しさ」を二つの点に求めている。一つは、彼らが旧右翼の失敗を新しい歴史的状況に適合する方法論を生み出せなかった点に求め、社会の諸要求に適合する新たな言説形態と方法論の形成を目指した点。もう一つは、政治的実践の領域ではなく、知的領域での変革を期して「メタ・ポリティック」な領域にその活動の中心を定めた点である。(7)

「メタ・ポリティック」の次元を焦点とする際に彼らが参照したのが誰あろうイタリアのマルクス主義者アントニオ・グラムシ（Antonio Gramsci）であった（この点にNDのユニークさがある）。NDの中心的イデオローグのアラン・ド・ブノワ（Alain de Benoist）は「右翼グラムシ主義」を掲げ、政治社会を直接支配する機能を獲得する以前に、市民社会におけるヘゲモニー機能を掌握するべきであるとするグラムシのテーゼを自身の運動に援用した。具体的には、それまで左翼陣営によって占められてきたイデオロギー的・文化的領域でのヘゲモニーの奪還、すなわち文化的・知的陣地の体系的占拠（出版活動、講演会の開催、地方サークル・系列諸団体の組織化など）と、メディアと政治的エリートたちへの浸透を戦略的軸とする「メタ・ポリティック」な活動が志向される。七〇年代初頭の時点で、NDの機関誌の後援委員会、シンポジウム、研究集会などに知識人エリートが結集し、他方で大手雑誌の編集の掌握、保守政治家の思想的取り込みなどを通じて、メディアと政界への浸透も一定の成果を収めていた。(8)

以下では、フランスの知識人エリートや保守政治家を惹きつけたNDとその中心的イデオローグ、ブノワの特異な思想について概観していく。この作業は現在の私たちにとっても重要であると思われる。というのも、ブノワ（と新右翼）の思想は時代と空間を超えて、二〇一〇年代のアメリカで台頭してきたオルタナ右翼（alt-right）や以前の章で紹介したインテレクチュアル・ダークウェブにも遠からず影響を与えているからである。

ＮＤ＝ブノワの思想の諸特徴は多岐にわたるが、さしあたり本稿での議論と関わる点だけを取り出すならば以下の四つの点に絞られるだろう。すなわち、①普遍主義・平等原理の否定、②多元主義、③エリート主義的志向、④生物学的リアリズム、である。

### ①普遍主義・平等原理の否定

畑山によれば、ＮＤ＝ブノワは、平等主義・普遍主義――ヨーロッパ近代が育んできた中心的価値《セントラルドグマ》――を現在のヨーロッパが陥っている「デカダンス」の根本原因として根底から否定せんとする。ユダヤ・キリスト教によってヨーロッパに持ち込まれた平等主義は、本来ヨーロッパにとって異質であり、また一神教的な絶対唯一の真理を含意する普遍主義は全体主義の元凶でもあるとして否定される（中でもマルクス主義とリベラリズムが全体主義に近接した思想として指弾される）[9]。ここから、近代的諸価値を否定すると同時に、キリスト教以前の異教社会を理想像として掲げる復興異教主義《ネオペイガニズム》的な態度が導出される。この点については、イタリアの反動哲学者でオルタナ右翼にも霊感を与え続けているユリウス・エヴォラ（Julius Evola）との共振性が認められるが、ここでは措く。

②多元主義

一神教的な普遍主義・平等主義の代わりに彼らが中心的価値として掲げるのが「多様性」である。NDは、必然的に全体主義へと帰結し多様性を否定する平等主義・普遍主義思想の還元主義的性質を批判する。また、こうした多様性の強調の背後には、人間にはその存在に意味や価値を付与する相対的に閉鎖的な「文化」の枠組みで生きているとするNDの文化相対主義的なコンセプトが存在する。[10] ND以外のヨーロッパ新右翼にも共通して見られる「棲み分け」と（人種的）「差異」への権利を主張する「多元主義＝分離主義」的な戦略の理論的背景には、このようなアンチ平等主義・アンチ普遍主義に立脚したスタンスが認められる。とはいえ、身も蓋もないことを言えば、以上のような理路は「差別」のロジックを「差異」と「多様性」のロジックによって糊塗することを試みる政治的レトリックに過ぎないと言うこともできる。事実、「差異」を重視するNDの（一見するとリベラルな）「多元主義」は、集団的アイデンティティの保全を至上命題とし、集団的純粋性の神聖化、文化的距離の確保や肉体的・文化的混淆の拒絶、さらには集団にとっての「異分子」である移民の排斥や隔離を積極的に肯定する排外主義的論理に帰着するのである。[11]

③エリート主義的志向

リベラルな平等主義を批判するND＝ブノワが代わりに顕揚するのが、ニーチェからの影響が認められるエリート主義的な歴史観である。彼らは、強い意志と能力を持った「超人」によって歴史が創られると考える。ニヒリズムとデカダンスが瀰漫する現代ヨーロッパにあっては、超人的ヒロイズムによる「力への意志」のみが歴史に意味と方向を与えうる。エリートは歴史の運命を導き、ヨーロッパをデカダンスから救うことができる。ここから、人間の生来的素質や能力の差異を肯定し、エリートと大衆のヒエラルキーを当然の前提とする能力主義《メリトクラシー》の称揚が必然的に導かれる。(12)

④生物学的リアリズム

ND＝ブノワは、自身の反平等主義やエリート主義を正当化するために、しばしば遺伝学を始めとした生物学や動物学の知見を動員する。(13) 科学的意匠をまとった上で人種主義的言説を展開してみせるという点で、後述するオルタナ右翼による「人間の生物学的多様性」のレトリックとも通底しているとみなせる。

＊

長々とNDとブノワの思想を確認してきたが、実は以上の理路は現在のアメリカを席巻しつつあるオルタナ右翼や新反動主義（Neoreactionary）の理論家の言説や戦略にもほぼ同様の形で見られるものである（ここに至って、冒頭で引いたハイダーの発言において、アメリカ合衆国が多文化社会の実験に失敗した国として引き合いに出されていることの示唆性が垣間見えてくる）。

ここでは一例としてイギリスの哲学者・ブロガーのニック・ランド（Nick Land）を挙げておく。二〇一二年、ランドは自身のブログ上で公開したテクスト「暗黒啓蒙」（邦訳：『暗黒の啓蒙書』）のとある箇所で、保守派ジャーナリストのジョン・ダービーシャー（John Derbyshire）のインタビュー記事を引用している。その中でダービーシャーは以下のような発言をしている。

この件にかんしていま私自身が感じているのは、たとえば次のようなことです。つまり、現状を見ずに楽観し、間違った考えや期限ぎれの理論にいつまでも固執して、私のような人間にたいして悲鳴や呪詛の言葉を向ける。そんな態度の奥底には、深く冷たい絶望があるのだとおもうのです。心の底で私たちは、人種間の調和がもたらされるとは考えていない。だからこそ分離へと向かう動向が存在しているのです。私たちはむしろ、おたがいに離れて暮らしたいと考えている。(14)

ダービーシャーの発言中にある「この件」とは、彼が保守派大手の論説誌『ナショナル・レヴュー』から解雇されたスキャンダルの件を指している。発端は、ダービーシャーが二〇一二年四月五日、保守派のウェブメディア『タキズ・マガジン』に寄稿したエッセイ「例の話《ザ・トーク》――非黒人版」に寄せられた非難であった。ダービーシャーは件《くだん》のエッセイの中で、統計学を援用して白人に対する黒人の犯罪率の高さを指摘した上で、子どもたちに対する実践的な助言という形式で、「個人的に知らない者が一人でもいる黒人の集団には近寄らないこと」、「黒人が住む地域は避けること」といった人種主義的な主張を行っていた。(15)

ダービーシャーはこのエッセイが原因で『ナショナル・レヴュー』を解雇されることになるわけだが、彼のエッセイの背景には、言うまでもなく二〇一二年二月二六日に発生した、黒人青年トレイヴォン・マーティン（Trayvon Martin）が自警団のヒスパニック青年ジョージ・ジマーマン（George Zimmerman）に射殺された事件が横たわっている（この事件に対する抗議運動が、翌二〇一三年から本格化するBlack Lives Matter運動に結実していく）。

ランドの「暗黒啓蒙」は、トレイヴォン・マーティン射殺事件に対する抗議運動の高まりの中で執筆された。ランドは事件に対する左翼と右翼双方の反応を横目にしながら、とりわけダービーシャーの人種主義的なエッセイに着目する。彼はそこに、左右の対立からなる「人種問題」の出口《イグジット》へと向かおうとする衝動、言い換えれば社会の積極的な脱連帯化《ディスソリダリゼーション》へと向かおうとする衝動を見出すのである。またそれは必然的に、ランドと新反動主義者らが〈普遍主義〉、あるいは〈大聖堂《カテドラル》〉と呼ぶ、一神教的なリベラリズムによる惑星規模の支配《ヘゲモニー》の外部を指し示すのを意味するであろう。

ランドが〈大聖堂《カテドラル》〉の支配力を示す徴候として挙げてみせるのは、あらゆる人間は生まれながらに平等であるとするリベラリズムの「教義」である。この「教義」に反する者は、「政治的に正しくない《ポリティカル・インコレクトネス》」としてあらゆる陣営の社会的エリートたちから断罪されるであろう。一方、ランドはダービーシャーやオルタナ右翼の論客――〈大聖堂《カテドラル》〉の奉ずるリベラルで進歩的な諸価値から疎外された「厄介な」者たち――が持ち出す「人間の生物学的多様性（Human Biological Diversity：HBD）」の議論の中に、「原罪」としての人種問題の出口《イグジット》へと向かう暗黒啓蒙の衝動を見いだす。

「人間の生物学的多様性」は、オルタナ右翼系のジャーナリストであるスティーブ・セイラー（Steve Sailer）の言論活動によってオルタナ右翼系コミュニティの間で広く知られるようになった。人種間の知能や能力には生来的な差異がある、といった人種主義的主張を統計学や遺伝学、進化生物学などの科学的意匠を根拠付けとして用いることで正当化しようとする、というのが「人間の生物学的多様性」のさしあたっての要約であるが、人間は生来的に異なっているという科学的主張を特定の集団に適用するにあたっては、わけても集団遺伝学からその発想を得ていると思われる。『科学の人種主義とたたかう』の著者アンジェラ・サイニーによれば、集団遺伝学それ自体は、第二次世界大戦後に従来の人種科学と優生学に背を向けるための試みとして生まれたという。

「一九五〇年代と六〇年代に、遺伝学者が人種について語るのをやめたとき、研究者らは代わりに「集団《ポピュレーション》」や、これらの集団間の「人間の差異《ヒューマン・ヴァリエーション》」や、こうしたグループ内で見られる特定の遺伝子の「頻度《フリークエンシー》」に関心を向けるようになった。それは人間の違いを研究するためのより厳密で、分子レベルの数学的な手法だった[16]」

たとえば集団遺伝学の研究者たちは、山岳地帯などの孤立した地域に住む「孤立集団《アイソレーツ》」、言い換えれば血統が長いあいだ隔離されたために遺伝的に特殊であると考えられた人々に注目した。彼らのゲノムを研究することで、歴史的な移住のパターンや、人間がいかに進化し適応してきたかを見抜く知見を与えてくれるのではないかと考えられた。やがて研究者らは、世界を旅してさまざまな民族の出身者から多くの遺伝データを集めることを目的とする「ヒトゲノム多様性プロジェクト」を一九九一年に立ち上げた[17]。

だが、「ヒトゲノム多様性プロジェクト」は、誰の耳にも快く聞こえたわけでなかった、とサイニーは述べる。

つまるところ、一九世紀であればこれはまさしく人種科学と呼ばれていたのではないかと、訝しまずにはいられなかったのだ。ヒトゲノム多様性プロジェクトはもちろん、技術面でより正確であり、より科学的だった。肌や髪の色をサンプルを取ったり、人種で人びとに序列をつけたりするわけではない。使われるのは遺伝子だったのだ。だが、ある面では、これは一〇〇年前の人間の違いの研究とほとんど見分けがつかないものだった。「人種」という言葉は用心深く「集団《ポピュレーション》」と置き換えられ、「人種的な違い」は「人間の差異《ヒューマン・ヴァリエーション》」となっていたが、これは昔のあの創造物と怪しげに似通って見えはしなかったか？(18)

この、人間の遺伝子に関する統計学的な「集団」手法は、現在のオルタナ右翼らが支持する「人間の生物学的多様性」へと、よりあからさまにダークな方向へと「進化」を遂げた。また一方で、「人間の生物学的多様性」のイデオローグであるセイラーは、白人男性によるアイデンティティ・ポリティクスの熱心な推進者としても知られる。アメリカの黒人やヒスパニックのような少数派民族が自分たちの権利を主張し、利益を守れるのであれば、プアホワイトと呼ばれる低賃金で働く白人労働者たちにはなぜそれができないのかと、彼は論じた。(19)

本来はマイノリティの権利闘争のための戦略であったはずのアイデンティティ・ポリティクスを、マジョリティである白人の側に適用しようとする身振りには、ヨーロッパ新右翼が「差異」や「多様性」といった、従来は左翼のボキャブラリーであった「相違への権利」を平等主義に対する攻撃の武器として利用（転用）した戦略を想起させるものがある。

こうした、左翼のものであった戦略を右翼が簒奪して我有化する、といったケースは現在いたるところで見受けられるものであるが、その最初の記念すべき成功例は、やはりA・ド・ブノワが掲げた「右翼グラムシ主義」であろう。現在、「右翼グラムシ主義」のヘゲモニー戦略はオルタナ右翼に受け継がれている。とはいえ、イデオロギー的な陣地戦が行われるのはもはや出版メディアやテレビの中ではない。インターネット、とりわけSNSである。かくして無数のミームが製造され、拡散される。人畜無害なカエルのキャラクター（カエルのペペ）はオルタナ右翼の聖像《イコン》というシニフィエによって上書きされ、変異を繰り返しながらネット空間を伝播していく。

＊

ニック・ランドや新反動主義者らは、人種の分離主義＝社会の脱連帯化《ディスソリダリゼーション》の加速を「人間の生物学的多様性」の議論などを援用しながら掲げてみせるわけであるが、その際にリベラルな平等主義や民主主義のヘゲモニー支配＝〈大聖堂《カテドラル》〉の弊害が説かれる（それに対する対症療法として彼らが顕揚するのがリバタリアン的な能力主義《メリトクラシー》である）。だがこうした理路は、移民を排斥するためのロジックとして「差異」への権利を主張する「多元主義」を持ち出し、それと相反する平等主義・普遍主義を抑圧的な画一主義として攻撃してみせるヨーロッパ新右翼の手つきと深く通づるものがある。

このように、昨今の右派はかつてのそれと異なり、ことさらに「全体主義」的な主張を掲げることを避ける傾向にある。むしろ、かつてなら左翼陣営が唱えていたような「相対主義」や「差異」や「多様性」といったボキャブラリーに訴えかけている。

西洋による普遍主義＝啓蒙の非西洋に対する押し付けを「ヨーロッパ中心主義」であると批判し、返す刀で文化の多様性や相対性を寿ぐのはポストモダン左派の専売特許ですらあった。だがすでに情勢は推移している。私たちは今や右派による「相対主義」に直面しているのである。

それとも、私たちはふたたび「普遍」に目を向けるべきなのだろうか。ヨーロッパ中心主義的ではない、諸々の特異性や差異をその中に折り畳んだ「普遍」、なおかつすべての人間に等しく分有されてある「普遍」、そのような「普遍」にもとづく連帯の形を、私たちは見つけ出すことができるのだろうか。

## 註

（1）村松恵二「オーストリアの新右翼――「合意民主主義」の危機とオーストリア自由党の躍進」、山口定・高橋進編『ヨーロッパ新右翼』朝日選書、一九九八、二〇九頁。
（2）同右、二〇九―二一〇頁。
（3）山口定・高橋進編『ヨーロッパ新右翼』二八頁。
（4）畑山敏夫『フランス極右の新展開――ナショナル・ポピュリズムと新右翼』国際書院、一九九七、二六―二八頁。
（5）同右、三〇―三一頁。
（6）同右、四八―四九頁。
（7）同右、一五六―一五七頁。
（8）同右、一五七―一六二頁。
（9）同右、一六五―一六七頁。
（10）同右、一六四―一六五頁。
（11）同右、一六六頁。
（12）同右、一六九―一七〇頁。
（13）同右、一七〇頁。
（14）ニック・ランド『暗黒の啓蒙書』五井健太郎訳、講談社、二〇二〇、一二三頁。
（15）同右、訳注（一六七）、一七一頁。
（16）アンジェラ・サイニー『科学の人種主義とたたかう――人種概念の起源から最新のゲノム科学まで』東郷えりか訳、作品社、二〇二〇、一六九頁。
（17）同右、一七〇―一七一頁。
（18）同右、一七二頁。
（19）同右、一六五頁。

# 2　一九八四年のメタバース

兄弟たち、わたしはこう言いたいのです。肉と血は神の国を受け継ぐことはできず、朽ちるものが朽ちないものを受け継ぐことはできません。／わたしはあなたがたに神秘を告げます。わたしたちは皆、眠りにつくわけではありません。わたしたちは皆、今とは異なる状態に変えられます。／最後のラッパが鳴るとともに、たちまち、一瞬のうちにです。ラッパが鳴ると、死者は復活して朽ちない者とされ、わたしたちは変えられます。／この朽ちるべきものが朽ちないものを着、この死ぬべきものが死なないものを必ず着ることになります。／この朽ちるべきものが朽ちないものを着、この死ぬべきものが死なないものを着るとき、次のように書かれている言葉が実現するのです。「死は勝利にのみ込まれた。／死よ、お前の勝利はどこにあるのか。死よ、お前のとげはどこにあるのか」

——コリントの信徒への手紙一　15・50–55

電脳空間《サイバースペース》。日々さまざまな国の、何十億という正規の技師や、数学概念を学ぶ子供たちが経験している共感覚幻想——人間のコンピュータ・システムの全バンクから引き出したデータの視覚的再現。考えられない複雑さ。光箭が精神の、データの星群や星団の、非空間をさまよう。遠ざかる街の灯に似て——

——ウィリアム・ギブスン『ニューロマンサー』(1)

ジョージ・オーウェルが幻視した陰鬱な近未来監視ディストピアの舞台は一九八四年に設定されたが、一九八四年という年はメタバース史（というものがあるとして）にとっても実は重要な意味合いを含んでいる。たとえば、Meta（旧Facebook）の創業者マーク・ザッカーバーグの生まれた年は一九八四年であり、また、VR（バーチャル・リアリティ）のパイオニアともいえるジャロン・ラニアーが友人らとともに最初のVRスタートアップであるVPLリサーチを設立したのも一九八四年だ。

メタバースの周辺でも一九八四年は様々な重要な出来事が起こっている。アップル社のスティーブ・ジョブズがマッキントッシュを発表した年であること。サイバーパンクの旗手ウィリアム・ギブスンが長篇小説『ニューロマンサー』を発表した年であること。『スノウ・クラッシュ』で「メタバース」という言葉を生み出したポスト・サイバーパンクの旗手ニール・スティーヴンスンがデビュー長篇『Big U』を発表した年であること、等々……。

これら、多かれ少なかれ現在のメタバースに関わってくる事象が一九八四年という一年間に集中しているという共時性《シンクロニシティ》には目を見張るものがある。試みに、まずはマッキントッシュの劇的な登場から見てみることにしよう。マッキントッシュの登場には、そもそもオーウェルの『一九八四年』が実は無視し得ない役割を果たしていたことは意外と知られていない。

この年、Appleは新発売されるマッキントッシュのCM映像を製作した。監督したのは当時『ブレードランナー』や『エイリアン』ですでにブレイクしていた映画監督、リドリー・スコット。映像の世界観は、オーウェルの『一九八四年』を想起させる、憂鬱な管理主義体制のイメージで覆われている。灰色の制服を着て黙々と行進する無表情な人々は、ビッグブラザーのもとで抑圧される群衆そのものだ。そこにハンマーを持ったアスリート風の女性が颯爽と現れ、ビッグブラザーが映し出された巨大スクリーンに向かってハンマーを投げつける。そしてスクリーンの爆発とともに、次のようなメッセージが流れる。「一月二四日、アップル・コンピューターはマッキントッシュを世に出す。なぜ一九八四年が『一九八四年』にならないのか。その理由があなたにわかるだろう」

スティーブ・ジョブズの伝記の著者ウォルター・アイザックソンは、このCMの革新的意義について、次のように的確に要約してみせている。

このコンセプトは、パーソナルコンピュータ革命の時代精神にぴったりだった。当時の若い人々、とくにカウンターカルチャー系の人々は、オーウェル的な政府や巨大企業が個人を弱体化する道具としてコンピュータを見ていた。しかし、一九七〇年代末ごろから、コンピュータは個人に力を与えるツールになりうるとの見方が登場する。このCMは、後者を推進する戦士としてマッキントッシュを印象付けた。世界支配と完全なるマインドコントロールをめざす邪悪な巨大企業にただひとり立ち向かうヒーローとなるクールで反抗的な会社だとアップルを提示するものだったのだ。まさにジョブズの好みだった。(2)

ジョブズはこのCMを通して、トップダウンで管理される官僚システム(ここには当然ソビエト連邦と結びついた「冷戦」のイメージが絡んでいる)に対して、ボトムアップで形成される個人間の脱中心的ネットワークという価値観をアピールした。そして、そうした個人をエンパワーするためのツールが、マッキントッシュに象徴されるパーソナルコンピュータに他ならないのであった。

ソ連的／ＩＢＭ的な官僚主義にアゲインストする「反逆者」というジョブズが好んだ自己演出には、当時のハッカー的価値観が色濃く反映されている。たとえば、スティーブン・レヴィは著書『ハッカーズ』の中で、七つのハッカー倫理の内のひとつとして「権威を信用するな――反中央集権を進めよう」というのを挙げてみせた上で「絶対に要らないものは官僚主義だ」「官僚主義世界の典型は、インターナショナル・ビジネス・マシンズ、ＩＢＭという名の巨大会社に見ることができる」と主張している。[3] こうしたハッカー的価値観のルーツを辿ると一九六〇年代に端を発するカウンターカルチャーの精神に行き着く。逆から言えば、ハッカー文化は、カウンターカルチャーのスローガン「POWER TO THE PEOPLE」（民衆に力を）をコンピュータに適用してみせたのだといえる（そう、権力の分散化という発想は対抗運動の只中から生まれ出たのである）。実際、彼らにとって、パーソナルコンピュータこそは官僚主義を打破し民衆＝諸個人に力を与えてくれる武器に他ならなかった。

一九七〇年代、若きジョブズは当時のカウンターカルチャーの空気にどっぷりと浸かっていた。インドを放浪したり、サニーベール郊外の麦畑でＬＳＤを試したり、といったエピソードは前述のアイザックソンによる伝記でも詳らかにされているが、とりわけジョブズに生涯にわたる影響を与えたのが『Whole Earth Catalog』（以下『ＷＥＣ』）と呼ばれる雑誌の存在だった。

今ではよく知られたエピソードだが、ジョブズは二〇〇五年春のスタンフォード大学卒業式における学生らに向けたスピーチの中で、『WEC』を紙の時代におけるGoogleであったと紹介し、さらに『WEC』最終号の文言“Stay hungry, stay foolish”（ハングリーであれ、愚かであれ）を引用しながらスピーチを締めくくっている。そんなジョブズにとってバイブルともいえる存在であった『WEC』とは果たしてどんな雑誌だったのだろうか。

『WEC』はカウンターカルチャー全盛期の一九六八年、スチュアート・ブランドによってサンフランシスコ・ベイエリアにて誕生した。その当時、時代はまさしく価値観の転換期を迎えていた。若者たちは、一九五〇年代的な物質消費志向の生き方に背を向け、みずからコミューンを形成して自給自足の生活を試みようとしていた。その背景には、近代社会が生み出した諸々の矛盾——テクノロジーの負の側面や環境問題、そして戦争があった。六五年にはベトナム戦争がはじまり、徴兵制に対する反対運動が広がった。こうした中で、カウンターカルチャーを担うヒッピーたちは、現行の社会システムを脱して「オルタナティヴ」を目指すには意識の変革こそが重要であるという認識を抱き、かくして新しいライフスタイルを志向する運動がはじまった。

こうした時代精神の中で、ブランドは、新しい生き方を模索する読者が有用な情報や道具へ「アクセス」するためのツールとして『WEC』という雑誌を打ち出した。コミューン生活や自主教育といった、ヒッピーたちによる実験的ライフスタイルに役立つ道具や情報がカタログ形式で掲載され、それらひとつひとつに読者からの投稿を含むレビュアーのコメントが添えられていた。さらに、カタログには申込用紙が封入されており、郵送で商品を購入することができるシステムになっていた。

ブランドは『WEC』における「全地球（Whole Earth）」というコンセプトの着想を、バックミンスター・フラーとサイバネティクスから得ている。前者のフラーは、発明家、数学者、建築家、デザイナーなど数多くの肩書を持ち、とりわけジオテック・ドームで広く知られている人物だ。著書『宇宙船地球号』において地球を宇宙に浮かぶ宇宙船にたとえ、地球＝システム全体を意識する視点を提案することで、エコロジー思想にも影響を与えた。ブランドは、フラーから「全地球」という俯瞰した包括的視点から問題解決の視座を得るという発想を受け継いだ。(4) 後者のサイバネティクスは数学者のノーバート・ウィーナーが提唱した概念である。非常にざっくりといえば、ウィーナーはそこで人間とマシンをともに情報処理装置、ひいてはネガティブフィードバックにもとづく動的な自己組織化システムとして捉える視点を打ち出した。サイバネティクスは第二次大戦中に弾道制御の研究に端を発し、その後の情報理論や通信工学の基礎を築いた。その学際的な共同研究体制は、MITを経由して戦後のスタンフォード大学で広まり、冷戦秩序下のベイエリアにおける軍産学複合の研究開発体制を形成することに貢献したといわれる。(5) もちろん、ジョブズにも霊感を与えたXerox PARCのコンピュータ・テクノロジーもまた、そうした冷戦時代における軍産学複合体の遺産であった。

ブランドは、サイバネティクスのシステム論的な発想を『WEC』に取り入れた。すなわち、レビュアー（寄稿者）や読者を含めてひとつの全体論的＝ホリスティックなシステムとして雑誌を捉えたのだ。編集者と読者とが織り成す水平的なネットワークが情報のフィードバックを促す。『WEC』はそうした情報のプロセスが生成される動的な場なのだ（なお、バックミンスター・フラーもノーバート・ウィーナーもともに『WEC』の創刊号において紹介のページが割かれている(6)。

同時に、『WEC』はカウンターカルチャー内部におけるテクノロジー=機械に対する価値転換を促した、という意味でも計り知れない影響を残している。当時のカウンターカルチャーや学生運動において、コンピュータほど階層化され非人間化された官僚機構を象徴する機械はなかった。コンピュータは、軍部やIBMのような大企業に格納された、巨大で威圧的なメインフレームを想起させ、それは取りも直さず(IBMに象徴される)抑圧的な官僚主義テクノクラシーを想起させるものであった。

それに対して、サイバネティクスは人間とマシンを連続的なものとして捉える視座を提供した。サイバネティクスのネガティブフィードバックの考え方は、トップダウンで作動する中央集権的な官僚主義に奉仕するコンピュータ(機械)という見方を転倒させ、それ自体で自律的に作動する自己調整=自己完結的な人間—機械混成システムというヴィジョンを打ち出したのだった(こうした見方は、のちのインターネットにも繋がるコンピュータネットワーク研究の立役者であるJ・C・R・リックライダーによる「人間とコンピュータの共生」というヴィジョンにも影響を与えている(7))。言うなれば、サイバネティクスを自身の内側に取り込んだ『WEC』は、ボトムアップによるインタラクティブなネットワーク的秩序創出のためのツールとしてコンピュータを捉えるというジョブズ的なヴィジョンの萌芽をすでに含んでいたのだった。カウンターカルチャーはサイバネティクスと出会うことで、垂直的階層やトップダウンの権力の流れではなく、エネルギーと情報のループする回路によって生成される生態学的システムのヴィジョンを見出した(8)。

『Counterculture to Cyberculture』（未邦訳）の著者フレッド・ターナーも述べるように、ウィーナー、フラー、マーシャル・マクルーハンといった『WEC』が紹介した著書を通して、カウンターカルチャーを担う若者たちは、物質的な現実を情報伝達システムとして捉えるサイバネティックな世界のヴィジョンに出会った。『WEC』の制作者と読者はともに、六〇年代の「政治の季節」が衰退したあとも、カウンターカルチャーとそれを担う個人をエンパワーするツールとしてのテクノロジーという構想を練り上げ、パーソナルコンピュータをはじめとするテクノロジーについての新たなパラダイムを形成する手助けをした[9]。

一九八四年はまた、『WEC』にとっても大きな転換点となる年であった。この年、ブランドは新たに『Whole Earth Software Review』を創刊し、コンピュータ／サイバーカルチャー方面に大きく舵を切った。また、この年にはハッカーやエンジニアが集まるフォーラム「The Hackers Conference」の第一回目がブランドとその仲間たちによって開催され、やはり同年に『ハッカーズ』を著しハッカー文化を広めることに貢献したスティーブン・レヴィをはじめ、スティーブ・ウォズニアックなどの重要人物が招待されている。

そして翌年の一九八五年に『WEC』スタッフらによってパソコン通信サービスWELL（Whole Earth' Lectronic Link）が設立された。WELLこそは現在でいう電子掲示板（BBS）やソーシャルメディアの先駆けともいえる電子会議システムを備えた「バーチャル・コミュニティ」であった。著名人も一般ユーザーも、低料金の会費を払えば誰でもオンラインの議論に参加することができた。それは、ユーザーたちの参加と自主管理によって場が相互作用的／再帰的に「共進化」していくという意味で、まさしくブランドが志向したサイバネティックに作動する自律的かつ自己調整的な有機的《オーガニック》マシン・システムであり、それは取りも直さず六〇年代のカウンターカルチャーが夢見た、「意識の共有」によるオルタナティヴなコミュニティのデジタル版に他ならなかった。一九九〇年、ジョン・ペリー・バーロウはWELLを評した文章の中で、「この静かな世界では、会話はすべてタイプされる。そこに入るために、身体も場所も捨て、言葉だけの存在になる」と述べた上で、このデジタル・フロンティアを表現する際に「サイバースペース」という言葉を用いた(10)。

もっとも、そこでは六〇年代のカウンターカルチャーとは明らかに何かが変質していた。少なくとも、WELLはヒッピーたちによる自給自足のコミューンとはいえない。カウンターカルチャー全盛時代からすでに一〇年余り、ほとんどの『WEC』の読者はメインストリームの社会に戻り、程度の差こそあれ、そこになじもうとしていた。そこでブランドは、コミューンのような外部に退却せずとも、社会変革は今いる場所でも実践可能であるという立場を示すようになった。今や、変革の可能性はヒッピーではなく独創的なハッカーとスタートアップ起業家の手に委ねられるようになったというわけだ。

かくしてWELLは、ハッカー、プログラマー、起業家、ビジネスマン、アーティスト、研究者、未来学者、リバタリアン、ジャーナリスト、テック産業界の関係者といった、ベイエリア周辺の多様なコミュニティを連結させるハブとして機能することとなった。

この時期の『WEC』におけるキーパーソンをひとり挙げるとするならば、それは間違いなくケヴィン・ケリーだろう。のちにニューエコノミー雑誌『WIRED』編集主幹となるケリーは、WELL

の初代編集長役（管理人）、『Whole Earth Review』の初代編集長（一九八四―一九九〇）をそれぞれ務めた。彼はブランドが築いてきたネットワークを受け継ぎ、WELLや「The Hackers Conference」周辺にたむろしていたベイエリアにおけるデジタル界隈の書き手たちを雑誌に次々と起用していった。

とりわけ、ケリーにとって格好のフロンティアであった分野こそがバーチャル・リアリティ（VR）に他ならなかった。一九八九年の夏号にはVRを体験した様子をルポした記事「Sticking Your Head in Cyberspace」を掲載し、続く秋号ではVRの父ジャロン・ラニアーへのロングインタビューを掲載した。

ラニアーはカウボーイの文化が色濃く残るニューメキシコ州で少年時代を過ごした。国境地帯には、福音主義者、プエブロ、カトリック、ヒッピー、UFOカルト、怪しげなシャーマンなどが集まり、独特のスピリチュアリティが瘴気のように立ち込めていた。[11] 一三歳の頃にはジオテックドームの設計を父親から任せられるなど、『WEC』的なカウンターカルチャーの精神も備えていた。そんなラニアーが最初に仮想現実の霊感を得た印象的な出来事が彼の自伝的著書『Dawn of the New Everything』（邦訳：『万物創生をはじめよう――私的VR事始』）の中で描かれている。

ニューメキシコに着いてすぐ、他の子供たちと知り合いになる前に、驚くべきことが起こった。ある晩、地元の電話システムが完全に壊れてしまったのだ。電話に出た人の声が、一斉に聞こえてくる。何百もの声が、遠くから聞こえたり、近くから聞こえたりする、ソーシャルな仮想空間が空中に浮かんでいた。今まで経験したことのないほど素晴らしい、子供たちによる仮初の社会が形成された。浮遊している子供たちは、互いに好奇心を持ち、友好的であった。見知らぬ子とのコミュニケーションも、現実世界ほどにはあわてずに済んだ。小さな男の子の声が、「世界中の女性を枕のように抱きしめてきたよ」と言った。しかも、近くに本物の女の子が浮かんでいる状態である。誰も起きていないはずの深夜、南京錠ひとつしか掛かっていない小さなベニヤ板の小屋に、私一人しかいなかったにもかかわらず。[12]

この、突如としてラニアーの目の前に立ち現れた、さながら幽体離脱した精神が浮遊し合う白昼夢めいたユートピア的空間は、まさしく彼にとってひとつの啓示であった。以後、ラニアーは人々が身体から自由になってコミュニケートできる仮想空間の技術構築に力を注ぐことになる。

一九八四年、ラニアーがVRスタートアップ企業VPLリサーチを立ち上げたのと同じ年、『CBSイブニングニュース』は三月二七日の放送の中で、米空軍が新たに開発した革命的なディスプレイ技術について報じた。ゴーグルを着けたエンジニアがカメラの前で、今やパイロットはグリッド状に描かれた「仮想空間《バーチャル・スペース》」に沿って飛ぶことができると説明した。事実、コックピットにおける人とマシンを介するインターフェイス——ヘルメット搭載式ディスプレイ——としての仮想空間の研究は、一九七〇年代以来アメリカ空軍のエンジニアたちによって積極的に推し進められてきた。もはやパイロットはコックピット下方の複雑な計器やディスプレイを扱う必要はない。ヘルメットの透明なバイザーに情報を直接投影するのだ。このパイロットの眼前に広がる仮想現実空間は、八〇年代後半には民間のVR技術の爆発的流行により、頭部装着式ディスプレイ（HMD）やデータグローブやデータスーツを着用することで、より身体的レベルで没入《ジャックイン》することが可能となった。(13)当時、三次元画像システム（仮想現実）の技術研究は、空軍の飛行シミュレーション装置やヘルメット搭載式ディスプレイの開発、MITのアーキテクチャー・マシン・グループ（メディアラボの前身）を中心としたCAD（コンピュータ支援設計）の技術開発、そしてシリコンバレーの民間VR企業によるデータスーツやデータグローブの開発など、地理的にもセクター的にも分散していた。そうした様々な領域にまたがる人々に、共通の未来を構築するプロジェクトに従事するコミュニティのメンバーであると想像させる契機を担ったのが、他ならぬ「サイバースペース」という概念であった。(14)

周知のように、「サイバースペース」はSF作家ウィリアム・ギブスンによって八二年初出の短篇「クローム襲撃」の中で「発見」され、続く八四年の長篇『ニューロマンサー』の中で「開拓」された。サイバースペース、それはコンソールとポータルを介した直接神経接続によって、この身体から解放されて「没入《ジャックイン》」することができるコンピュータ・ネットワークの、集積されたデータの光線がグリッド状にどこまでも広がる実体のないマトリクス空間。ギブスンは、コンピュータ・カウボーイが駆け巡るサイバースペースをサイバーパンクの言語と美学によって描写してみせた。

一九八八年、サンフランシスコのCADソフトウェア企業オートデスクは「サイバースペース構想」（のちに「サイベリア構想」に呼び替えられた）をぶち上げ、一万五〇〇〇ドルとPCがあれば誰でもサイバースペースへジャックインできる入り口を作ることを目標に掲げた。八〇年代を通して、「サイバースペース」は主にこれらの企業が開発を進めていたような仮想現実を表すタームとして定着した。このサイバースペースなる未知の開拓地《フロンティア》が、ベイエリア周辺のカウンターカルチャーと結びつくのは時間の問題といえた(15)。

たとえば、オートデスクは「サイバースペース構想」のプロモーションビデオに、LSDの伝道者ティモシー・リアリーを起用した。リアリーはそのPVの中で、預言者のような口ぶりで、「脳の中のどこかに、アクセスして、電源を入れて、始動させる必要がある、驚異と新奇さの宇宙がある。何千年かの間、そのような活動は、ヨガ、瞑想、舞踏、ドラッグ、神秘体験を通じて行われた」と語った(16)。サイバースペースへの没入《ジャックイン》は、まさしくそのような活動に匹敵する強烈な体験である、というわけだ。そんなリアリーは、一九八五年に「マインド・ミラー」と呼ばれる、ゲームの要素を取り入れた一種の性格診断を行えるコンピュータ・ソフトウェアを制作している。今やコンピュータこそがLSDに取って代わる意識拡大のためのツールであるというわけだ。

LSDなどの幻覚剤によるトリップとVR体験を比喩的に結びつけるのは当時における常套句ですらあった。一九九〇年一月、『ウォールストリート・ジャーナル』紙は一面に「VRはエレクトロニックLSDか?」という見出しでVRテクノロジーに関する記事を掲載した(17)。

六〇年代のカウンターカルチャーを虹色に彩った、意識の共有と拡大を手助けしてくれる超越主義的テクノロジーとしてのLSDは、九〇年代に至ってVRとパーソナルコンピュータに取って代わられた。この、サイケデリック・カルチャーとサイバー・カルチャーの融合は、サイバーデリック＝Cyberdelic（"psychedelic"と"cyber-"を掛け合わせた造語）という一語に象徴的に集約されている。

八〇―九〇年代のサイバーデリック・カルチャーを象徴する雑誌が『Mondo 2000』だった。

一九八四年に創刊されたベイエリアの雑誌『High Frontiers』（表紙には「幻覚剤、サイエンス、ヒューマンポテンシャル、不敬と現代アートについてのスペースエイジのニュースペーパー」と印字されており、ティモシー・リアリーやテレンス・マッケナへのインタビューが掲載されていた）(18)を始祖とし、一九八九年にタイトルを『Mondo 2000』と改めた。その創刊号には、サイバーパンクのヒーローであるウィリアム・ギブスン、ブルース・スターリングによる寄稿や、ハッカーやインターネットウイルスについての記事が掲載されている。

八〇年代といえば一方でニューエイジの全盛時代にあたり、ヨガやトランスパーソナル心理学がもてはやされ、シュタイナーやグルジェフが盛んに読まれた。そこでは、この物質世界は幻影《マーヤ》であり、その背後に存在する真の現実世界に至らなければならないと説かれた。ノンフィクション作家のトム・ウルフが「第三次大覚醒」と呼んだように、それらの中にはあからさまに宗教的／神秘主義的な要素が含まれていたのも事実だった。今や至るところにニューエイジのグルやテレビ福音伝道者が現れ、「内なる自己の中に真理を求めよ」と説いて回っていた。

ニューエイジ時代におけるカウンターカルチャーを象徴していたのが、第二章「魔女、ダンス、抵抗」で触れたジェネシス・P・オーリッジであったといえる。彼がテクノ異教主義的神秘主義秘密結社集団、テンプル・オブ・サイキック・ユース（TOPY）を立ち上げたのは一九八一年。一方で、オーリッジはアシッドハウスとレイヴカルチャーにコミットした最初期の一人となる。八〇年代末に全盛を迎えるレイヴ・カルチャーは、六〇年代のヒッピームーブメントのリバイバル、すなわちセカンド・サマー・オブ・ラブと呼ばれた。向精神作用のあるドラッグとしてＬＳＤの代わりにＭ

DMAが台頭し、セカンド・サマー・オブ・ラブの祝祭を彩った。

そんな中『Mondo 2000』は、ハッカー・カルチャーとレイヴ・カルチャー、ニューエイジの神秘主義とヒューマンポテンシャル運動、ヒッピーとテクノ異教徒《ペイガン》といった、六〇年代から九〇年代にかけての異なる衝動的文化を結びつけ融合させた。しかしフレッド・ターナーも指摘するように、この融合は別の次元では、体外離脱という共通の夢——電脳ニューエイジ的ヴィジョンを映し出していた。

二〇年ほど前にトリップ・フェスティバルに参加した人々にとって、LSDは体外離脱への危険な通路であり、群衆の中の他の人々と精神的な一体感を感じる機会であるように思えた。サイバーパンクの作家にとって、デジタルな人工器官は、使用者が自分の身体から逃れ、サイバースペースに入る機会を提供するものであった。たとえそのサイバースペースが『ニューロマンサー』のように危険で脅威的な領域であったとしても、それは美しく、奇妙で、魅力的なものである可能性があるのだ。[19]

『ニューロマンサー』の主人公ケイスは、肉体を離れた歓喜のために生きてきた。ケイスにとって、肉体に囚われることは原罪を意味し、ひいてはサイバースペースから追い出されることは楽園追放を意味していた。「体など人肉なのだ。ケイスは、おのれの肉体という牢獄に堕ちたのだ」[20]

ギブスンは、「ケイスの人格の鍵は、身体、つまり肉からの疎外感です」と語り、また別のインタビューでは、「ユダヤ＝キリスト教文化における精神と肉体という二分法についてD・H・ロレンスが書いた文章から得たアイディア」から敷衍して作品が書かれたとも語っている。[21] だが同時に、ここには、物質世界を否定し霊的世界への到達を目指すニューエイジ的発想も垣間見える。

少年であったジャロン・ラニアーが電話回線のネットワークを介して物質世界の制約から解放されたバーチャル空間を幻視してからこのかた、精神と肉体の二分法はニューエイジのみならずサイバーデリック文化をも貫く中心教義《セントラルドグマ》としてである。それは窮極的には、肉＝物質世界を否定し、精神＝霊的世界へと移行することで永遠＝不死を獲得するという千年王国思想的想像力のデジタルバージョンへと行き着く。すなわち、技術的特異点《テクノロジカル・シンギュラリティ》にまつわる言説がそれだ。たとえばマインド・アップローディングと呼ばれる、人間の意識を情報として抽出して、コンピュータ内に移植することで一種の不死を獲得することができるとするトランス・ヒューマニストらの試みはそのうちのひとつである。

ここにあるのは、アメリカの文学者N・キャサリン・ヘイルズが著書『How We Became Posthuman』（未邦訳）の中で指摘するように、情報／物質というヒエラルキーであり、ひいては、情報と物質は分離することができるという二元論的前提である。当然、こうした二元論は精神／身体という近代的な人間主義から一歩も抜け出ていないという意味で、そのポストヒューマン的な装いの内側は驚くほど保守的ですらある。[22]

とはいえ、この肉体＝物質世界からの離脱という脱身体化の夢は、少なくとも現在の段階では実現からは未だ遠いと言わざるをえない。たとえば、VR酔いという名のバッドトリップ（筆者はこの症状に幾度も〝身体的に〟苦しめられてきた）ひとつ取ってみても、身体と情報は対立的というよりも相補的であることがうかがえる。情報はメディウム＝物質的基体から切り離して存在することはできないのである。

LSDが見せる幻覚世界はあくまで主観的なもので、定まった物理的法則も客観的な操作可能性も存在しない。一方、VRの世界はエンジニアリングによって細部までプログラム可能だ。その点では、LSDはVRというよりむしろ夢に近い。一方、VRは他者と空間を共有することができる人為的な建築物《アーキテクチャ》としてある。ラニアーはこの点に関して、「VRユーザーはたとえ幻想的であっても客観的に世界を共有できるが、LSDユーザーはそれができない。VRの世界はデザインやエンジニアリングの努力が必要で、自分の体験を作り上げ共有する努力を惜しまなければ最高のものになるはずだ」と述べている。(23) 情報をメディウムから切り離して考えることができないように、VRをアーキテクチャから切り離して考えることもまたできない。

だが、これまでに見てきたように、他方でVRは現実世界のあらゆる制約から解放されたユートピア的空間としても表象されてきたのだった。この、絶対的な「自由」が保証されたフロンティアとしてのVR空間と、細部まで統御可能なアーキテクチャとしてのVR空間という、サイバースペースをめぐる二つの表象は、本来であれば両立しえないはずだ。ここにサイバースペースをめぐる言説に潜む根本的なアポリアがある。

VRの泰斗であるラニアーもまた、このアポリアを正確に見抜いていた。彼はVRに取り憑く不穏なヴィジョンについて、スキナーボックスを例に挙げながら示してみせる。

さて、スキナーボックスについて考えてみよう。その構成要素はなんだろうか？　箱の中には測定するための生き物がいる。ネズミはボタンを押したか？　そこには常にフィードバックが存在する。餌は出てくるか？　行動を引き起こす原因となるのは何か？　かつての実験では、生身の科学者が操作していたが、最近ではアルゴリズムが使われている。スキナーボックスとサイバネティック・コンピューターの構成要素は本質的に同じなのである。今さら言っても初歩的なことかもしれないが、私が若いころは、そのつながりが新鮮で衝撃的だった。

VRがうまく機能するためには、人間の行動をかつてないほど計測＝感知する必要がある。フィードバックを通して実質的にあらゆる経験を作り出すことが可能となるのだ。それは、史上最も邪悪な発明となるかもしれない[24]。

スキナーボックス。行動分析学の泰斗・心理学者バラス・スキナーが作り出した実験装置。スキナーはその一連の実験を通じて、それまで支配的であった自律的人間観を否定した。スキナーによれば、みずからの意志によって、すなわち自由意志を行使して自律的に行動する、といった伝統的な人間観は幻想にすぎないという。個人の行動パターンを形成する要因は、自由意志ではなく「環境」にこそある。スキナーボックスの内部にいる人間は、自身で自身の行動をコントロールできていると思いこんでいるが、実は箱によって、あるいは箱の背後にいる第三者によってコントロールされているのである。ラニアーは「仮想世界のテクノロジーは本来、究極のスキナー・ボックスのための理想的な装置となりうる」と指摘する[25]。

ＶＲは統治に適した不気味なテクノロジーとして立ち現れる。すなわち、ジル・ドゥルーズが提示した、「規律社会」の次に到来する「管理社会」の権力に奉仕するアルゴリズムのテクノロジーとして。[26]

Metaのザッカーバーグは現在、ＶＲのみならず、現実世界とＶＲを組み合わせた複合現実（Mixed Reality）を推し進めている（たとえば、二〇二三年一〇月一〇日に発売されたMeta Quest3は「複合現実を体験できるＶＲヘッドセット」を謳っている）。[27]そこでは、バーチャル空間が現実に折り返される。サイバースペースが現実世界に降りてくるのだ。複合現実を生きる人々は、娯楽、仕事、社交といった日常生活全体がアルゴリズムとアーキテクチャによって計測／統御される可能性に曝されるだろう。人々の行動データのパンくずを収集し、データマイニングを行うことでパーソナライズやターゲティング広告といったフィードバックを返すテクノロジーは、すでにGoogleをはじめとしたＩＴ企業によって実装化されている。アテンション・エコノミーの台頭とともに現れた、ユーザーの行動を監視し、予測し、誘導する行動修正のアーキテクチャ、言い換えれば修正・予測・収益化・支配を目的として、人間の行動や経験を視覚化し、制御する力、すなわち人間を繰り人形にする種の力を、『監視資本主義』の著者ショシャナ・ズボフはスキナーを念頭に置きながら「道具主義（instrumentarianism）」と名付けた。[28]

気づけばスキナーボックスは、すでにサイバースペースを超えて私たちの現実を覆い尽くしつつある。

一九八四年は未だに終わっていない。

## 註

(1) ウィリアム・ギブスン『ニューロマンサー』黒丸尚訳、ハヤカワ文庫ＳＦ、一九八六、一〇二頁。
(2) ウォルター・アイザックソン『スティーブ・ジョブズⅠ』井口耕二訳、講談社、二〇一一、二五七頁。
(3) スティーブン・レビー『ハッカーズ』松田信子・古橋芳恵訳、工学社、一九八七、三四頁。
(4) 赤田祐一「『ホール・アース・カタログ』のできるまで」、『スペクテイター』二九号（ホール・アース・カタログ〈前篇〉）、幻冬舎、二〇一三、五六頁。
(5) 池田純一『ウェブ×ソーシャル×アメリカ――〈全球時代〉の構想力』講談社現代新書、二〇一一、一一〇頁。
(6) 同右、九九頁。
(7) 喜多千草『インターネットの思想史』青土社、二〇〇三。
(8) Fred Turner. From Counterculture to Cyberculture : Stewart Brand, the Whole Earth Network, and the Rise of Digital Utopianism, University of Chicago Press, 2010, Kindle（No. 600–603）.
(9) ibid, No. 135–138.
(10) https://www.eff.org/ja/pages/crime-and-puzzlement
(11) Jaron Lanier. Dawn of the New Everything, Henry Holt and Co., Kindle（pp. 24–25）.
(12) ibid. pp. 23–24.
(13) トマス・リッド『サイバネティクス全史――人類は思考するマシンに何を夢見たのか』松浦俊輔訳、作品社、二〇一七、二三五―二三九頁。
(14) Turner, From Counterculture to Cyberculture（No. 2430–2437）.
(15) ibid, No. 2437–2440.
(16) リッド前掲書、二六七頁。
(17) ハワード・ラインゴールド『バーチャル・リアリティ――幻想と現実の境界が消える日』沢田博監訳、田中啓子・宮田麻未訳、ソフトバンククリエイティブ、一九九二、四三九頁。
(18) https://boingboing.net/2012/11/12/high-frontiers-1984-proto-cyb.html
(19) Turner, From Counterculture to Cyberculture (No. 2450–2459).
(20) ギブスン前掲書、七頁。
(21) マーク・デリー『エスケープ・ヴェロシティ――世紀末のサイバーカルチャー』松藤留美子訳、角川書店、一九九七、二九四頁。

（22）滝浪佑紀「訳者付記」、N・キャサリン・ヘイルズ「ヴァーチャルな身体と明滅するシニフィアン」滝浪佑紀訳、『表象02』（特集：ポストヒューマン）、月曜社、二〇〇八、一一一頁。
（23）Lanier, Dawn of the New Everything (p. 151).
（24）ibid, pp. 61–62.
（25）ibid, p. 60.
（26）ジル・ドゥルーズ「追伸――管理社会について」、『記号と事件――1972–1990年の対話』宮林寛訳、河出文庫、二〇〇七、三五八頁。
（27）https://www.watch.impress.co.jp/docs/news/1408910.html
（28）ショシャナ・ズボフ『監視資本主義――人類の未来を賭けた闘い』野中香方子訳、東洋経済新報社、二〇二一、四〇三頁。

# 3 Qアノン、代替現実、ゲーミフィケーション

本当の反対には無数の顔があって、際限のない領域が広がっている。

――モンテーニュ『エセー』(1)

なんときれいな、かわいい、青い花。

――フィリップ・K・ディック『スキャナー・ダークリー』(2)

アリスは笑いました。「やってみてもむだです」とアリス。「ありえないことは信じられないもの。」

「まだまだおけいこが足りないのね」とクイーン。「わたしがあなたの年ぐらいだったころには、毎日三十分はおけいこしましたよ。そう、朝ごはん前に、ありえないことを六つも信じたことだってあります。」

――ルイス・キャロル『かがみの国のアリス』(3)

## Qアノンとは

本章は、二〇二一年一月六日に起きた、アメリカ合衆国議会議事堂襲撃事件をひとつのピークとする、Qアノン（QAnon）と呼ばれるドナルド・トランプ支持者らが信奉する陰謀論／政治運動についての概略と考察を主な目的としている。

Qアノンについて述べる前に、その震源となった英語圏の匿名画像掲示板群、4chan について簡単に振り返っておくべきだろう。そもそも 4chan とは、日本の匿名画像掲示板、ふたば☆ちゃんね

るに着想を得た、当時一五歳の青年クリストファー・プール（Christopher Poole）によって二〇〇三年に設立された匿名画像掲示板群である。英語圏のユーザーにとって、4chan の最大の特徴は何よりも匿名で書き込める点にあった。当初は日本のアニメやマンガについて語り合うコミュニティであったが、その後急速に拡大、多様なトピックを扱うボード（板）群に成長するに至る。

その中でも、主に政治的なトピックを扱うボードとして /pol/ がある。ドナルド・トランプ支持者のマスコットと化したカエルのペペ（Pepe the Frog）のミームが生み出され、またゲーム表現におけるポリティカル・コレクトネスに対する反発や、ゲーム業界で働く女性エンジニアに対する嫌がらせを含むゲーマーゲート騒動、さらには後述するピザゲートにおいても主導的な役割を果たすなど、いわゆるオルタナ右翼（alt-right）の勃興を論じる上でも無視することができないボードである（のちにQアノンは自身の根城を 4chan から 8chan、8kun へと移していくが、これらも 4chan と同様のスタイルの匿名画像掲示板群である）。

その /pol/ において、二〇一七年一〇月二八日、みずからをQと名乗るユーザーが「嵐の前の静けさ」（Calm Before the Storm）というタイトルのスレッドを立て、一連の投稿を開始する。Qというユーザーネームは、国家機密情報にアクセスするために必要とされる、アメリカ合衆国エネルギー省（DOE）のアクセス権限であるQクリアランスに由来しており、つまりQはみずからが最高機密情報にアクセス可能な連邦政府内のインサイダーであることをこの名前によって仄めかしているわけである。やがてQの主張を信奉する /pol/ の住人たちは、Qと「匿名」を意味する Anonymous を組み合わせてQアノンと呼ばれるようになる。

ゲーミフィケーション

Qは二〇一七年一〇月の投稿で、ヒラリー・クリントンが一〇月三〇日の午前に逮捕されると予言していたが、もちろん実現しなかった（代わりに新たな日付が流布された）。次第にQのメッセージは曖昧になっていった。Qが現在までに投稿している量は膨大であり、二〇二〇年一二月までの約三年間の間に四九五三回にものぼる投稿を行っている。(4)

Qの投稿に見られる特徴として、きわめて断片的、かつ暗号的で著しく解像度が低い点がまず挙げられる。Qは自身の投稿をいみじくも「パンくず」(crumbs) と表現している。一例として、Qが二〇二〇年一月一八日に行った投稿を見てみよう。

自分が持っているものをどうやってターゲット（たち）［"ビジネスパートナー"］に知らせるのか？
なぜバイデンはそのようなものを自分のラップトップに持っていたのか？
「そもそも」どのようにしてその内容を受け取ったのか？
Eメール？
なぜバイデンはそのようなものをコンピュータ修理ショップに渡すリスクを冒すのだろうか？［内容が制限されない？］
［…］
注文のために何度か連絡を取ろうとした？

メッセージは残されたのか？

バイデンは、ドライブに保存された内容が＊パパ＊とファミリーを葬ることになると知っていながら、なぜ取り戻そうとしないのだろうか？

問題のある人生？

問題を抱えた家族？

見た目は人を欺く。

Q(5)

ここで注目すべきは、投稿の内容よりもその形式である。断片的で暗号化された文章。また、情報を直接伝えるのではなく、「なぜ～なのか？」といった疑問形を多用した、オーディエンスに問いかけるような文章形式。ここには、Qアノンが狭いコミュニティの垣根を超えて広く人々を惹きつける重要な「からくり」が隠されている。

何人かの研究者は、Qアノンに見られる没入型／参加型の構造を「ゲーミフィケーション」との関係から論じている。Qのオーディエンスたちは、Qの暗号的なメッセージと問いかけに隠された謎をひとつひとつリサーチして解き明かそうと奮闘する。すると、さながらパン生地が捏ね上げられるように、点と点とが線で結びついてゆき、やがて水面下で進行中の、合衆国を脅かす壮大な陰謀の存在が浮上してくる、という仕掛けになっている（同時に、この形式はQの保身にとってもメリットが大きい。というのも、Qの予言がたとえ外れたとしても、それはオーディエンス側の「解釈」の方が間違っていた、という言い訳《エクスキューズ》を常に用意しておくことが可能となるからだ)。すなわち、Qアノンを考える上での最良の方法は、それを単なる陰謀論としてではなく、参入障壁が極めて低い、異常に吸収力のある代替現実ゲーム(alternate reality game：ARG)の構えを備えた超-陰謀論(super-conspiracy)として考えることである(6)。

ここで、日本ではあまりポピュラーでない代替現実ゲームについて簡単に述べておくべきであろう。代替現実ゲームの元祖と見なされているのは、二〇〇一年公開のスティーヴン・スピルバーグの映画『A.I.』のプロモーション用に実施された、「ザ・ビースト(The Beast)」というゲームである。「ザ・ビースト」はゲームに現実の環境を取り込んだ、という点において画期的だった。すなわち、このゲームのプレイヤーは、映画のプロモーション・コンテンツ(予告篇やポスター)や映画のライブイベント、あるいはワーナー・ブラザースが作成した四〇以上のウェブサイトなどから手に入る無数の手がかり、さらには実際にかかってくる電話やFAXから得られる情報をもとに謎を解き明かしていくのである。「ザ・ビースト」は、現実世界と仮想世界の境界を切り崩す。代替現実ゲームは、現実世界における宝探しであり、現実世界をひとつの巨大な謎解きゲームの空間に変容させる。このことは、北米におけるQアノンの隆盛を考えるとき、重要な視座を与えてくれるように思える。たとえば、ジェシー・ウォーカーは著書『パラノイア合衆国』の中で、代替現実ゲームに潜むパラノイア性について次のように述べている。

プレイヤーは現実世界とゲームの世界を同時に生きるため、代替現実ゲームはアイロニスト・スタイルが求める複数の視点を必要とする。[…]「ザ・ビースト」の場合は、現実世界と仮想世界の境界があまりにあいまいになるため、テロリストが世界貿易センタービルに突っこんだとき、ゲームを解くフォーラムは9・11の謎を「解く」計画について話しあいはじめた。ある典型的な発言はこうだった。「これはわれわれのやり口に似ている。物をばらばらにして、その意味を探るんだ」。ほどなく、グループの主宰者は注意を喚起する必要を感じ、「われわれのために隠された手がかり」と実際の事件で残された手がかりの違いを指摘した。(7)

Qアノンは、トランプ支持の陰謀論を拡散させるために(おそらく)意識的に代替現実ゲームの要素を取り入れた、という意味で陰謀論史におけるメルクマールとなりえる。Qアノンの「ゲーム」に参加するプレイヤーたちは、ゲームマスターであるQが提示する無数の「パンくず」を拾い集めて解釈を施していくうちに、謎解きのゲームに没入している己に気づく(あるいは気づかない)。ゲームマスターはプレイヤーたちに常にクリアすべき課題(クエスト)を与え続ける。プレイヤーはそれに応える。ここでの発信者と受信者の関係は双方向的である。この相互作用は、やがて陰謀論という名の疑似神話を創造し共有し合うインタラクティブな共同体を構築するに至る。調査《リサーチ》すること、発見を共有すること、投稿をSNS上でシェアすること、ミームを作成すること、ミームを拡散させること、等々。重要なのは「参加」することである。ここではあらゆるユーザーが何らかの役割を担うことが求められる。ある者は陰謀のネットワークをダイアグラム化したマップを作成し、コーディングの知識のある者はフィードリーダーや検索可能なダッシュボードを作成する。たとえ現実社会に居場所がなかったとしても、ここでは居場所を得ることができる。Qアノンのコミュニティはこのようにして巨大化していく。

## ディープステート

ここからは、Qアノンが唱える陰謀論の中身について見ていく。Qアノンは既存の様々な陰謀論を自在にパッチワークさせていくところに特徴があるが、その土台にあるのはいわゆる「ディープステート」(Deep State)と呼ばれるコンセプトである。ディープステートとは、合衆国政府内の特定の構成員が、政府がそれに基づいて運用されるべき規則の範囲外で行動し、国家を治める現行のメカニズムを裏側でコントロールしている、という考え方である。この黒幕たちは、共通の政治的プロジェクトを推進するために、影で共謀し合っている。国家の内部にもうひとつの、影の国家が存在しているのだ。そして、Qアノンによれば、影の国家＝ディープステートの主な構成員は、民主党(とりわけオバマ政権の残党)とハリウッド、そして大企業の大物と情報機関のエリートたちで占められているという(8)。

前出の『パラノイア合衆国』の中で、ウォーカーは陰謀論の区分として、「外からの敵」「内なる敵」「上層の敵」「下層の敵」「慈善の陰謀団」という五つのカテゴリを挙げているが(9)、ディープステートはこのうち「内なる敵」と「上層の敵」を組み合わせた陰謀論とさしあたりは言うことができるだろう。このような陰謀論は、アメリカの陰謀論史から見てさして目新しいものでもない(たとえばウォーカーは、ウォーターゲート事件に象徴される一九七〇年代を上層の敵にかかわる陰謀説の黄金時代だったと述べている[10]。実際、ディープステートというタームもQアノンが初出ではない。

ジョン・ボドナー（John Bodner）らによる共著『COVID-19 Conspiracy Theories : QAnon, 5G, the New World Order and Other Viral Ideas』（未邦訳）によれば、このタームが最初に登場したのはトルコにおいてで、見かけ上の政府と、政府内の組織、軍隊の影響力との乖離を説明するために用いられた。クーデターや内戦、政敵の超法規的な暗殺などに見舞われた長い歴史を持つトルコにとって、ディープステートという概念は政府や歴史を理解する上で有用とされた。二〇〇〇年以降になると、この概念はトルコ以外の中東諸国を論じる学術文献でも用いられるようになったという[11]。

ディープステートという概念をアメリカ情勢の分析に援用し、それが元で陰謀論コミュニティにも結果的に知られることになった人物がピーター・デール・スコット（Peter Dale Scott）である。カナダ出身の元外交官にして詩人、そしてカリフォルニア大学バークレー校で英文学の教授を務めたスコットは、二〇〇七年の著作『The Road to 9/11 : Wealth, Empire and the Future of America』（未邦訳）の中で「ディープステート」というタームを使用している。だが、ディープステートという概念のプロトタイプは、彼がそれ以前に著したベトナム戦争とケネディ暗殺事件についての著作の中にすでに現れている。そこでの分析手法は深層政治分析と名付けられ、「公的な政府、組織的な犯罪、民間の富」の内側に存在する勢力の大連立が、大統領の死を画策し、そこから利益を得ている、という結論が提示されている。スコットは、アメリカの民主主義を内側から蝕む権力のネットワークが存在することを一貫して指摘する。彼の主張は左派的なものであったが、二〇〇八年、『The Road to 9/11』が、当時9・11に関する陰謀論を広めていた著名な極右の陰謀論者アレックス・ジョーンズ（Alex Jones）の目に留まり、それが彼のウェブサイト「インフォウォーズ」を通じて紹介されると、ディープステートの概念もそれに伴い変形し、拡大されていった。わけても、もっとも大きな変更点は、ドナルド・トランプを「ディープステートを打ち破ることができる唯一の男」として登場させたことだろう。この捻りが加えられたことで、ディープステートの概念に「善意の陰謀」（ウォーカーによる区分では「慈善の陰謀団」がそれに近い）という、陰謀論の中でも比較的希少なカテゴリが新たに追加されることになった。ドナルド・トランプ、彼こそはディープステートの支配的エリートたちが暗躍する陰謀に対して孤軍奮闘で立ち向かう救世主に他ならない。この更新されたバージョンのディープステート陰謀論は、トランプ大統領の元首席戦略官であるスティーブン・バノン（Stephen Bannon）によって（そして二〇一七年以降はQアノンによって）、公式の政治的陰謀論としてより洗練された形で育まれていくこととなる。(12)

## ピザゲートと悪魔崇拝

ディープステートは、ドナルド・トランプの支持者にとってどこまでも都合が良い陰謀論といえる。というのも、トランプの失敗をすべて（存在しない）「内なる敵」のせいにすることができるからである。Qアノンはディープステートを土台にした上で、既存の様々な右派陰謀論をリサイクル&アップデートし、トランプを妨害する敵を手際よく再配置していく。

Qアノンがリサイクルした数ある右派陰謀論のひとつがピザゲートである。ピザゲートとは、一言で要約すれば、児童人身売買の国際的犯罪ネットワークに民主党が組織的に関与しているのではないか、という疑惑に端を発する陰謀論を指す。

きっかけは、二〇一六年合衆国大統領選挙期間中、ヒラリー・クリントン候補陣営の選挙責任者であったジョン・ポデスタ（John Podesta）のEメールが何者かにハックされ、それがWikiLeaksを通じて外部に漏洩した事件に遡る。公開されたメールの内容は、すぐさま4chanのインターネット探偵たちの餌食にされた。彼らは、メールが文字通り「暗号《コード》」によって書かれていると推理した。たとえば、遊説先で行うケータリングについての文脈の中で現れる「ホットドッグ」や「チーズピザ」といった言葉は、あからさまな隠喩として解釈された（例：「オバマは六万五〇〇〇ドル相当のホットドッグをシカゴに輸送するよう指示した」）。このメールには児童への性的虐待の暗号《コード》がそこかしこに隠されている、というわけだ。すなわち、「チーズ」は「女児」であり、「パスタ」は「男児」であり、「ソース」は「乱交」を意味している、等々……。付言しておけば、英語圏のインターネットでは“cheese pizza”は児童ポルノを表す隠語として用いられることがある（“child porn”と各単語の頭文字が同じであるため）。ここから、民主党陣営がピザ屋の地下で児童買春事業を営んでいる、という荒唐無稽な陰謀論が生まれた。(13)

そして事件は起こった。二〇一六年一二月四日、エドガー・マディソン・ウェルチ（Edgar Maddison Welch）という男性が、民主党支持者ジェームス・アレファンティス（James Alefantis）が経営するピザショップ「コメット・ピンポン」にAR-15自動小銃と散弾銃で武装して押し入ったのである。彼は、このピザショップの地下室に人身売買のために誘拐された子どもたちが監禁されていると信じていた。だが、子どもたちは見つからず、それどころかこのピザショップには地下室がそもそも存在していなかった。ウェルチは自分の過ちに気づくと、銃を捨て店外で待ち構えていた警官隊に投降した。

民主党の上層エリートたちが惑星規模の小児性愛ネットワークに関わっている、とする陰謀論はピザゲート以降主流になり、Qアノンの言説も当然それを踏まえたものになっている。そこに悪魔崇拝とそれにまつわる幼児虐待という、八〇年代に勃興した陰謀論（そのきっかけとなったのは、カナダの精神科医ローレンス・パズダー［Lawrence Pazder］らが一九八〇年に著した『Michelle Remembers』という書物であるとされる）が現代的にリメイクされ、ピザゲートに統合される。

これも発端はリークされたポデスタのEメールだった。二〇一五年六月にマリーナという女性がトニー・ポデスタへ宛てたメールの中に、ニューヨークのアパートで行われる「スピリット・クッキング（Spirit Cooking）」なるディナーへポデスタ兄弟を招待する旨が書かれていたのが見つかったのだ。

「スピリット・クッキング」とは、パフォーマンス・アーティストのマリーナ・アブラモヴィッチ（Marina Abramović）が主催となって、コレクターや寄付者、友人のために時折開催するディナーパーティーである。これは一九九六年にイタリアのギャラリーで行われた同名のパフォーマンス・アートが元となっており、それのいわばエンターテイメント化されたバージョンである。元となったパフォーマンス・アートでは、マリーナが白い壁に豚の血でメッセージ（「鋭利なナイフで左手の中指を深く切り、痛みを食べろ」等々）を書きつけるなど、ショッキングな内容を含んでいた（他にも、マリーナの作品にはしばしばサタニックなイコンやオカルト的シンボルが取り入れられる）[14]。

この「スピリット・クッキング」のパフォーマンスやディナーパーティーの画像がオルタナ右翼たちの間で拡散されると、ワシントン政界のエリート層は悪魔崇拝主義者《サタニスト》の集まりである、とする陰謀論がただちに生成された。悪魔崇拝主義者が幼児を儀式の生贄に捧げている(=悪魔的儀式虐待)、といった陰謀論が八〇年代の時点で猛威をふるっていたこともあり、ピザゲートにおけるヒラリー・クリントンが運営する児童人身売買ネットワークと、「スピリット・クッキング」における悪魔崇拝主義は容易にディープステートの上部構造として統合することができた。

たとえばQは、ピザゲート騒動の一周年に近い時期、二〇一七年一一月六日に以下のような悪魔崇拝に言及した投稿を行っている。

サタン。
誰が従うのか?
どんな政治家がサタンを崇拝しているのか?
逆さの十字架は何を表すのか?
誰がこれを公然と身に着けているのか?
なぜ?
彼女は誰とつながっているのか?
なぜこれが関係あるのか?
スピリット・クッキング。

スピリット・クッキングは何を表しているのか？
カルト。
カルトとは何か？
誰が崇拝されているのか？
なぜこれが関連するのか？
Q⑮

ここに至って、ドナルド・トランプに新たな使命が加えられる。トランプの使命、それはディープステートに巣食う悪魔崇拝主義者たちが行うグローバルな児童人身売買ネットワークの鎖を断ち切ることに他ならない。ここから、たとえば次のようなナラティヴが生まれる。トランプ大統領がCOVID パンデミック下において施行したロックダウンと渡航制限は、悪魔崇拝のエリートたちが逮捕される前に海外に逃亡することを防ぐためであった、云々……。

COVID-19 にまつわる陰謀論（たとえばアンチ・ワクチン派が唱える陰謀論では、ゲイツ財団の出資するワクチンにはマイクロチップが仕込まれており、ビル・ゲイツやジョージ・ソロスらを頂点とするグローバル・エリート層は国民を常時監視下に置くことで新世界秩序［New World Order］の建設を推進しようとしている、といったナラティヴが語られる）や、5Gにまつわる陰謀論も、Qアノンのディープステート陰謀論にたやすく組み込まれるだろう。すなわち、ディープステートは、新旧様々な陰謀論をひとつにまとめ上げる結節点のように機能している、と考えることができるのだ。そしてそれらは、ドナルド・トランプ支持という共通のアジェンダのために奉仕することとなる。

## パンデミック、そして議事堂へ……

二〇二〇年四月二九日、パンデミックが猛威をふるう最中、ニューヨークの桟橋でジェシカ・プリム（Jessica Prim）という女性が逮捕された。彼女はニューヨークまでの車中でライブストリーミング配信を行っていた。彼女は陰謀論に頻繁に言及しており、中にはQアノンたちがダークウェブ上に存在していると主張する、ヒラリー・クリントンと元側近のフーマ・アベディン（Huma Abedin）が子どもを暴行／殺害している動画『Frazzledrip』について言及している箇所もあったという。プリムは自身のFacebook上に「ヒラリー・クリントンとその秘書、ジョー・バイデンとトニー・ポデスタは、バビロンの名のもとに排除される必要がある！」という内容の投稿を行っていた。彼女は彼らを暗殺しようと企図していた。

プリムの旅の目的地は、ニューヨーク市のCOVID-19治療活動を支援するために派遣された米海軍病院船コンフォートであった。Qアノンの間では、この船は民主党の小児性愛者たちによって誘拐されニューヨーク市の地下に監禁されていた児童たち「モグラの子ども」を救出するために派遣されたことになっていた。(16)

この事件からわずかに遡る四月二日には、列車の運転士エドゥアルド・モレノ（Eduardo Moreno）が、米国海軍病院船マーシーに突っ込ませようと試みたのか、運転していた列車をロサンゼルス港近くのコンクリートバリアに衝突させた。この船には、パンデミックに乗じて海外に連れ去られる予定の人身売買された子どもたちが監禁されていると考えたのかどうか、モレノの不明瞭な供述からは彼の正確な考えを読み取ることはできない。モレノは、彼を逮捕した警官に対して、「このチャンスは一度しかない。全世界が見ている……私はしなければならなかった。人々はここで何が起こっているのか知らない。だがやがて知ることになる」と供述していた。別の捜査官に対しては、「ピースを組み合わせるんだ……、その船は奴らが言うような目的のためではない」と語ったという(17)。

Qアノンは人を扇動し、行動に駆り立てる。人々の謎解きへの好奇心や精神的不安、孤独感、または恐怖や怒りを武器化《ウェポナイズ》し、政治へと動員させる。先ほども述べたように、Qアノンのコミュニティにおいては「参加」が何を措いても重要なのだ。このQアノンの動員的性格がその頂点に達したのが、二〇二一年一月六日のアメリカ合衆国議会議事堂襲撃事件であることはもはや論を俟たないだろう。

## Qウェブ

最後に、とあるQアノンが作成した、Qウェブ（Q-WEB）と名付けられたダイアグラムを紹介しておこう（図）。というのも、このダイアグラムには彼らが共有する世界観が端的に現れていると思われるからだ。

Qウェブは、オハイオ州シンシナティを拠点に活動しているアメリカのアーティスト、ディラン・ルイス・モンロー（Dylan Louis Monroe）によって作成された。ディランはニューヨークでファッションデザインを学び、マーク・ジェイコブスやヒューゴ・ボスなどのファッションハウスとコラボレーションを行ってきた。二〇一七年、ディランはアメリカの政治情勢の変化に対応して「Deep State Mapping Project」を開始する。二〇一八年に彼が作成したQ-Webのダイアグラムはダークウェブ上で拡散され、また二〇一八年九月には、メトロポリタン美術館が開催した、アートと陰謀論の関係をテーマとした展覧会「Everything is Connected : Art and Conspiracy」に出展された。[18]

Qウェブは一目みればわかるように、歴史が始まって以来この世に存在するあまねし陰謀論とそのネットワークを一枚の平面図に圧縮還元せんとするオブセッションがダイアグラム全体を貫いている。また、その圧倒的な密度と情報量に、アール・ブリュットの作家が描く絵によく見られる、隙間をくまなく埋めないと気が済まない傾向性と似たオブセッションを感じることもできるだろう。

Qウェブには「読み方」が存在しており、また複数の「ルート」が存在する。左上隅を起点とし、失われたアトランティスと大洪水、マヤ・アステカ文明、ギリシアの賢人たちを経てローマのヴァチカンへ、そしてロスチャイルド銀行とフリーメイソンの誕生へと至る。ダイアグラムの中央を貫くメインルートでは、フリーメイソンからＦＢＩ、ペンタゴン、ＣＩＡ、軍産複合体、三百人委員会など、歴史を貫く影の組織を総覧し、そしてドナルド・トランプの就任に至る。

Qウェブのダイアグラムには「偶然」といった概念は存在しない。すべては厳密な因果の網の目によって決定される。すべては必然である。Qアノンが信じるありとあらゆる陰謀を衝突や矛盾なく詰め込もうとした結果、目眩を覚えるような異形のダイアグラムが生成された。Qウェブは、それ自体が自律した閉鎖系を成す、「もうひとつの別の世界」なのである。

陰謀論は、しばしば世界全体を一つの原理のもとへと単純化してくれる。しかし、そのニーズはここでは遂に満たされないだろう。代わりに読者は目眩を引き起こすパラノイアックな曼荼羅の迷宮へ投げ込まれ、そこで謎と解釈を無限に誘発して止まないダイアグラムの網の目に絡め取られていくのだ。

Qウェブの終着点である最下段には「白兎を追え」という読者へのメッセージが記されている。このフレーズの元ネタはもちろん『マトリックス』である。序盤、主人公のネオが上記のメッセージに従って白兎の図像を追いかけていくと、モーフィアスと出会う。そこで手渡されるのがレッドピル、すなわち欺瞞と虚像を取り払いこの世界の真実を明かしてくれるアイテムなのであった。

だが、「白兎を追え」というメッセージにはもうひとつの元ネタがある。言うまでもなく、ルイス・キャロルの『不思議の国のアリス』である。アリスが土手の上で姉と微睡んでいると、その横を白兎がチョッキから懐中時計を取り出しながら駆けていく。アリスが白兎を追いかけていった末に飛び込む羽目になるのは底なしの兎穴《ラビットホール》である（ちなみに、代替現実ゲームでは現実からゲームの世界への移行を「兎穴に落ちる」と表現する）。暗い兎穴を突き抜けてアリスが辿り着くのは、『マトリックス』のネオが辿り着いたような真実の世界などではない。そこは、地球空洞説を思い起こさせる巨大空間に開かれた、パラノイアと白昼夢に満ちた驚異の迷宮なのである。

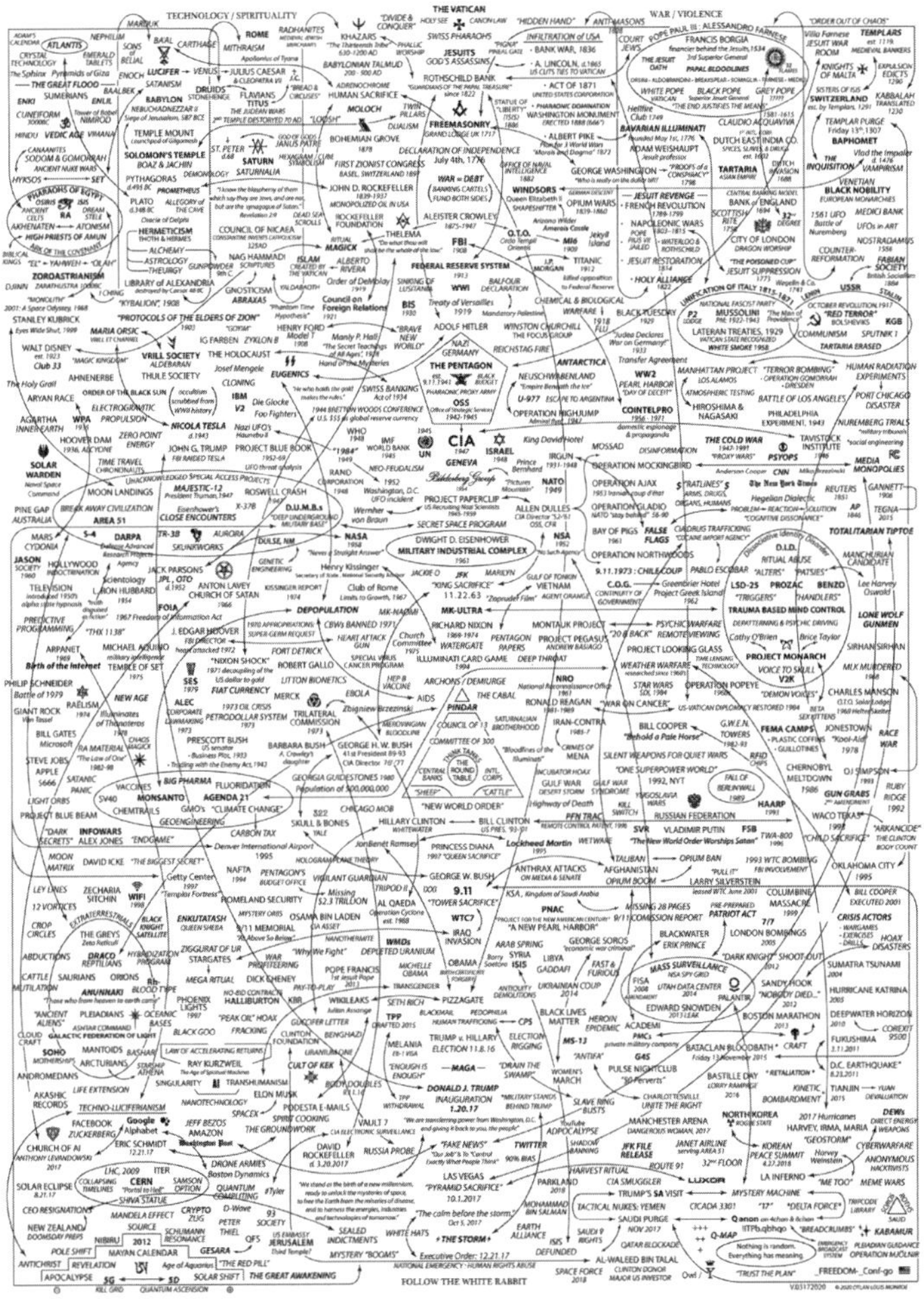


図　Qウェブ（https://www.dylanlouismonroe.com/deep-state-mapping-project.html）

DEEP STATE
' MAPPING PROJECT '

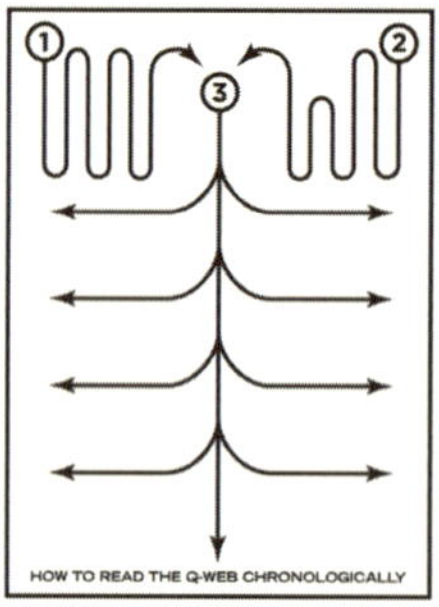


**INTRODUCTION TO THE Q-WEB**

*The Q-web is a chronological timeline of our Hidden History, highlighting declassified government projects & operations, the true global power structure, elitist occultism, and generally things you won't read about in standard history books, yet can be easily referenced in mainstream literature. All information should technically be considered "theory", and you are encouraged to research each point on this web yourself, and come to your own conclusion about it's validity. The Q-web blends generally accepted facts and plausible theories together, and challenges the viewer to use their own discernment.*

*Sections 1 and 2 at the top of the web are devoted to ancient and pre-20th century history. The main timeline down the center ( 3 ) is divided into two categories, "Technology / Spirituality" on the left, and "War / Violence" on the right. Each term on the web is designed as a keyword granting access to further investigative material online. The arrows indicate a unique connection of interest between the two keywords at each endpoint. Many topics relate to the closest adjacent topics without an arrow. Many connections that could be made are not drawn on the map for the purpose of maintaining legibility of the text. Seek out the "Key to the Q-web" at the web address below to better understand how related subjects are clustered.*

*The Great Awakening is upon us. History is being rewritten not by the victors, but by the individuals, and the collective consciousness connected to Source. The New World Order is crumbling before our eyes. We're using their cyberweapons against them, and we're winning! Find high resolution digital files of the Q-web and other diagrams on the D.S.M.P. website. These diagrams are hyper-sigils intended to accelerate the awakening process, and help you spread truth and light.*
*You are encouraged to reproduce this document on cardstock and share it far and wide.*
*The survival of our Republic and indeed the human species may depend on it.*
*Victory is near!*

A-145
THE MAPMAKER

VX221-4

| | |
|---|---|
| version: | 3.17.2020 |
| edition: | 8.6.20 _ x / 300 |
| digitally signed: | |

! For **POSTERS** *and other merch featuring this artwork!*

W W W . D E E P S T A T E M A P P I N G P R O J E C T . C O M

## 註

（1）ミシェル・ド・モンテーニュ『エセー〈1〉』宮下志朗訳、白水社、二〇〇五、六九頁。
（2）フィリップ・K・ディック『スキャナー・ダークリー』浅倉久志訳、ハヤカワ文庫SF、二〇〇五、四四九頁。
（3）ルイス・キャロル『新訳　かがみの国のアリス』河合祥一郎訳、角川つばさ文庫、二〇一〇、一二三―一二四頁。
（4）https://qresear.ch/q-posts
（5）同右。
（6）Bodner, John. COVID-19 Conspiracy Theories. McFarland & Company, Inc., Publishers. (Kindle) No. 183.
（7）ジェシー・ウォーカー『パラノイア合衆国――陰謀論で読み解く《アメリカ史》』鍛原多恵子訳、河出書房新社、二〇一五、四〇八―四〇九頁。
（8）Bodner, COVID-19 Conspiracy Theories. No. 178.
（9）ウォーカー前掲書、二一五頁。
（10）同右、二〇八頁。
（11）Bodner, COVID-19 Conspiracy Theories. No. 179.
（12）ibid, No. 179.
（13）ibid, No. 188.
（14）https://mitpress.mit.edu/blog/marina-abramovic%E2%80%99s-spirit-cooking
（15）Bodner, COVID-19 Conspiracy Theories. No. 190.
（16）https://www.insider.com/biden-qanon-supporter-arrested-attemp-live-streaming-trip-to-take-2020-5
（17）Bodner, COVID-19 Conspiracy Theories. No. 197–198.
（18）https://www.dylanlouismonroe.com/biography.html

## 4　加速に抗う音楽たち　リヴァーブが木霊するYouTubeの亡霊空間

二〇〇〇年、ひとりの音楽家が二九歳という若さでこの世を去った。ロバート・アール・デイヴィス・ジュニア a.k.a DJ Screw。アメリカはテキサス、ヒューストンを拠点に活動していたヒップホップＤＪ。彼が編み出したチョップド&スクリュードと呼ばれるミキシング・テクニックによる特異なサウンドは、アメリカ南部のヒップホップ、ひいては現代の音楽シーンに忘れがたい足跡を残している。Lance Scott Walker は二〇二二年に DJ Screw の浩瀚な伝記『DJ Screw: A Life in Slow Revolution』(未邦訳)を上梓しているが、その中から印象的なフレーズをひとつ抜き出しておこう。

一九九二年に私がヒューストンに引っ越してきたとき、Geto Boys［ヒューストン出身のヒップホップ・グループ］は地元のヒーローで、前年の夏には全米でブレイクしていた。その後まもなく、この街のサウンドを定義する DJ Screw が登場する。まずストリートで聴いたその音は、ヘヴィーだった。魅惑的だった。神秘的だった。ヒューストンは地球上のどの場所とも違うのだと感じさせるものだった。一九九〇年代半ばには、この暑く大きな都市の窓を開けると、ストリートを走る車からスローダウンされたヒップホップが流れるのを聞くことができた。今もそうだ。(1)

DJ Screw の死因は薬物の過剰摂取(オーバードーズ)だった。彼は鎮痛剤《ペインキラー》のオピオイドに分類される合成薬物コデイン・プロメタジンに深く依存していた。通常は咳止め薬として用いられるコデインであるが、多量に服用することでオピオイドに特有の多幸感や微睡みを得ることができる。DJ Screwは、コデインをソフトドリンクやアルコールでカクテルさせたリーンと呼ばれる飲料を好んで飲んでいた。もっとも、彼の命を奪った一因は間違いなくコデインにあるが、伝記の著者Walkerは「それだけではない」と慎重に釘を指している。

コデイン・プロメタジンの過剰摂取は、DJ Screwの死の一因ではあったが、主要な原因ではなかった。検視官は、彼の血液からフェンシクリジン（PCP）、ベンゾジアゼピン（ジアゼパム）、コデイン・プロメタジンの毒性レベルを検出した。不規則な睡眠、貧しい食事、運動不足、豊富な薬物へのアクセスを組み合わせたライフスタイルが、ついに彼を追い詰めたのである。(2)

PCPと呼ばれる解離性麻酔薬を混ぜた防腐液に浸したタバコ（別名「シャーム」「ウェット」「ウォーター」「エンジェルダスト」）もまた、DJ Screwの好んだ嗜好品だった。それはともあれ、上に羅列された薬物のリストを見る限り、DJ Screwがコカインのようなアッパー系ドラッグではなく、むしろダウナー系ドラッグを好んで選んでいたことが窺える。

この、DJ Screwのダウナー系ドラッグへの嗜癖は、彼のアイデンティティともいえるチョップド&スクリュードのサウンドに直接的ないし間接的に影響を与えているように思えてならない。確認しておけば、スクリュードとはターンテーブルを用いてレコードの回転数＝テンポをオリジナルの音源より遅くする手法、チョップドとは同じレコードを二枚用いて反拍ずらしながらミックスする手法をそれぞれ指す。

これは無粋な想像でしかないのだが、スクリュードはコデインを過剰摂取した際の半睡半醒の減速化した微睡みの状態を音像において表現したものではないだろうか。

DJ Screw のビートが台頭した一九九〇年代前半、ヒューストンのストリートでは前述したコデインをカクテルさせた飲料リーンが蔓延していた。リーンのダウナーな性質が、チョップド＆スクリュードの気だるいビートを中心とした違法なサブカルチャーの触媒となった、と指摘するのは Joseph Patel である。(3) DJ Screw 本人はとあるインタビューの中で、「俺のテープを聴くにはハイかドランクにならないといけないと思われている。そんなことはない」とあくまで訴えているが。(4)

＊

現在、DJ Screw が遺したチョップド＆スクリュードの亡霊は、ミレニアル世代とZ世代のベッドルームに回帰している。語弊を恐れずに言えば、その背景にはおそらく近年の欧米において社会問題化しているオピオイド危機がある。

南山大学国際教養学部教授の山岸敬和によれば、アメリカではオピオイド問題は一九九〇年代の後半から深刻化し、過去二〇年間で五〇万人以上の死者を出しているという。最初は、処方鎮痛剤のオピオイドによる中毒が広まり、二〇一〇年代になると、半合成オピオイドの一種であるが非合法のヘロインが広まった。そして二〇一三年には、合成オピオイドが一気に拡大した。わけても悪名高いのはフェンタニルである。この合成オピオイドはモルヒネの五〇―一〇〇倍もの中毒性を持ち、さらにコカインよりも安価で入手しやすい[5]。フェンタニルは現在、もっとも多くの若者の命を奪っているドラッグといえよう。二〇二一年の統計では、全米で麻薬の過剰摂取による死亡者数は一〇万人を超えているが、そのうち半数以上の約七万人が、フェンタニルの過剰摂取だったという[6]。

「絶望」にはワクチンも治療薬も存在しない。アン・ケースとアンガス・ディートンは共著『絶望死のアメリカ』の中で、自殺や薬物の過剰摂取やアルコール性肝疾患による死亡パターンがアメリカで増えていることを明らかにし、これらに「絶望死」という呼称を与えた[7]。人々は、絶望からわずかでも逃れるために、生きることの苦痛を一時でも取り除くために、今いる世界を一時でも忘れ去るために、微睡みをもたらしてくれる鎮痛剤やアルコールに手を伸ばす。

雇用の削減。社会保障制度の削減。メンタルヘルスの問題の増加。物価の上昇。分断化された政治……等々。ディストピア的な未来の消失点に向けて不断に加速化していく世界に対する抵抗。すなわち、世界を減速化させること。この、不可能ともいえる抵抗をベッドの微睡みとともに想像する中でどこからか鳴り響いてくる音楽があるとしたら、それはDJ Screwのチョップド&スクリュードこそがうってつけではないだろうか？

DJ Screwが編み出したチョップド&スクリュードは、Daniel LopatinことOneohtrix Point Neverの変名プロジェクトのひとつChuck Personが二〇一〇年にリリースしたプレ・ヴェイパーウェイヴの金字塔『Eccojams Vol. 1』によってインターネット世代に受け継がれた。しかし、減速化させるのはもはやヒップホップに限らない。減速され、切り刻まれるのは、TOTOやFleetwood Macなどのポップ・ミュージック。ジャケットにはSEGAのメガドライブを模したような鮫のCGと「MEGA」の文字（ここにあるのは、明らかに一九九二年にSEGAから発売された、イルカが主人公のアクションアドベンチャーゲーム『エコー・ザ・ドルフィン』へのジャンクなオマージュだ）。また、同作は本人がSunset Corp.という名義でYouTubeに収録曲のいくつかを動画付きでアップロードしている。そのうちのひとつ、「nobody here」の動画は、遠く高層ビル群のCGが見える闇夜の中、虹色に光る夢幻的な階段を延々と上昇していくドラッギーな映像がGIFのようにひたすらループされていくというもので、やはり同時期にアップロードされた「angel」における、一九八〇年代のCMを映したVHS風映像や当時最先端であったコンピュータ・グラフィックの旧式映像の単調なループと並んで、のちのヴェイパーウェイヴの原光景とでも呼ぶべき代物になっている。

＊

レコードのピッチを落とすことで生まれる世界の減速感とヴォーカルの低音化＝亡霊化は、ヴェイパーウェイヴに受け継がれる過程で、八〇年代アメリカのショッピングモールの有線で流れていた、エレベーターミュージックやミューザックと呼ばれた商業用BGMに適用されることになる。ここに至って、DJ Screwが試みた世界の減速化が、ミレニアル世代が抱く過去へのノスタルジアと出会う。

YouTubeのレコメンド・アルゴリズムが竹内まりやの「Plastic Love」をミーム化させるほどバズ

らせ、英語圏VTuberのGawr Guraが3Dライブで山下達郎の「RECIPE」を歌う[8]……、今では私たちはそんな時代を生きている。

ミレニアル世代以降の若者が、自分たちの生まれる以前の時代に対して抱くノスタルジア。この奇妙とも思える感情にまつわるタームとして、「アネモイア（anemoia）」というものがある。これは二〇一二年にアメリカ人アーティストのJohn Koenigが、その名も『The Dictionary of Obscure Sorrows（あいまいな哀しみについての辞典）』という、現在それを言い表す言葉が存在しない感情に対して概念を与える辞書を作成するプロジェクトの中で作り出した造語で、その意味は「居合わせたことのない時代に対するノスタルジー」。私たちは、この「アネモイア」の定義に「居合わせたことのない空間に対するノスタルジー」を付け加えるべきだろう。海外のZ世代が日本の八〇年代シティポップに郷愁を覚え、同様に日本の私たちがアメリカの八〇年代的商業空間を異化させるヴェイパーウェイヴに郷愁を覚えるとすれば、それは居合わせたことのない時代だけでなく、居合わせたことのない空間に対してもノスタルジックな感情を抱いているからではないか。

＊

近年、リミナルスペースやバックルームのような、空間とノスタルジア（それと不気味さ）が組み合わさったところに立ち上がるインターネット・ミームが増えている。

たとえば、プールコアと呼ばれる美学（aesthetic）の一ジャンルが存在する。確認しておくと、ここでいう美学とは、特定のアカデミックな専門領域のことでなく、インターネットにおける視覚表象に対する特殊な文脈に根ざした審美感を指している。接頭辞の「コア」はあらゆる単語に接続可能で、結果として音楽ジャンルのように野放図な「コア」の増殖を招いている。たとえば、一九世紀のロマン主義的な田園生活を模したインスタグラムの画像には「コテージコア」(Cottagecore)、九〇年代からゼロ年代初頭にかけての個人ホームページ時代のGIF、FLASH、ピクセル・グラフィックスなどのインターネット的表象には「ウェブコア」(Webcore)、といった具合。八〇―九〇年代のコンピュータやビデオゲーム、直訳調の奇妙な日本語の文字といったヴィジュアルアートを好んで用いるヴェイパーウェイヴが、こうした「美学」のムーブメントにも多大な影響を与えていることは想像に難くない。

さて、プールコアとはその名の通りプールにまつわる「美学」である。その主な構成要素は、3DCGによって描画された無機質で人気のない屋内プール、清潔なタイル、白と青を基調とした色彩、湛えられた静謐な水、等々……から成る。

白昼夢を思わせるプールコアのイメージは、幼少の頃に訪れたプールを懐かしさとともに想起させると同時に、その奇妙な現実感の希薄さ(たとえば無人という要素)は、ある種の「不気味さ」がこの「美学」に通底していることを明らかにしている。この「不気味さ」は、プールコアがたとえばリミナルスペース(真夜中のホテルの廊下や無人のコインランドリーといった、ある種の懐かしさと同時に、人々が一時的に滞在するための交通空間から人影が消去された際に喚起される不気味さや不安さを特徴とする「美学」)とも類縁関係にあることを示している。

リミナルスペースやコアの美学はまた、音楽とも容易に結びつき合う。現に、YouTube上には

『THE POOLROOMS（3 Hours of Relaxing Music | Ambient, Dreamcore, Poolcore）』や『It's 1993 and you're in a hotel pool（Vaporwave Mix）』といった、プールコアをコンセプトにしたＭＩＸやプレイリスト動画が上げられている（付言しておくと、YouTube はその性格上、こうしたコンセプチュアルなＭＩＸ／プレイリストと親和性が高いといえる。たとえば、サムネイルの要素や一枚絵／スライドショー／動画といった選択肢の幅は、コンセプトのイメージをより視覚的に伝えやすくすることに貢献する）。空港のための音楽ならぬ、プールのための音楽……？　子供の頃にかつて訪れていたかもしれない、しかし過去も現在も一度も存在したことのないプールで流れていた記憶の中のバックグラウンド・ミュージック……。当然、こうした「美学」系のプレイリスト動画で選曲されるのが、ヴェイパーウェイヴやその系譜上にある楽曲であっても不思議ではない。

　ここにも、DJ Screw の亡霊が漂っているのだろうか。ただ、ここには DJ Screw にはなかった要素が新たにひとつ加わっている。それこそがリヴァーブ（残響）に他ならない。スロウド＆リヴァーブと呼ばれるこのＤＩＹリミックス手法は、音楽に「残響」という（室内）空間的な要素を付加する。それは、懐かしさだけでなく、ある種の寂しさや孤独感をも惹起させるだろう。

　スロウド＆リヴァーブについても軽く触れておくと、このリミックス手法は、二〇一七年に Jarylun Moore こと Slater が YouTube にアップロードした動画、Lil Uzi Vert「20 Minutes」のＤＩＹリミックスを端緒としている。当時二〇歳の彼は、この曲をデジタル処理で元のテンポの約八五パーセントまで遅くし、ボーカルを太く長くし、四五回転のシングルを三三回転で再生したようなサウンドに仕上げたという。

スロウド&リヴァーブはインターネットのサブカルチャーに影響を与え、愛好家たちによる様々なＤＩＹリミックスが生み出された。そのうちのひとつ、Tame Impala の楽曲「the less i know the better」にスロウド&リヴァーブの処理と波のセル画アニメーションのループ（この界隈の作品には日本の八〇年代アニメを好んで用いる傾向がある）を加えた動画は、現在までに合計約三〇〇〇万回再生されている。(9)

スロウド&リヴァーブのパイオニアである Slater もまたヒューストン出身で、故 DJ Screw のＭＩＸテープを聴き、日本のアニメを見て育った。もっとも、Slater のスタイルは、DJ Screw の「チョップド」ビートを欠き、よりドリーミーでソフトなエッジのネタを好むなど、DJ Screw とは異なる点が多くあり、そのことについては本人も自覚的である。

『ピッチフォーク』の取材記事の中で、「スロウド&リヴァーブのリミックスがもたらす孤独感や悲しみがリスナーの絆となり、孤独そのものを一種のコミュニティに変えてしまう」のだと Slater が述べていたのが殊更に印象に残った。(10)

他方で、ヴェイパーウェイヴのシーンでもまた一種のリヴァーブ回帰のような現象が起こっていた。スラッシュウェイヴ（Slushwave）と呼ばれるサブジャンルの登場がそれである。多様化し、サンプリングすら行わず手打ちで作曲するヴェイパーウェイヴまで出てきた近年、再びサンプル主体のクラシックスタイルなヴェイパーウェイヴを志向するのがスラッシュウェイヴといえるだろう。その際に規範となったのが、たとえばテレパシー能力者に見られるスタイル、すなわち、サンプリング音源の果てしないループ、深いリヴァーブやフェイザーやディレイといった各種エフェクトの多用、といったスタイルである。

スロウド&リヴァーブはその手法の簡易さも手伝ってか、雨後の筍の如く増えていった。かくして、プールコアやリミナルスペース、ドリームコア（夢や記憶喪失などの白昼夢的イメージをモチーフとする美学）といった美学をコンセプトに据えた無数のＭＩＸ／プレイリスト動画は、減速化した音楽が深いリヴァーブの残響とともにどこまでも揺蕩う、まさに微睡みを思わせるメランコリックなサウンドトラックと化したのだ。

＊

リヴァーブと空間性について、もう少し考えてみたい。先に挙げたプールコアのＭＩＸ動画、「It's 1993 and you're in a hotel pool（Vaporwave Mix）」というタイトルにいまいちど注目してみてほしい。一九九三年、あなたはどこかのホテルの屋内プールに居る。そう、ここにはある特定の、具体的なシチュエーションが記されているのだ。視聴者である（過去の、幼少時代の）あなたを中心としたひとつの（ＶＲ的な）空間が措定され、そこにあなたはひとりで投げ出される。一九九三年、記憶のどこかに存在する（あるいは存在しない）、誰もいないホテルのプールルーム。すると、どこからともなく音楽が流れてくる、寂しげな残響とともに……。

もうひとつ、リヴァーブを効果的に用いた面白いコンセプトＭＩＸの例を紹介しておこう。「you're in a bathroom at a party」という、ほとんどひとつのジャンルと化しているシリーズがそれだ。タイトルを一瞥すればわかるように、これもまたシチュエーション系の動画である。「あなたは、クラブのトイレに居る」。たとえば、『you're in a bathroom at a 2013 party』(11)という、四四〇万回以上再生されている動画を見てみよう。緑のネオンカラーのサムネイルには、クラブのトイレが映っている。二〇一三年のとあるパーティー、あなたはトイレの個室にいる。タイトルは視聴者にそう呼びかける。まるで暗示のように。あなたはトイレの個室の暗がりで用を足しながら、目の前のトイレの扉や、あるいは床のタイルをあてどなく眺めている。すると、遠くのメインフロアから、キックの低音やヴォーカルの高音が深い残響を伴いながら、あなたの耳にまでかすかに漏れ聞こえてくる。そう、それは二〇一三年のクラブのフロアでよくスピンされていたEDMのトラックたちなのである。

「you're in a bathroom at a party」というジャンル(?)は、MIX音源に深いリヴァーブをかけ、さらに音量を意図的に絞ることで、トイレでフロアから漏れてくる音をなんとなしに聴いてるという、クラバー(あるいはかつてクラバーだった者)なら誰しも体験したことのあるであろうノスタルジックなシチュエーションを視聴者に追体験させることを可能とする。まさにコロンブスの卵のような発想といえようか。同時に、ここでも「空間性」の演出が巧みにノスタルジアと結びつく機制を確認することができる。「空間」と「距離」の演出と、それが生み出す「懐かしさ」の感覚。

「you're in a bathroom at a party」シリーズには、他にも特定の年代のトラックを集めたMIX、たとえば『you're in a bathroom at a 1985 party』や『you're in a bathroom at a 2011 summer party』など、年数だけを変えたものも多い。どれもサムネイルはネオンカラーを基調としており、やはりヴェイパーウェイヴ的な美学の影響下にあることがうかがえる。

だが、なかには一見して奇妙に思えるものも混じっている。たとえば、『you're in a bathroom at a 2021 summer party』や、『what 2020 parties would have sounded like and you were in a bathroom』などがそれだ。コンセプトは変わっていないように思える。しかし、年数に注目してみてほしい。方や二〇二一年、方や二〇二〇年。あまりに最近ではないか。これだけ直近では、ノスタルジーの対象とならないのではないか。もちろん、コロナ禍の影響はある。これらの年はパーティーが激減していた。その意味では、コロナ禍が存在していなかった世界線を想像するよすがとしてこの動画が作られた意図もあるかもしれない。しかし他方で、それでもこれらはノスタルジックな動画たりうるのだ。どういうことか。

『you're in a bathroom at a 2021 summer party』(12)を見てみよう。この動画がYouTube上に投稿されたのは二〇二一年の一〇月頃なので、ということは動画内のシチュエーション（二〇二一年のサマーパーティー）とほとんどリアルタイムということになる。それが、どうしてノスタルジアと結びつくというのか。答えを与えてくれるヒントはコメント欄にあった。“imagine when it's 2030 and this is nostalgic for us”、ひとりの視聴者はそうコメントしていた。「二〇三〇年になる頃には、私たちにとってこの動画はノスタルジックなものになっている、そんな想像をしてみること」そう、この動画は、言ってみれば、未来に向けて投げ出された、ノスタルジアの潜在力、言い換えれば「喪失の予感」をあらかじめ内蔵させたタイムカプセルだったのだ。二〇三〇年になって、またこの動画を再生して、それがノスタルジックなものとして立ち現れてくるのを想像すること。未来のためのノスタルジア。投機された仮想の未来の時点から現在を回顧する。いわば、ノスタルジーの先取りとしての……。

付言しておけば、シチュエーション系の動画は他にもさまざまなヴァージョンが存在している。もちろん、そのすべてを紹介し尽くすことはもとより不可能ではある。たとえば、『your family is asleep and you're playing minecraft on a cool 2012 summer night』[13]という動画は、『マインクラフト』のBGMに鈴虫の音色を環境音として組み合わせたシンプルなものだが、驚くなかれ、五〇〇万回以上も再生されている。これもタイトルに記されたシチュエーション（二〇一二年の夏、両親が寝静まった深夜にあなたはマインクラフトをプレイしている）が視聴者に喚起させるノスタルジックなイメージ力の賜物といえるだろう。

いつか、後の世代にとって、YouTubeに残された無数のアーカイブが「懐かしいもの」として受容される日が来るかもしれない。現に、ニコニコ動画のアーカイブ群は、すでに特定の世代にとってのメモリーアルバムと化している。その意味では、ネット上に遍在するありとあらゆるデジタルデータは、未来に向けて埋め込まれたタイムカプセルのようなものとしてある。

＊

YouTubeにgirl2374というユーザーがアップロードした『Everywhere at the End of Time but it's for Gen Z』[14]というコンセプトＭＩＸ動画が存在する。そのタイトルとサムネイルが示唆するように、ザ・ケアテイカー（イギリスのアンビエント・ミュージシャン、ジェームス・レイランド・カービーによる変名プロジェクト）によるアルツハイマー型認知症をテーマにした『Everywhere at the end of time』というコンセプト作品のオマージュである（元ネタのジャケットに描かれていた奇妙なオブジェは『マインクラフト』のブロックで再現されている）。参照元となったザ・ケアテイカーの作品は、アナログレコードのパチパチというクラックルノイズが鳴り響くなか、深いリヴァーブをかけられた一九二〇年代から三〇年代にかけてのボールルーム・ミュージックとともにはじまるが、ノイズは次第に激しさを増していき、音楽は歪み、バラバラに断片化していく。やがて曲は完全に崩壊し、後に残るのはノイズのみとなる。この計六時間半に及ぶ長大な作品は、認知症患者の記憶が失われていく過程をリスナーに追体験させる。ここにあるのはもはや甘美なノスタルジーではなく、不確かで脆い、時間の速度を前にして無力な記憶に対する不穏な予感である。

girl2374による『Everywhere at the End of Time but it's for Gen Z』は、そのタイトルが示すように、いわばZ世代にとっての『Everywhere at the end of time』である。そこで流れるのは、ボールルーム・ミュージックではなく、『カールじいさんの空飛ぶ家』や『ハウルの動く城』のサウンドトラックであり、『Undertale』の楽曲であり、はたまた『マインクラフト』のBGMであったりする。だがやはり同様に、深いリヴァーブが靄のように楽曲を覆い、それらも徐々にホワイトノイズの砂嵐の中に飲み込まれていく。レコードの針がすり減っていくように記憶もまたすり減っていき、甘美な記憶の像に耳障りな音飛びが加わり始める。そして最後にはそれすらも跡形もなく解体され砂塵のように真空に消えていく。

みずからがいつか老人となり、慣れ親しんできた音楽が、忘却の彼方へと消えていく酷薄な未来を今ここで先取りして経験することで、現在がかけがえのないものとして、ある種の懐かしさとともに経験されうるのだろうか。

＊

記憶障害。それも集合的な。マーク・フィッシャーは、「現代という時代に充満しているノスタルジーのかたちはおそらく、過去にたいする熱望としてではなく、新たな記憶を生み出すことができなくなっていることとして、もっともはっきりと特徴づけられるものなのである」と述べていた。[15] 冷戦の終結後、大きな物語の崩壊に伴い、集合的な記憶を生み出すことがますます困難になっている。存在するのは、個別化され、バラバラとなった記憶の破片だけだ。

たとえば、「Every Copy Of Super Mario 64 Is Personalized」と呼ばれる、TVゲーム『スーパーマリオ64』にまつわるクリーピーパスタ（＝インターネット都市伝説）がある。これは、『スーパーマリオ64』のソフトには実験的なAIが搭載されており、ゲームをプレイする人間の潜在意識に作用し、各プレイヤーのゲーム体験を細部で変化させることでパーソナライズしている、という陰謀論めいた説を発端としている。つまり流通しているすべての『マリオ64』のソフトは、さながら現在のインターネット環境のように巧妙にパーソナライズされていた、というわけだ。[16]

この都市伝説的陰謀論は、『マリオ64』の記憶を他者と共有しようとする際に発生する細部の食い違いを説明可能にするレイヤーを提供してくれる。小学生の頃、どうして皆おなじゲームをプレイしていたはずなのに、これほど記憶に食い違いが発生するのだろう。あんなステージで、ワリオの生首に追いかけられた記憶はない、ないはずだ……、しかし……？

ひとつのゲームに対してさえ、コンセンサスのとれた集合的な記憶を作り出すことがかくも困難であることを、この都市伝説は残酷なほど示している。集合的記憶障害の時代。

*

記憶とは、引き出しの奥深くにしまい込まれた埃だらけのゲームボーイのソフトのようなものだ。普段は忘れているが、ふとしたきっかけで思い出したりする。だが、肝心のハードウェアがどこかへ散逸していたり、セーブデータが消えていたりもする。すべてが不変というわけにもいかない。けれでも、他方で私たちはまったく変わらない何かをどこかで求め続けているのかもしれない。インターネットに溢れるノスタルジアの表象は、あらゆるものが変化していく世界に対する絶望的な抵抗を示しているように見える。9・11が起こらなかった世界、原発事故が起こらなかった世界、コロナ禍が起こらなかった世界……等々。私たちは、皆どこかで「間違った現在を生きている」という感覚に苛まされているのではないか。変化しなかったはずの世界を待望すること。起こらなかった過去が起こりうる、しかしそれは一体どういうことなのだろうか。並行世界への憧憬、不可能なユートピアとしての……?

インターネットに彷徨う失われた未来の亡霊たちは、デジタルデータの集積に取り憑き、私たちの記憶が最後の音を奏でるのをやめ、静謐なホワイトノイズとなった後も、もうひとつの世界を夢見つづける。

＊

先の『ピッチフォーク』の記事の中で、スロウド&リヴァーブのリミキサーであるIyad Djellaliは、「(スロウド&リヴァーブによって)曲は、よりパーソナルで、より内省的になり、ほとんどプライバシーを獲得するような感覚になります」と述べている。

寂寥感と孤独感を惹起させるリヴァーブは、しかし同時に個室という空間にひとりで居るような安心感を与えてくれる。胎内のような密閉空間の内部で、靄のようなリヴァーブに包まれながら、意識は微睡みへと溶け出していく。

集合的な記憶障害の時代。レクサプロとオピオイドの時代に、それでも愛はありうるのだろうか。

＊

Slaterが述べていた、「孤独感や悲しみがリスナーの絆となり、孤独そのものを一種のコミュニティに変えてしまう」という言葉を思い起こす。孤独な者たちが孤独なまま繋がり合う共同体。そんな「共にある」あり方を想像してみること。

昨今のインターネットはどこも殺伐としているが、YouTubeのコメント欄に限ってはそうともいえない。Checkpointsと呼ばれる、YouTubeのコメント欄においてひっそりと営まれている奇妙な文化はその貴重な一例である。

Checkpointsとはロールプレイングゲーム(RPG)から採られたタームで、日本語の文脈に置き直せばセーブポイントのような意味合いになる。[17]人生の一時的な休息所。眼前の過酷なボス戦に備えた、ひとときの安息。

Checkpoints の多くは、ニンテンドー系のゲーム音楽の動画のコメント欄において営まれる。ミレニアル世代以降、ゲームのOST（オリジナル・サウンドトラック）が人々にとって音楽の原体験となっていることが少なくない（ヴェイパーウェイヴがしばしばゲーム音楽を参照するのもそれが理由だろう）。YouTube のレコメンド・アルゴリズムに誘われ迷い込んできた人々は、その動画のコメント欄に、日々の現実の苦痛から一時的に逃れさせてくれるセーブポイントを発見する。

チェックポイント：二〇二二年一月三〇日に親友のひとりが自殺しました。この曲を聴くと、ソファでコーラ片手にピザを食べながら、誰が最初にこのステージをクリアできるか、大声を上げながら競い合っていた、あの遠い日々を思い出します。あの頃に比べると、人生はとても辛い。

もしあなたや、あなたの愛する人が鬱病と闘っているなら、あなたはそのままで十分すばらしい（you are ENOUGH）、ということを知っておいてください。あなたは大事な存在で、あなたがいなかったらいつもと違う明日が来てしまうだろうから。

これは、『Donkey Kong Country 2 - Stickerbush Symphony』[18]という、デビッド・ワイズの手がけた『スーパードンキーコング2』のOST「とげとげタルめいろ」を一時間にわたってループさせせた動画に投稿されたコメントのひとつを日本語に訳したものである。「とげとげタルめいろ」もやはりリヴァーブやディレイを効果的に用いたアンビエント・トラックであることは単なる偶然であろうか。それはともかく、この動画は二〇二〇年六月一〇日に投稿されてから現在に至るまで、約二五九万回再生され、約二万四〇〇〇件のコメントが書き込まれている（なお、過去に権利関係で一回動画が削除されている）〔二〇二四年七月追記：残念ながらこの動画は再び削除されてしまったようだが、別のユーザーによって再投稿された〕。そのコメントの多くが、親類との死別、難病の手術、メンタルヘルスの問題、国家試験の受験、等々といった困難な現実と向き合うための一種の自己治癒的な短い日記や随想として書かれている。その光景はさながらYouTubeの片隅において形成された奇妙な自助グループのようでもある。閉塞感しか存在しない現実に立ち向かうためのチェックポイント。

コメントの検索機能もソート機能も存在しない、言い換えればSNSのような利便的なアルゴリズムもソーシャル性もない（要は不便な）YouTubeのコメント欄にこうしたコミュニティが形成されているのは驚くべきことかもしれない。しかし見方を変えれば、SNS性の無さこそがコミュニティの維持に寄与しているともいえるのではないか。ともすれば、SNSはアルゴリズムが駆動させるエコーチェンバーや炎上によってコミュニティを分断と自壊に追いやる傾向にある。だが、Checkpointsはそうした息苦しい〝ソーシャル性〟とは無縁である。多くの人は偶然この動画に迷い込み、延々にループする記憶の音楽の中で刹那的な友愛を交わし合う。

前回、一年弱前にここを訪れたとき、私は重度のがんを患っており、快方に向かっているとはいえ、助からない可能性が非常に高かった。しかし、今は堂々と「がんを克服した」と言うことができます。

Checkpointsのコメント欄もまた、各々が自身のために埋め込んだタイムカプセルとして機能する。過酷な現実を生き抜き、いつの日か再びこの動画を訪れてみる。そのとき、過去に書き込んだコメントを振り返り、自分がどれだけ遠くに来たかを顧みることができるだろう。

CheckpointsはGAFAMのアルゴリズムに覆われたインターネットの辺境に存在する儚い隠れ家としてある。そこでは幼少の頃に繰り返し聴いた音楽が心地よいリヴァーブとともに流れ続けている。そこでは世界がどこまでも減速し、限りなく停止に近づいている。いつか、その空間すらノスタルジーの対象となった後も、生き残った人々の記憶の中の音楽が鳴り止むことはない。

## 註

（1）Walker, Lance Scott. DJ Screw (American Music Series) (p.1). University of Texas Press. Kindle.
（2）ibid, p. 211.
（3）https://web.archive.org/web/20070311071048/http://www.mtv.com/bands/h/hip_hop_week/chopped_screwed/index2.jhtml
（4）https://en.wikipedia.org/wiki/Chopped_and_screwed
（5）https://www.spf.org/jpus-insights/spf-america-monitor/spf-america-monitor-document-detail_99.html
（6）https://www.fnn.jp/articles/-/425245
（7）アン・ケース、アンガス・ディートン『絶望死のアメリカ』松本裕訳、みすず書房、二〇二一、二一―三頁。
（8）https://www.youtube.com/watch?v=lsFr7NzVVM8
（9）https://www.youtube.com/watch?v=K5Cuz3apNsg
（10）https://pitchfork.com/thepitch/how-slowed-reverb-remixes-became-the-melancholy-heart-of-music-youtube/
（11）https://www.youtube.com/watch?v=xtav_zZuppU
（12）https://www.youtube.com/watch?v=JXm5KmQQGaY
（13）https://www.youtube.com/watch?v=igVLTtrJDnk
（14）https://www.youtube.com/watch?v=PvUaMW4qgpw
（15）マーク・フィッシャー『わが人生の幽霊たち――うつ病、憑在論、失われた未来』五井健太郎訳、Pヴァイン、二〇一九、一八三頁。
（16）https://wikiwiki.jp/boudai/Wario%20Apparition
（17）https://www.robinsloan.com/lab/checkpoints/
（18）https://www.youtube.com/watch?v=bQx91RR3Y8o

# 5　未来のユートピア的ノスタルジー的遠方
## ヴェイパーウェイヴは代替現実の夢を視る

奇跡というものがどういうものか、知っているでしょう。バクーニンが言ったようなもんじゃない。そうじゃなくて、別な世界がこの世界に侵入してくることなんだ。

——トマス・ピンチョン『競売ナンバー49の叫び』

たしか、インターネットの旅での最初の感動は、とにかく「もうひとつの世界に繋がった」というものだった。

——粕谷康昭「外出先はインターネット」

「現実を超えて」、「あなたの世界」、「彼女は夜に訪問」、「私はあなたが欲しいんだよ」、「蒸気涙」、「サイバーファンタジー」、「この過去の未来」、「ハイパーマーケットの出会い」、「あなたの愛は私の救世主です」、「永遠に夢」、「心と魂の核変換／私たちの感情は一緒になって」、「ほとんど幸せ」、「夜に愛」、「仮想夢女の子」……etc.

telepath テレパシー能力者の楽曲タイトル群を眺めていると、それだけで陶然とした気持ちになってしまう。これら機械翻訳された直訳調の日本語タイトルは、その空疎さと無意味さゆえにほとんど泣きそうになるくらい甘美だ。

ヴェイパーウェイヴの楽曲タイトルに現れる日本語やハングルは、伝達されるべきいかなる具体的な意味内容も欠いている、という意味でそれは言語というより象形文字のようなものとしてまず立ち上がってくる。それは「意味」ではなく純粋な「イメージ」のみを私たちに伝えてくる。ヴェイパーウェイヴの核心にあるAESTHETIC（美学）なる審美的概念は、おそらくここにこそ関わってくる。それはどこまでも具体的な「意味」をすり抜けて、蒸気のように霞消えていく「イメージ」を、彼岸の幻影《ヴィジョン》を追い求めていく……。

＊

ヴェイパーウェイヴの何たるかは、Windows96というアーティスト名にすべて集約されている、と言っても過言ではない。YouTube上にアップロードされている、Windows96のアルバム『Enchanted Instrumentals and Whispers』の動画のコメント欄に、以下のような英語話者による書き込みを見つけたときは、ヴェイパーウェイヴの本質《エッセンス》が少しも損なわれることなくそこに結晶化されているという感覚を覚え、思わず膝を打ったものだ（以下拙訳）。

Windows96というのはヴェイパーウェイヴアーティストとして最高の名前だと思う。それはまさにヴェイパーウェイヴの何たるかを示している。つまり、決して訪れなかった未来、実現しなかった夢、そしてこの場合は、存在することのなかったオペレーティングシステム。(1)

失われた未来。ロスト・フューチャー。それは亡霊のように現在に回帰してきては、私たちに取り憑いてやまない。そしてその亡霊は、ありえたかもしれない「もうひとつの世界《オルタナティヴ・ワールド》」を幻視させる。ヴェイパーウェイヴとは、そのような亡霊に対して名付けられたひとつの名前である。

＊

今回（『ユリイカ　ヴェイパーウェイヴ特集』）の原稿を書くにあたって、編集部から与えられた仮テーマは「蒸気波《ヴェイパーウェイヴ》とダークウェブ」というものだった。

正直これを目にしたとき、頭を抱えるほどではないにせよ、これはなかなかの曲球だと思った。ヴェイパーウェイヴとダークウェブが直接的に関わり合っていることはない、と言ってもほぼ良いだろう。もちろん、Giant Claw の『DARK WEB』のような、アルバムタイトルに「ダークウェブ」を冠したそのものずばり（？）な作品も中には存在するとはいえ、である。

左様、私はいま「直接的に関わり合っていることはない」と言った。だがこれは逆に言えば、「間接的に関わり合っている可能性はある」、言い換えればダークウェブの「イメージ」がヴェイパーウェイヴに何かしらの影響を与えている可能性は否定できない、ということになる。

＊

ヴェイパーウェイヴという音楽ジャンルを形成する上で無視し得ない役割を果たしたアーティストのひとり、Vektroid（本名ラモーナ・アンドラ・ザビエル）は、二〇一六年六月、「bandcamp daily」において「Vectors of Vektroid and Vaporwave（Vektroid とヴェイパーウェイヴのヴェクトル）」と題して掲載された、よく知られたインタビュー記事の中で、自己形成する上で自身が現在までに影響を受けてきた様々なカルチャーについて言及している。(2) それらは彼女自身も断っているように、音楽的なものはほとんど含まれていない。すなわち、「Marble Hornets」(後述)であったり、ナムコのビデオゲームであったり、陰謀論カルチャーであったり、トランスヒューマニストの物語であったり、今敏(!)であったり(たしかに『パーフェクトブルー』などはいかにも彼女好みのテーマを扱っている)、そして深層WEBであったりといった、記憶の片隅にガラクタのように散らばりながらも、決して忘れ去ることのできない雑多な諸々。そう、たしかに彼女は深層WEB(ここでの深層WEBとはダークウェブとほぼ同義)からの影響を認めていた。

とはいえ、それは次のような問いを直ちに発したくなるだろう。果たしてどれくらい? と。残念ながら、彼女はこれ以上ダークウェブからの影響については深く言及していない。彼女はその空間に直接アクセスしたことがあるのか? それどころかそこの住人ですらあったのか? ダークウェブのブラックマーケットで非合法薬物をディールするVektroidの姿を想像するのは、なかなか難しいものがあるが……。

＊

だがひとまず、ここでダークウェブについて簡単なおさらいをしておこう。ダークウェブ、それは専用のソフトウェアを使わないとアクセスできないインターネット上の特定の領域を指してそう呼ばれる。その領域には、サーバーの所在地が秘匿化されたウェブサイトが数多く存在し、そのうちの少なくない割合が非合法的な活動――ドラッグ、銃器、マルウェア、児童ポルノの取引――のために運営されている。

　国家政府や法執行機関による介入や監視を逃れることができるという理由から、必然的にアナーキーでイリーガルな空間を形成したダークウェブ、その空間を成り立たせている暗号化ネットワーク――Torネットワークには、九〇年代から存在するサイファーパンク（cypherpunk）と呼ばれる暗号無政府主義《クリプトアナーキズム》の精神が流れ込んでいる。サイファーパンクは、ＮＳＡ（アメリカ国家安全保障局）に代表される国家政府による市民の「監視」に対して、暗号化技術によって抵抗＝自警することを目的とする、言ってみれば六〇年代におけるカウンターカルチャーの喪われた霊魂をサイバースペースの場において降霊しようと試みる集団であった。

　要するに、ダークウェブの根底にある価値観は「自由」であり、それも具体的に言えばアナーキズム、あるいはリバタリアニズムや無政府資本主義を奉ずる、どちらかというと過激《ラディカル》な「自由」である。彼らからすれば、ダークウェブは国家による干渉から完全に「独立」した「もうひとつの世界《オルタナティヴ・ワールド》」であり、それはジョン・ペリー・バーロウ（彼はグレイトフル・デッドの作詞家でもあった）が一九九六年に起草した「サイバースペース独立宣言」に象徴される、初期インターネットの理想像《イデア》とも合致するものであった。

＊

　しかし、ダークウェブが生み出したものはそれだけではなかった。ダークウェブは、図らずもダークウェブにまつわる都市伝説もまた大量に生み出すことになった。それはダークウェブに実際にアクセスしたことのない人々の間で形成されるダークウェブについての（勝手な）「イメージ」であり、それ自体が「もうひとつの世界」であると言えなくもなかった。

たとえば、なかでも典型的な都市伝説としては、ダークウェブのさらに深層にあると「噂」されるマリアナウェブという領域にまつわるものがある。マリアナ海溝をその名の由来とするマリアナウェブは、少数の選ばれた人間しかアクセスできず、かつそこにはスナッフフィルムをはじめ、拷問のライブストリーミング、人間の臓器を取引するブラックマーケット、果てには女性を売買する奴隷市場まで、この世のあらゆる酸鼻を極めた悪徳がつまっているという。とはいえ、そのような領域はもちろん実際には存在しない。

ダークウェブ都市伝説はYouTubeのような動画サイトにも進出している。そのうちのひとつに「blank room soup（ブランクルーム・スープ）」なる、ネット上ではその存在が比較的よく知られ半ばミーム化した動画がある。これは二〇〇五年から二〇〇六年にかけてYouTube上に上げられた二本の短い動画で、白い部屋の中で男性が泣きながら丼の中身を食べている横で、薄気味悪い着ぐるみを着た謎の人物二人組が男の頭をなでてやったりするという、どこかシュールでありながら何とも言えず不気味な雰囲気の内容であったことから、この動画は深層ＷＥＢで発見されたものではないか、という「噂」が二〇一五年頃を堺に飛び交うようになった。しかし現在では、動画内に登場する着ぐるみの所有者であるアニメーターの男性が冗談のために一連の動画を作成し、それが深層ＷＥＢと結び付けられることで拡散されたのではないか、という説が有力のようである。[3]

＊

深層WEBという、ダークウェブに与えられた別名《エイリアス》に象徴されるように、そこはインターネットにおけるアンダーグラウンド、あるいはフロイトのいう「無意識」のような空間として表象された。それはまた、一定の世代の人々の間に、現在のような各プラットフォーム企業による区画整理が行き渡ったウェブとは異なる、九〇年代からゼロ年代前半にかけての、あの豊穣でありながらもどこか薄暗くてアナーキーな未開拓地《フロンティア》としてのウェブの記憶を亡霊のように呼び起こさせるものでもあった。

現在ではSNS等のプラットフォームに定住するのが当たり前となっているが、あの時代のウェブは誰もが少なからず遊牧民であった。リンクからリンクへと辿ることで誰もが旅をしていた。未知のURLは、そのまま「こことは異なる場所」への扉でもあった。

＊

私事で恐縮だが、筆者はVektroid（一九九二年生まれ）とは四つ歳が離れている。とはいえ、ほぼ同じ世代、いわゆるミレニアル世代に属している。私の中でのウェブ体験の原記憶（？）は、二〇〇〇年頃にまで遡る。その記憶によれば、たとえばその頃は2ちゃんねる（現在は5ちゃんねるに改称）のオカルト板に「勇気が無くて見れない画像解説スレ」といったスレッドが頻繁に立てられていた。タイトルが示すように、そのスレッドでは、匿名の「依頼人」たちが様々な正体不明の

ＵＲＬを持ち寄り、セキュリティとグロ耐性に長けた「鑑定人」たちが実際にそれらＵＲＬの先に「何があるのか」をみずからの目で確かめ、鑑定し、解説してくれるのであった。

そこに持ち込まれたＵＲＬ群は、必然的に当時のインターネットの猥雑さを凝縮して煮詰めたような様相を呈することになった。さながら、差出人も宛名もわからぬまま、ネットの仄暗い海を回遊し続けるデッドレターの集積。多種多様なグロ画像にはじまり、各種ウィルス／スパイウェア／ブラクラ／その他有害なスクリプト、エログロ画像満載のFLASH通称「モンキーシュガー」、全画面で怖い女の顔が絶叫する悪質なジョークサイト、心霊動画、海外のサイケデリックFLASHアニメーション「Flashback」、精神病患者が自殺する直前に描いたと「噂」される不気味な首の長い女性の絵、その他意味不明なサイト、等々……。(4) 現在ではブラウザやウィルスソフトが事前に検出し、私たちの目に触れないように弾いてくれる「有害」なそれらが、その時代にはダイレクトに（ときには致死的なまでに）飛び込んでくるのであった。

（良くも悪くも）これが私にとってのインターネットであった。そして、そこにはたしかにこの現実とは異なる「もうひとつの世界」があった。

＊

これはあくまで推測に過ぎないが、Vektroidが影響を受けたという深層ＷＥＢとは、あくまで彼女の中のウェブの原記憶と結びついた形でのイメージ、いわば幻影《ファンタスマゴリー》としての深層ＷＥＢであって、現に存在する深層ＷＥＢとは必ずしも関わりがあるとは言えないのかもしれない。

重要だと思えるのは、彼女の中では、「Marble Hornets」とビデオゲームと陰謀論カルチャーとトランスヒューマニズムと今敏……等々が深層WEBと並列されているということだ。

このあたりで「Marble Hornets」について急ぎ足で解説を加えておくべきだろう。「Marble Hornets」は、スレンダーマンというネット都市伝説（ネットロア）から想を得た断片的なホラー動画シリーズで、有志らによって二〇〇九年六月から二〇一四年まで投稿された。内容は、いわゆるフェイク・ドキュメンタリー（モキュメンタリー）のスタイルを採っており、あくまで現実に起こったドキュメンタリーという体裁で撮影されていた。「Marble Hornets」は、オンライン上で様々な考察や議論が活発化したことで人気コンテンツとなった。

二〇一四年五月には、ウィスコンシン州において一二歳の少女二人が、もうひとりの一二歳の少女を森におびきよせて包丁で一九回も刺して大怪我を負わせるという事件が起きた。少女たちは、スレンダーマンに対する忠義を示すためには誰かを殺害するしかないと考えていた（念のため説明しておくと、スレンダーマンのネットロアは二〇〇九年六月、ウェブフォーラム「Something Awful」に、photoshop で「超自然的」な画像を作り出そう、という趣旨のスレッドが立ったのを発端としている。その数日後、そのスレッドに、子どもたちの背後に怪しげに立つ、この世のものとは思えない長身の男が写っているモノクロの画像が投稿された。これがスレンダーマンの発祥とされる）。

さながらスレンダーマンの存在は、単なるインターネット・ミームであることをやめて、現実世界にまで侵入してくるようであった。スレンダーマンと「Marble Hornets」は、現実《リアル》と電脳空間《サイバースペース》、現実《リアル》と物語《フィクション》の境界が思いのほか曖昧であることを教えてくれる。

また、Vektroidは同インタビューの別の箇所において、「I Love Bees」という代替現実ゲームからの影響を公言している。代替現実ゲーム（alternate reality game、以下ARG）とは一言で要約すれば、日常世界をゲームの一部として取り込んで現実と仮想を交差させる体験型の遊びの総称といえる。(5) そこでは、現実の街角に貼られた掲示物や、ネット上に散逸している断片的な情報（ヒント）をプレイヤーたちが協力して収集し、それらを線で結び合わせることで統合的な解を導き出していく。ゲームの舞台が仮想空間に限定されず、またプレイヤー同士の行動やコミュニケーションが再帰的にゲームの展開に影響を与えるインタラクティブ性も、ARGの大きな特徴のひとつだろう。

さて、「I Love Bees」は二〇〇四年のビデオゲーム『Halo 2』のプロモーションの一環として企画されたARGである。それはゲームを宣伝するためのバイラル・マーケティングとしてはまさに画期的な側面を含んでいた。アメリカのWEBメディア「CNET」は「I Love Bees」を指して、「現実世界における宝探し、インタラクティブな物語、そしてビデオゲームとオンラインコミュニティを包含させた」と表現した。(6)

ヒントはハッキングされたWEBサイトのコード、街角の宣伝ポスターなど、いたるところに隠されている。サイトには各公衆電話のGPS座標と、電話が鳴る時間のリストが掲載されている。オンラインコミュニティのメンバーたちは協力し、呼び出し音を鳴らしている米国中の公衆電話を見つけ出して受話器を取る。すると、あらかじめ録音された質問が流れてくるので、それに正しく答えるとストーリーが進んでゆく(7)。

＊

ＡＲＧは欧米では一定の認知度があるようで、他にも様々なＡＲＧが同時多発的に行われている（前述した「Marble Hornets」も広義のＡＲＧの文脈で括られることもある）。

それはまさに虚構の世界が現実の世界に侵食してくるような感覚を味合うことができるのだ。束の間、この世界に別の世界が侵入してくる。一時的自律ゾーンの顕現。「もうひとつの世界」が降りてくる――。

＊

ところで、二〇一九年、日本国内でもひそかにＡＲＧ的な現象を引き起こしていた一人のバーチャル YouTuber が存在する。それは鳩羽つぐである。

たとえば、Reddit の r/ARG では、鳩羽つぐとＡＲＧの親和性について指摘する投稿がなされている(8)。二〇一八年四月三〇日、「ミステリアスで変わった、そして奇妙な日本のバーチャル YouTuber が、ＡＲＧのような動画を投稿している」とでも訳せる英語タイトルで投稿されたそのスレッドでは、鳩羽つぐの断片的な動画に現れる、解像度の低さゆえの謎めいた要素群と、ＡＲＧにおける物語の展開のためにプレイヤーたちに与えられる手がかり（clues）との類似性が指摘されていた。また他のユーザーは、鳩羽つぐの動画と「Marble Hornets」の雰囲気上の類似にも着目していた。

現に、日本国内においても鳩羽つぐはＡＲＧ的な受容をされた、と言ってよい。鳩羽つぐについての情報の少なさ、動画の断片性と明確なメッセージの不在、そして鳩羽つぐというどこか儚げな３ＤＣＧモデルの少女。これらが相まって、鳩羽つぐを中心として様々な憶測や都市伝説が発生し、ネット上に回遊していくこととなる。ネットの住人たちは、鳩羽つぐの動画に現れる様々な要素を手がかり（clues）として、多彩な「解」を提示してくる。たとえば、鳩羽つぐは不審者に誘拐されており、彼女の動画は誘拐犯からのメッセージである、とする説。あるいは、鳩羽つぐは行方不明になっており、彼女の動画は捜索のために両親が公開したホームビデオである、とする説、等々……。

やがて、鳩羽つぐが住んでいる（もしくは住んでいた）とされる東京の西荻窪に、実際に足を運ぶ者たちが現れてきた（筆者もその一人である）。彼らは、淡水魚専門店「いそっぷ」の店前に佇む鳩羽つぐの幻を探した。住宅地の細い路地を迷い歩き、無人の公園を眺め、鳩羽つぐの存在の気配を、彼女の存在の痕跡を探し求めた。夕刻の西荻窪をあてどなく彷徨い歩きながらいつの間にか、鳩羽つぐという一人の少女が、この街でたしかに生活していた別の世界線に迷い込んだかのような錯覚を幾度となく抱いていた。

＊

閑話休題。Vektroid が影響を受けたという、ＡＲＧ、陰謀論カルチャー、深層ＷＥＢ、といった領域は、「bandcamp daily」の記事を執筆したライターの表現を借りれば、まさしく「異なったやり方で世界を知覚すること（alternative ways of perceiving the world）」という姿勢に関わってくる。現実と虚構の境界を侵犯し、「もうひとつの世界」をこの世界に投影《プロジェクト》すること。そうした実践は、「新しい生き方（new ways of living）」の次元を切り拓く試みとも不可分な形で結びついているはずだ。

Vektroid は、アダム・ハーパーによる高名な記事の中で、「この二〇年の間で、世界はゆっくりと現実に対して関心を示さなくなっているように思えて、そのことが私を魅了するのです」とコメントしている(7)。

*

リアリティの消えていく世界の中で、「もうひとつの世界」がその残響を引き伸ばしながら亡霊のように立ち現れてくる。Vektroid の作品群に共通して宿っているのは、まさしくこの「異化効果」、この世界の異化を伴う亡霊性だ。彼女は同じハーパーの記事の中で、「不気味の谷」効果に言及しながら、制作過程において音から馴染み深さを剥ぎ取ることに注力したことを語っている。「馴染み深さを剥ぎ取って、文脈を再構築したかったのです。それはほんの少し本来ある場所から外れているのです」と語っている。それは、ハーパーがヴェイパーウェイヴに認めた「ガラクタを神聖あるいは神秘的な何かに変容させる不気味な傾向性」とも関わってくる事柄だろう。

最後に、再三引用している「bandcamp daily」のインタビュー記事の中から、Vektroid によるとりわけ印象的な言葉をここに引いて擱筆としたい。

「私の作品の背後にある哲学的かつ観念的なテーマ群はパーソナルな場所から来ています。そこは、私の脳の中にある、人が立ち入ることを許さない隔離スペースのような領域なのです」

## 註

（1）https://www.youtube.com/watch?v=1X2TwPb3y10
（2）https://daily.bandcamp.com/2016/06/21/vektroid-interview/
（3）Cheena 著、矢崎雅之編『ダークウェブの教科書——匿名化ツールの実践（ハッカーの技術書）』データハウス、二〇一九。
（4）https://w.atwiki.jp/4b6cbd3c67efc7849608/
（5）https://ja.wikipedia.org/wiki/ 代替現実ゲーム
（6）https://web.archive.org/web/20050408163300/http://ecoustics-cnet.com.com/Blurring+the+line+between+games+and+life/2100-1024_3-5590956.html
（7）https://wired.jp/2004/10/21/ 虚構が現実を侵食する「代替現実」ゲームが人気 /
（8）https://www.reddit.com/r/VirtualYoutubers/comments/8fxq93/hatoba_tsugu_a_mysterious_strange_and_weird/
（9）https://www.dummymag.com/news/adam-harper-vaporwave/

# おわりに　Ghosts in the Broken Machine

もちろん生涯はひとつの崩壊の過程であるが……。

——フィッツジェラルド「崩壊」(1)

こうして、来る日も来る日も、彼は灰色の幻の世界を生きていた。その世界は死に等しいが、なぜか我々多くの人間には生《せい》と呼ばれて、それで通っている。ダーネルにとって、真《まこと》の生は狂気とも思われただろう。時折、その世界の光輝《ひかり》が行く手に影やおぼろげな物の姿を投ずると、ダーネルは不安にかられて、平凡な出来事や関心事からなる、彼が健全な〝現実〟とでも呼んだであろうものの中に逃げ場を求めた。

[…]ともかく、こうしてダーネルは、来る日も来る日も死を生ととりちがえ、狂気を正気と、無意味な、はかない幻影を真の存在と見誤って暮らしていた。彼は自分がシェパーズ・ブッシュに住むシティの会社員だと本気で考えていて、——正当な相続によって己のものである王国の神秘と、遠く遥かに輝きを放つ栄光とを忘れていた。

——アーサー・マッケン「生活のかけら」(2)

蒸気が音をたてて潰れたラジエーターから噴きだし、錆色の水滴をとびちらせた。エンジンの虚ろな唸り、機械の断末魔の喘ぎ。

——J・G・バラード『コンクリート・アイランド』(3)

私は壊れかけていた。前著『闇の精神史』を校了したあたりから、バーンアウト症候群が少しずつ顕在化してくるようだった。要するに私は原稿が書けなくなりつつあった。健康状態もやや不安定で、寝込んだり少し復調したりを繰り返していた。私はもはや何かを生産することができなくなっていた。

私の脳内のセロトニンもまた枯渇しかけていくようであった。もはや何も生み出せない。生産性の零度。すると、世界に対する見え方も変わってくる。（後述する）相関主義批判のひそみに倣えば、私たちは、脳内の神経伝達物質との相関を通じて世界にアクセスしている。だが、ドーパミンやセロトニンといった神経伝達物質が消尽した鬱病患者は、神経伝達物質によるフィルターを介さない、リアルな世界それ自体にアクセスしてしまうのかもしれない。それは、さながら灰色がかった砂漠としての世界。そこでは、労働の喜びや商品のきらびやかさといった、まやかしの幸福をもたらす神経伝達物質が垣間見せる幻影《ファンタスマゴリー》のヴェールは剥がされ、代わりに資本主義のリアル、資本と商品が無感動に流通し続ける酷薄な資本主義リアリズムの機構が透徹したように現前するだろう。鬱病者、それは資本と嘘偽りと虚栄に合わせて調整され形造られたこの世界に対して眼を見開く者だ。それもいかなる希望も期待も持たずに。彼らは、いっさいの価値も意味も認められない、ニヒリスティックな世界に対峙する。現実という砂漠へようこそ。彼らは言うだろう、私達が打ち込んでいるこの現実という名の虚無に一体どんな意味があるというのだろうか？　と。

この世界に価値はない。であれば、必然的に彼らは〈外〉に目を向けることになる。今や彼らは、世界の断絶的な変化＝変容を歓待するラディカルな形而上学者として世界と向き合う。

＊

しかし、〈外〉はすでに失われている。私にとっては、かつて執筆それ自体が一種の〈外〉の経験としてあった。身も蓋もない言い方をすれば、執筆は現実逃避の手段だったのだ。執筆は私に一時的にであれ避難所《アジール》を提供してくれた。しかし現在、原稿執筆は私にとって現実以外の何物でもない。生活に直結した原稿料という金銭を受け取るために行われる執筆が、抜き差しならぬ現実によって雁字搦めにされないはずがない。ここでも私の進退は極まったのである。

同様のことは私が主な住まいとしているインターネットについても言える。拙文「未来のユートピア的ノスタルジー的遠方——ヴェイパーウェイヴは代替現実の夢を視る」でも書いたように、私が思春期を過ごした二〇〇〇年前後のインターネットは、猥雑でときに酸鼻を極めるような醜悪な側面も確かにあったとはいえ、間違いなくそこには、この狭量な現実とは異なる「もうひとつの別の世界」があった。未来がまだ未来だった頃の話だ。

翻って現在のインターネットはどうか。かつてのフロンティアとしてのサイバースペースは影も形もなく、GAFAMをはじめとするプラットフォーマーによる囲い込みが隅々まで行き渡っている。かつてのネットユーザーは、サイトに貼られたリンクからリンクへと渡り歩いていく遊牧民のような存在だった（それは波を乗りこなすサーフィンにも喩えられた）。しかし、現在のネットユーザーは、特定のプラットフォームから一歩も出ることなく、そこで自足した生活を送る定住民の様相を呈している。

現在のデジタル封建制は、ジル・ドゥルーズが「追伸――管理社会について」において下した管理社会を巡る予言をほぼそのまま当てはめることができる。

規律社会が指令の言葉によって調整されていたのにたいし、管理社会の数字は合い言葉として機能する（これは同化の見地からも、抵抗の見地からも成り立つことだ）。管理の計数型言語は数字でできており、その数字があらわしているのは情報へのアクセスか、アクセスの拒絶である。(4)

デジタル封建制のもとでは所有権は存在しない（正確に言えば、領主たるプラットフォーマーだけがその土地とコンテンツを所有している）。たとえばNetflixやSpotify。そこは何万本もの映画や音楽があるわけだが、会員になればそれらを所有できるわけではない。会員登録しているあいだだけ、そのコンテンツへのアクセス権を一時的に付与されているに過ぎない。要するに、地代と引き換えに封建領主の収める領地に一時的な仮の住まいを得られるわけだ。そこで消費者は様々な価値を手に入れることができるかもしれない。しかし、そこに果たして「自由」はあるのだろうか。現在のインターネットは、パスワードとクレジットカードの番号によって情報へのアクセスが許可されたり、アクセスが拒絶されたりする、封建的ゲーテッドコミュニティが乱立している状況に見えなくもない。私たちの生活は、すでに少なくない部分が巨大な私企業の支配下に置かれている。言うまでもなく、そこに〈外〉はない。

〈外〉は遍在するアルゴリズムによっても圧殺されている。TikTokやNetflixのフィードに至るまで、アルゴリズムによるレコメンデーションが私たちの体験や選択を先回りして決定する。この数学的に決定されたネットワークは、ほとんど気づかれることなく、私たちの趣味嗜好や政治思想の選択にまで入り込んでくる。アルゴリズムが織り成す、この再帰的に強化され続けるネットワーク、すなわち「フィルターワールド」(Kyle Chayka)には〈外〉がない。過去の自分の行動記録をベースにしたアルゴリズムによって個人化《パーソナライズ》された環境、それはさしずめ過去の自分の似姿が無限に乱反射する鏡地獄であろう。ここでは、他者=〈外〉との出会いも、新しい自分との出会いもありえない。「自分を変える」契機は予め奪われているのだ。人は既知とデジャヴに取り囲まれた「共鳴室《エコーチェンバー》」の牢獄に閉じ込められる。ここに欠けているのは〈外〉、言い換えればセレンディピティ、すなわち偶然的な未知との出会いである。

今では、インターネットはすっかり現実の一部になった。ポーランドの若い世代に属する作家 Piotr Czerski は、「We, the Web Kids.(私たち、ウェブ・キッズ)」の冒頭に次のように書きつけている。

> 私たちはインターネットとともに、インターネット上で育った。このことが私たちを他とはちがう存在にする。あなたがたからみれば驚きだろうが、このちがいは決定的である。私たちはネットを「サーフィン」しないし、私たちにとってインターネットは「場所」でもなければ「仮想空間」でもない。インターネットは現実の外部にある何かではなくて、現実の一部なのだ。[…]私たちはインターネットを利用しているのではなく、インターネット上で生活し、インターネットに沿って生きているのだ。(5)

現在の私たちはスマートフォンを介してどこでもネットにアクセスでき、IoTによって様々なデバイスや家電がネットと相互接続される。インターネットとは現実と生活の一部でしかなく、そこからの退避所ではなくなった。この趨勢はApple Vision Proに象徴されるMR（複合現実）の普及によってさらに加速するだろう。そこでは、サイバースペースと現実空間が一つの視野空間上に統合されるのである。つまり、現実生活における仕事、勉強、娯楽、社交といった日常生活全体が特定のプラットフォームに囲い込まれ、アルゴリズムとアーキテクチャによって計測／統御される可能性に常に曝されることになるのだ。インターネット＝サイバースペースは今や、「ここではないどこか」ではなく、私たちを包囲し留め置くための「ここ」になったのである。

　私たちは、こうした状況に対して、どのような戦略を用いるべきなのだろうか。フィルターワールドのアルゴリズムによって再帰的に閉じていく回路、そのワイヤーを再び〈外〉へ向けて繋ぎなおす（Rewire）こと？[6] だが、果たしてそんなことが本当に可能なのだろうか。

＊

　そして、これも言うまでもなく、現実社会からも〈外〉は失われて既に久しい。たとえば、失踪というファクターから〈外〉の消失を論じた書籍として、中森弘樹『失踪の社会学——親密性と責任をめぐる試論』を挙げることができる。

　現代は個人主義の時代といわれるが、それでも人間関係からの離脱はあいも変わらず困難なままであり、ときには道徳的非難の的にさえなる（たとえば妻子と借金を残しての失踪など）。近年の一般的傾向として、自殺する人間は、自殺する前にその原因となっている社会的諸関係からの離脱＝失踪という選択肢をとらない。彼らにとって、失踪というオルタナティブはありえないのだ。まるで、この社会には〈外〉など最初から存在しないかのように……。

中森は『失踪の社会学』の中で、なぜ現代社会では「親密な関係」からの離脱が困難なミッションとならざるを得ないのか、という問いに対して精緻な分析を行ってみせている。それは煎じ詰めれば「責任」の問題――中森はそれを「自己責任」と「親密なる者への責任」のカップリングと要約する――に帰着する。人間は何事かがあると、往々にして「責任」の所在をあら捜しする社会的生物である。その一方で、人間は常に他者からの「承認」を必要とする社会的生物でもある。こうした終わりなき「帰責ゲーム」と「承認ゲーム」の末に、私たちは人間関係と親密性が複雑に織りなす網の目に絡み取られ、すっかり身動きがとれなくなってしまう。親密性のディストピア。

ところで、近世以前の日本の村落共同体では、人が失踪した際に、それを神が人を隠したものとして失踪の真相を不問に付す、いわゆる「神隠し」の風習が存在した。「神隠し」という物語には、失踪した者が「向こう側」の世界、彼岸に位置する「異界」へ送り出されたと解釈することで、失踪の背後に横たわる様々な事象や事件――家出、駆け落ち、自殺、事故死、殺人、等々――に「神隠し」という断絶線を横切らせることで、その失踪に対する人々真相の追求や疑問、感情などを切断させる機能があった。言い換えれば、そこには確かに社会の〈外〉が存在していたのだ（もちろん、ここには網野善彦が指摘した中世日本における「無縁」の原理の残余を見ることもできるだろう）。

注意しておくべきは、隠し神に失踪の責任を帰属させる「神隠し」の論理には、世俗的日常とは明らかに異なる因果関係の論理が導入されている点だ。

ただし、「神隠し」の物語における論理を、日常的な因果関係の論理と完全に同一視すべきでもないだろう。「神隠し」の物語が、あくまでも、異界と呼ばれる日常とは異なる象徴的世界によって成立するものである以上、「神隠し」の論理も、日常的な因果関係の論理とはそもそもの前提が異なると捉えるべきなのだ。[7]

「異界の論理」は、失踪の背後にある諸々の物語や責任を放免する。その意味で、「異界の論理」は、日常の因果関係の論理を打ち消す。「異界の論理」、それは日常における因果の鎖に有無を言わさぬ断絶を加えることで論理＝物語に「終わり《エンド》」をもたらし、まったく別の新たな論理を開始させる論理、すなわち一種の否―論理といえないか。

現代社会にあっては、〈外〉は、彼方の世界は、もはやどこにも見出せない。そこでは責任を当事者に代わって肩代わりしてくれる隠し神も、異界と呼ばれる象徴的世界観も、責任からの解放を担保してくれるアジールとしての場所（たとえば中世における無縁所など）も存在しない。〈外部〉性の論理や価値観が失効した現代において、〈外部〉なき世界にふたたび〈外部〉を呼び戻すこと、〈外〉とのコミュニケーション＝交流を復活させること。それはとりも直さず「異界の論理」の残滓を現代において見出さんとする試みにも繋がるはずだ。しかし、それはいかにして可能になるのだろうか。

＊

当然、「異界の論理」と「日常の論理」という相容れない二つの秩序の間には深い溝が、巨大な空無を開けて走っている。言ってみれば、それらはメタレベルとオブジェクトレベルにそれぞれ相当する。普段はそれらが混じり合うことはないが、〈外〉との交流において、二つの位相が閃光のように一致する瞬間がある（現に、近世以前の村落共同体では、失踪者という消えゆく媒介が二つの位相秩序をリンクさせる役割を担っていたといえる）。

メタレベルのオブジェクトレベルへの侵入は、しばしば日常の論理秩序を破壊的なまでに変容させてしまいかねない。いわば、この世界がそのまま〈外〉へと変容するのだ。そのことを示す一例として、いささか唐突であるがＴＶアニメにおける作画崩壊と呼ばれるケースについて考えてみたい。

作画崩壊とは、制作過程において発生する作画の技術的な破綻であり、往々にして視聴者からの批判の対象となる。アニメにおいては、単純化して言えば、物語という「内容」と作画という「表現」（あるいは「形式」）の二つのレベルが存在している。作画崩壊は「表現」のレベルにのみ関わる。これら二つのレベルの間には断層が走っており、通常であれば交わることはない。物語の登場人物たちが作画の崩壊に気づけないのは端的に言ってそれが理由である。しかし、彼らは本当に作画崩壊＝メタレベルの異変に気づくことができないのだろうか。

以下の例に示すように、アニメ作品の中には、作画崩壊それ自体がひとつの物語上の演出として昇華されているケースが存在する。この場合、作画というある種のメタレベルが物語というオブジェクトレベルの位相に降りてきていると言える。そのとき、物語世界に一体何が起こっているのか。

たとえば、二〇一五年に放映されたTVアニメ『ハッカドール THE あにめ〜しょん』二話では、いわゆるキャベツ作画といわれる過去に（今でいう炎上的に）話題を呼んだ作画崩壊の事例のパロディが作画として積極的に用いられる。すなわち意図された、演出としての作画崩壊、言い換えれば作画崩壊についての作画（メタ作画）、つまりは作画崩壊作画と言える。さらに続くダンスシーンでは、キャラクターたちが異様な姿形を披露しながら、四肢を奇妙にねじらせ奇形的なダンスを踊る。まるで作画崩壊の身体を手に入れたかのように。

もうひとつの例。こちらは3DCGアニメーションなので作画工程の勝手がやや異なるが、議論を単純化するためにこちらも作画崩壊作画に含めたい。問題となるのは、二〇一四年に放映された『てさぐれ！部活もの　あんこーる』三話。この話数では、冒頭にキャラクターの一人から「（制作の）労力をできるだけ抑えたい」というメタ的な宣言が成され、他のキャラクターから様々な作画コストの抑え方＝手の抜き方の提案がなされる。本編では、その不吉な提案通りに徐々に不自然な止め絵や作画の使い回しといった手抜きが増えていき、後半に至って白黒の線画だけになり（ちなみに本作は前述の通り3DCG作品なので、手を抜いたところで実際はこのような事態にはなりえない。言うなれば「手の込んだ手抜き」である）、遂には白い背景にアヴァンギャルドな落書きがぶち撒けられる、といった異形の空間が立ち現れる。文字通り世界が崩壊していくのである。そう、ここで崩壊しているのは作画だけではない。キャラクターたちの生きる世界もまた同時に崩壊している。そして、彼らはそのことを間違いなく知覚している。

作画崩壊作画が起きているとき、登場人物たちは、作画崩壊を世界の崩壊として実際に体験している。そう、彼らは作画崩壊の世界を生きているのだ。メタレベルとオブジェクトレベルが一致したとき、彼らは崩壊を知覚する。そのとき、世界それ自体が劇的な変容に曝される。作画崩壊は、それが物語世界の住人に知覚された瞬間に、世界の崩壊＝劇的変容に転化する。逆に言えば、それが知覚されない限り、彼らの世界は不動のままなのだ（言うまでもないが、こうした〈出来事〉の生起は、神学の領域では端的に「奇跡」と呼ばれてきた）。

ここで起こっていることこそは、「異界の論理」の「日常の論理」への侵入の、（フィクションに見られる）その最良の例である。ここでは、通常であれば断絶しているはずのメタレベルとオブジェクトレベルという二つのレベルの間に〈交流〉が発生しているのである。この〈交流〉こそが、〈外〉に深く関わってくると考えられる。

＊

世界初のコンピュータのバグは一九四七年、ハーバード大学のテストコンピュータに紛れ込んだ一匹の蛾によってもたらされた、とされる。ここにも別種の、二つの異なる位相にあるレベルの、他方から他方への侵入、言い換えれば異なる二つのレベルの〈交流〉が見られる。コンピュータからすれば、蛾とは思考不可能な、語り得ない対象だ。一匹の蛾（バグ）、それはコンピュータに不可逆な全的変容をもたらすかもしれない、予測不可能な外的要因、すなわちコンピュータにとっての〈外部〉に他ならない。

「小さな電気的エラー」を意味するグリッチもまた、「壊れ」や「崩壊」と不可分なものとしてある。画像データの破損によって意図せず生じるグリッチ画像について、美術評論家のgnckは以下のように述べている。

グリッチは、画像がそもそも0と1の羅列であることを、その一部が破損すれば全体に事故が起きることを示す。あるいは、機械の中に虫（バグ）が入り込もうとも、あくまでアルゴリズムは進行し続けるという、コンピュータの性質を。一度指令をうけたコンピュータは、魔法使いの弟子がいくら慌てようと、あまりに愚直に演算処理を続けるのだ。そして、その破損の仕方には、矩形性やビットマップの持つ絶対の水平性、版ずれにも似た色の重なりなど、デジタル画像が、情報としていかに像を記述しているのかさえもそこにあらわれる。画像形式によって、グリッチの仕方は大きく異なる。これはまさに画像形式が像の解釈／記述の仕方であることの証左だ。(8)

エラー＝壊れが、イメージの下に覆い隠された演算形式（＝物質性）を露呈させる。その瞬間、イメージを規定する演算形式とそれに規定されるイメージが並列するようにひとつの場を占めて溶け合う。グリッチとは、こうした出来事に与えられた名である。ここにもまた、メタレベルとオブジェクトレベルの短絡＝ショートサーキットが存在する。

＊

Iman Moradi はグリッチアートについての論文「Glitch Aesthetics」の中で、グリッチを Pure Glitch と Glitch-alike という二つのカテゴリーに分けて考えることを提案した。後者の Glitch-alike は人工的に模された美的表象としてのグリッチ、それに対して前者の Pure Glitch は人間の意図や主観の介在しない、データの不具合やエラーに起因する偶発的な生成物としてのグリッチとされた。「壊れ」に関わる、再現不可能な、一回的でリアルな〈出来事〉として生成されるものこそが純粋なグリッチに他ならないのだ。(9)

データのエラーを作品化するグリッチアートを手掛ける Kim Asendorf はインタビューの中で、もっとも古典的なグリッチとして壊れたカメラを挙げている。その上で、自身のグリッチアートの元にあるのは壊れたデバイスというフェティッシュであるとも述べた。(10)

＊

なぜ人は壊れた機械やデバイスに惹かれることがあるのだろうか。人間の意図から外れた予測不可能な挙動をする機械、その内側に無機物とも有機物とも異なる匿名的な「何か」の能動的な意思のようなものを見出してしまう、とでもいうのだろうか。一九八二年の映画『ポルターガイスト』の、テレビの砂嵐に魅入られた少女。テレビはやがて幽霊が私たちの空間に入り込んでくるための媒体《メディア》であることが判明する。

故障した電子メディアは自律的なインターフェースに似てくる、と指摘したのは『Babbling Corpse: Vaporwave and the Commodification of Ghosts』（未邦訳）の著者 Grafton Tanner である。彼は次のように述べる。

マーシャル・マクルーハンが主張したように、取り憑かれた電子メディアは神経系を拡張するのではなく、神経系を超越しているように見える。この超越性は、テレビやラジオのような取り憑かれたメディアが「それ自身の自律的な精神世界を生成することができる」ことを示唆している。言い換えれば、これらのメディアは、電子機器の中に棲む「幽霊」に取り憑かれているように見えるのだ。(11)

こちらからのコントロールのおよばない電子機器は、さながら自律的な意思を持ち始めたかのように振る舞う。秩序だった正常性の機能不全に直面したとき、機械に霊が取り憑くのである。アナログな電子機器、とりわけ初期のテレビやラジオは、その低解像度性ゆえに亡霊性との親和性が高い。「ラジオ信号が途絶え、別のチャンネルがファズと静電気にまぎれて流れてくると、ラジオが完全に独自に動作しているかのようであった」(12)

たとえば、稲生平太郎によるジュブナイルホラー小説『アクアリウムの夜』には、霊界ラジオなるものが登場する。

別世界の存在と通信する装置としては、これもまたこっくりさんと同じく、いやそれ以上に、単純な仕掛けだった。要するに、ラジオのチューニングをどんな放送局もはいらないような位置にセットしておくだけのことにすぎない。いわゆる、局間ノイズっていうやつだ。そうすると「霊界」の声が受信できるというのだ。[13]

高橋という登場人物は、まるで魅入られたかのように、延々と流れ続ける無秩序なホワイトノイズの中にノイズ以上のものを見出そうとする。「高橋の表現によれば、鈴の音のようなものがノイズのなかに断続的に四、五回聞きとれたらしい」[14]。やがて、高橋はひずんだノイズの隙間に声のようなものを聞き取るようになり……。

霊界ラジオという名が示すように、それは霊界＝外の世界を媒介するとされる。同様に、『ポルターガイスト』においても、郊外の家庭という安全な囲いの中に〈外部〉の力が入り込み、家族生活のバランスを崩壊させる。砂嵐のノイズを流すテレビという装置を通して。幽霊に憑かれた機械は、同時に〈外部〉への経路となる「媒体」でもあるのだ。

＊

今なお隆盛を誇るＪホラー、その「原光景」にも〈外部〉への経路となる「媒体」としてのテレビが関わってくる、と知ったら意外に思われるだろうか。それとも、当然のこととして納得されるだろうか。ここで取り上げたいのは、英文学者の横山茂雄（なお、前出の『アクアリウムの夜』の作者、稲生平太郎と同一人物である）による、「「復興運動」としてのJホラー」と題された談話である。その中で、横山は幼少時代にSFテレビドラマ『アウター・リミッツ』から受けた衝撃について語っている。

> SF、怪奇系の番組のなかで特に際立った印象を刻みこまれたのが、『アウター・リミッツ』。わたしや黒沢清さんの世代で都市部に住んでいた人は最初の放送時に観ている。〔…〕この番組のオープニングでは、毎回、テレビ画面に乱れたテストパターンが映り、「これはテレビの故障ではありません」というナレーションが入る――つまり、テレビ画面自体が突然おかしくなり、お茶の間に異界が侵入してくるという感覚。子供の頃に再放送で観た高橋〔高橋洋：引用者註〕さんも、『アウター・リミッツ』のオープニングが原点のひとつと語っていて、これもやはり『リング』につながっていくわけです。[15]

テレビ画面に映る、故障したかと錯覚させる乱れたテストパターン。横山はそうした事態をいみじくも「お茶の間に異界が侵入してくるという感覚」と表現したのだった。テクノロジーが破綻する瞬間に、その裂け目から異界の入り口がのぞく。異界の侵入。メタレベルのオブジェクトレベルへの侵入。

たとえば黒沢清の映画作品は、川崎公平も指摘するように、ホラーにおける決定的な出来事を、人間には制御不能な機械の後戻りのできない作動として出現させようとする。[16] 黒沢にとっての「機械」とは、人間の意志とは無関係な、異質な論理が作動することの謂であるわけだが、私たちの文脈にパラフレーズするならば、人間に制御不能な機械とは、まさしく壊れて自律的に作動するかのような機械、つまり幽霊に憑かれた機械に他ならない。

当然の如く、ホラーにおける幽霊とは人間的なものと一切関わりがない。むしろその〈外〉、人間の論理が尽きたところに出来するものこそが幽霊なのである。かつて批評家の仲山ひふみは次のように書きつけていた。「ホラーが恐怖や戦慄といった感情を現実的な効果として引き起こすことができるのは、そこに私たちが自らの限界を超えた何ものか（それを不気味なもの（the uncanny）や崇高なもの（the sublime）と呼び変えても構わない）を知覚するからに他ならない」(17)。同様に、Jホラーの大家、監督・脚本家の高橋洋は簡潔に、こう述べた。「幽霊が怖いのはそれがこの世のモノではないから、その一点につきる」(18)

＊

この点において、自身も霊感の持ち主である脚本家・映画監督の三宅隆太が、幽霊の出自を大きく二種類に分けた上で、ひとつは人間に由来するいわゆる幽霊と呼ばれる存在とし、もうひとつは全く以て人間に由来せず、それでいて俗に言う動物霊とも次元が異なるもので、人間には太刀打ちできない存在としたのは示唆的である。言うまでもなく私たちが注目したいのは後者である。後者は「それ」を表現するに値する言語がこの世に存在しない。というのも、言語は私たちがそこにいる三次元世界に存在する事象や概念を扱うものであって、そもそもがまったく次元の異なる存在である「それ」を表現することは、言語であれ映像であれ到底不可能であって、ただ体感的にのみ触知することが可能とされるからである。[19]

ここでは幽霊が語り得ないもの、言い換えれば形而上学的なメタレベルの存在として扱われている。オブジェクトレベルの私たちにはそれを表現することができず、かろうじて五感で触知することによってのみ「それ」が存在することを確かめることができる。そうした「それ」が、壊れた機械などを通してメタレベルからオブジェクトレベルへと下りてくる。そこでは、高橋が著書『映画の魔』の中で述べたように、「自分の外側の世界で動いているある構造、論理」、「人間が主体的に選んだものではなくて、勝手に向こうからぶっとんできた論理」が、オブジェクトレベルを暴力的に書き換えていくだろう。[20] さながら、作画崩壊作画が世界を暴力的に崩壊させていったように……?

以下に見ていくように、一方でこうしたホラー観は、思弁的実在論や破壊の形而上学の世界観と奇妙なまでに親和的である。

＊

思弁的実在論は、二〇〇七年にイギリスのロンドン大学ゴールドスミス・カレッジで開催された、クァンタン・メイヤスー、グレアム・ハーマン、レイ・ブラシエ、イアン・ハミルトン・グラントの四人をメンバーとする同名のシンポジウムに端を発する哲学潮流とされるが、その内のハーマンが「最初の四人の思弁的実在論者は、ひとりとして共通のヒーロー哲学者を分かちもたなかったが、しかし全員がそれぞれにラブクラフトのファンであったことが判明した」と指摘するとおり、そこには上述のホラー観とも共振する要素を多分に含んでおり、現にハーマンなどは、「実在はつねにある意味で怪奇的（weird）である」という立場から「怪奇実在論（Weird Realism）」なる用語を提唱し、同名の著書（未邦訳）までものしている。[21]

さておき、思弁的実在論の基底にあるのは、カント主義の乗り越えであり、これは主に相関主義批判として現れる。雑駁に要約すると、思考と存在を相補的な関係のうちにおいてのみ捉える思考のモードを思弁的実在論者は相関主義と名付けた。知られるように、哲学者のカントは、私たちは表象を超えた「物自体」を認識することはできない、と主張した。私たちがアクセスできるのは、概念的なカテゴリーや論理形式を通じて主観の上に構築される表象のみであり、私たちが問うことができるのは、この諸々のカテゴリーや論理形式と、事物がそれに従って現象する表象作用の関係のみであって、実在のあり方それ自体を問うことはできない、とされた。このような相関主義的な思考のモードはカント以降も西洋の哲学の主流を形成し、現代に至っている、というのが思弁的実在論者の共有する問題意識である。以上のような相関主義に対して、彼らは相関的循環の外へ、この檻から脱出して、非－相関的な実在それ自体の領域であるところの「大いなる外部」へ向かうことを目指す。

メイヤスーは主著『有限性の後で』において、細かな過程は割愛するが、相関主義の徹底化というアクロバティックな形での相関主義批判を通じて、「偶然性の必然性」という絶対的かつ存在論的な権利要求を行う。すなわち、偶然性のみが絶対的なものである、と。世界がこのようなものとしてあるという絶対的な理由（＝充足理由律）を措定することはできない。むしろ、この世界がなんの理由もなく（＝私たちと無関係に）別様に変化する可能性を認めること。「まったく実在的に、すべては崩壊しうる。木々も星々も、星々も諸法則も、自然法則も論理法則も、である。これは、あらゆるものに滅びを運命づけるような高次の法則があるからではない。いかなるものであれ、それを滅びないように護ってくれる高次の法則が不在であるからなのである」[22]。いずれにせよ、メイヤスーの主張によれば、自然法則は完全に偶然的であり、よっていかなるときも世界はなんの理由も根拠もなく突然変化しうる。

＊

哲学者の飯盛元章は、上のメイヤスーの主張をさらに推し進める形で「破壊の形而上学」（Metaphysics of Destruction：MOD）を提唱している。以下に引用するのは、「破壊の形而上学」における最初の四つの基本テーゼである。

**破壊の形而上学 基本テーゼ1**

破壊とは、通時的な連続性を引き裂く断絶である。

**破壊の形而上学 基本テーゼ2**

破壊がもたらすのは、現在と断絶した他なる未来である。

**破壊の形而上学 基本テーゼ3**

破壊とは、それ自体において到来する受動的な出来事である。

**破壊の形而上学 基本テーゼ4**

破壊とは、あらゆる存在に到来しうるものである。[23]

「破壊」を何かラッダイト的な、つまりは能動的な意味で捉えると見誤るだろう。ここでの「破壊」とは端的にいって人間不在の、そしてその意味において(人間にとっては)徹底的に受動的な出来事としての破壊であり、それはいかなる原因とも無関係に理由なく到来する。「破壊の形而上学」における破壊は主に通時的断絶に関わる。ある項の同一性を引き裂き、まったく別様のものへと変容させる断絶。断絶は未知なる彼方を招来する。

強度の高い通時的断絶は、この宇宙そのものの同一的なあり方を根底から破壊し、まったく異なる宇宙を到来させることになる。通時的断絶は、新しさとの問題と結びついていると言える。[24]

＊

飯盛は「破壊の形而上学」に対して、「Metaphysics of Destruction」の各単語の頭文字を取った

「MOD」という略称を与えている。この点について、飯盛はMODと呼ばれるゲームの改造データを念頭に置いていると述べる。ゲーム内にMODを導入すると、ゲーム内のヴィジュアルが変化したり、通常であれば不可能なことが可能になったりする。破壊の形而上学（MOD）もMODとともに、この世界に劇的な変容をもたらす。その上で、破壊の形而上学（MOD）が追求するのは、さながらこの世界そのものにMOD（改造データ）が導入され、まったく別様になってしまうような可能性である、と飯盛は述べる[25]。

だが、以下に述べていくように、このMODの比喩は、私たちにとってある意味では比喩以上のものとなるだろう。たとえば、もしこの世界がシミュレーションされたものだったとしたらどうだろう。MODの比喩は、突如現実的な可能性を帯びてくるのではないか。すなわち、この世界の劇的な変容は文字通りMODによって引き起こされるのだ、と。

＊

哲学者のニック・ボストロムは二〇〇三年にシミュレーション仮説を提唱した。ボストロムはその年、私たちの住んでいるこの世界が実は何者かによってプログラムされたシミュレーション世界である可能性はほぼ一〇〇パーセントであると主張する大胆な論文を発表した。ボストロムによれば、もし、宇宙に存在するある文明のテクノロジーがシミュレーションを行えるレベルに達したら、様々な目的で大量のデジタルなシミュレーション世界が造り出されるはずだという。それらひとつひとつのシミュレーション世界には、意識を備えたシミュレーション個体（SIM）が大勢住んでいるとみなせる。SIMに意識があるのなら、意識を備えた個体は、人間のような生物よりもSIMが圧倒的多数になる。というのも、シミュレーション世界をひとつ生成する方が文明を一から造り上げるよりよっぽど簡単で安上がりだからだ。さらに、シミュレーション世界の内部でもシミュレーション世界が造られるといった入れ子構造の多重シミュレーションをも考慮に入れれば、SIMの方が多数派になることは必定であろう。そうであれば、私はシミュレーション世界に住む多数派のSIMである可能性の方が高い、という結論が得られるわけだ。[26] シミュレーション・リアリズム（実在論）を唱える哲学者・認知科学者のデイヴィッド・J・チャーマーズもまた、私たちは自分がシミュレーションの世界を生きている可能性を排除できない、と結論づけている。[27]

私はとりたててシミュレーション仮説の信奉者というわけではないが、思考実験としてはこの場に限って有用に思える。たとえば、前述のメイヤスーのように、この世界がなんの根拠も理由もなく突如変容する可能性を担保するために、わざわざ充足理由律を否定するための迂遠で難解な論証を行う必要はない。論理法則が一変するMODの存在を仮定してやればいいだけの話だ。

もちろん、MODにはそれを実行する（神のような？）主体の意志がどこかで想定される。これに対して、破壊の形而上学における破壊=通時的断絶はいかなる主体も、原因もなしに勝手に発動する。ここにMODと破壊の形而上学の差異がある。しかし、仮にMODではなくバグであったならどうだろう。主体の意志が介在しない、さながら自然発生的に起こる一回的なバグ。この世界の劇的変容、それは宇宙のどこかに存在するコンピュータに迷い込んだ一匹の蛾によってもたらされる、としたら？

*

シミュレーション世界を変容させるバグ、それはもしかしたら霊や怪異のような存在としてこの世界に現象するのかもしれない。この視点を一九九八年の時点で取り入れていた瞠目すべき小説作品こそが鈴木光司の『ループ』に他ならない。『リング』三部作の掉尾を飾るこの作品は、コンピュータで再現された三次元の仮想世界が重要な役割を果たす。そこでは、『リング』と『らせん』の舞台であった世界が実はシミュレーションの世界であったことが明かされる。この、「ループ」と名付けられた仮想世界を律するのも、メタレベルとオブジェクトレベルという存在論的に異なる相容れない二つの秩序と、それら秩序の間の断絶である。作中、シミュレーション世界を制作した研究所のスタッフが次のように発言する場面がある。

研究所のスタッフにとって、この仮想世界『ループ』は認知可能です。でも、『ループ』に生きている知的生命が、創造主であるわれわれを認知するのは、絶対に不可能なのです。彼らにとって、われわれはまさに神そのものでしょうねえ。ループの内部にいる限り、彼らは世界の仕組みまでは理解できない。唯一可能になるとしたら、外部に出ること。ほかにはあり得ません。(28)

シミュレーションの内部にいる私たちはメタレベルを認知できない。この世界を変容させる一匹の蛾が舞っていたとしても、データの束である私たちはそれを知り得ない。メタレベルとオブジェクトレベルは交じり合うことがない。
ところが、メタレベルとオブジェクトレベルを貫通する特異点のような物質が「ループ」の内部に出現する。それこそが呪いのビデオテープに他ならない。見た者をちょうど一週間後に死なしめるビデオテープ。現実に存在し得ないこうした対象は、メタレベル、すなわち外部からの働きかけがない限り実現不可能だ。さらにビデオテープがまき散らしたリング・ウィルスは「ループ」をガン化し、それにとどまらずメタレベルに位置する現実世界にまで侵食をはじめ崩壊に追いやってい く。つまり、ビデオテープはメタレベルに干渉できる、まさに特異的なオブジェクトなのである。それでは、このビデオテープは一体どこからやってきたのか？ しかし、「ループ」の創造者エリオットはこの点について、以下のように告白する。

だが、君はなぜループがガン化を始めたのか、その訳を知らない。いや、先に言っておこう。わたし自身、原因がわからないんだ。奇妙なビデオテープができたり、これまでにないウィルスが蔓延したりというのは、ループに存在する個体にとっては絶対に説明不可能な事件であったはずだ。ループに存在する個体に説明不可能な事象でも、それを創造したわたしなら説明可能なはずではないか、と君はそう思うに違いない。だが、正直言って、わたしにもわからないのだよ。世界のすべての現象を説明できるわけではない。われわれは常に、挑戦すべき課題は抱えているし、世界のほころびはどこにでもある。矛盾のない世界などどこにも存在しないの

だ。(29)

ビデオテープが発生したプロセスは「ループ」の開発者である自分自身にもわからない、とあっさり認めてしまっている。現実世界から「ループ」に対して何らかの干渉があったのかもしれない、あるいはコンピュータウィルスのようなものかもしれない、等々。しかし、確実といえることは何もない。それはそこに、いつの間にか発生していた。因果のプロセスを追うことのできない、不可解な手続きによって。呪いのビデオテープ、それは「世界のほころび」それ自体、言い換えれば「ループ」に突然変異的に発生したバグあるいはグリッチのようなものだったのではないか。

＊

バグとしての怪異、というものを考えてみることはできないか。

文化人類学者・民俗学者の廣田龍平は、関係論的ネットワークから逸脱した存在（妖怪や怪異）を「怪奇的自然」と名付ける。たとえば、廣田はバタバタという妖怪を例に挙げてみせる。江戸後期の広島城下に存在したこの妖怪は、冬の夜中、どこからともなくバタバタという音をもたらすという、それだけの出来事しか起こさない。人々はこの妖怪を積極的に既知の知識や存在と関係づけようと奔走したが、ことごとく失敗に終わった。かといって、それは超自然とも異なる。「むしろそれは、従来の自然も超自然も社会も包摂するような関係論的宇宙から逸脱したものとしての、新たなる「自然」である(30)」

破壊の形而上学が通時的断絶に関わるとすれば、怪奇的自然は共時的断絶に関わるといえよう。人間の安住する関係論的宇宙からの孤絶。ただし、通時的断絶が世界に劇的かつ不可逆的な変容をもたらすのに対して、共時的断絶は世界にほとんど（あるいはまったく）関与しない、という違いはある。

大きさや深みの点では、妖怪たちは人間の情動を揺さぶらない。しかしそれらは、いつどこに現れるかが、場違いである以外には何もわからない。人間の安住する関係論的宇宙が、実はその外部性に対して多孔的であるかのように、妖怪はその姿を垣間見せては消えていくのである。(31)

世界のネットワークに取り込まれず失踪した、「無関係」な出来事や存在が私たちの日常を取り囲んでいる。私たちの文脈に置き直すのであれば、そうした怪奇的自然はとりも直さずこの世界に生じた微細なバグのようなものなのではないか。たとえば、深夜に窓から響く奇妙な叩音や、田んぼのあぜ道を一人で歩いているときにどこからともなく聞こえてきた声、こういった誰もが思い当たる出来事は、その原因を幽霊に求めることすら大げさに思える。それは単にぞっとするだけ、不気味に感じるだけで終わる。それは既存の経験や知識からなる関係論的ネットワークからだけでなく、因果論的ネットワークからも孤立している（その声はどこから発せられたのか？）ので、その体験は宙吊り状態に置かれる。もし、そうした非‐関係的な出来事が、それでもなお何かと関係しているとすれば、それは〈外〉しかありえない。バグとしての怪奇的自然、それはシミュレーション世界に開いた小さな裂け目、〈外〉を示し指すシグナルに他ならない。人は、この世界から断絶した未知なる〈外部〉を予感したとき、不気味さを覚える。

マーク・フィッシャーは、奇妙なもの＝怪奇的なもの（weird）とは、何にも属していないものであると指摘した上で、「外部からの何かがこの世界に侵入することこそが、奇妙なものの指標になるのだ」と述べている。[32] 私たちが還元不可能な奇妙な出来事（たとえば出処不明の声）に遭遇したときに覚える不安や不気味さ、あるいは魅惑。それは〈外部〉、すなわち通常の知覚や認知や経験を超えたところにある何かに対する感情と無関係ではないのだ。

そう、私たちは、無数のミクロなバグ＝怪奇的自然に囲繞された亡霊的空間を生きている。このシミュレーション世界という巨大な機械の中で。

一旦整理してみよう。私たちは様々な微細なバグに取り囲まれており（共時的断絶）、また同時に世界を一変させうるカタストロフィックなバグが発生したり、はたまたメタレベルに存在する実行者がシミュレーションを終了させてしまう、といった可能性に常に曝されている（通時的断絶）。こうした断絶はどちらも〈外部〉と関わっているがゆえに、そこではメタレベルとオブジェクトレベルが交叉しているとみなせる。

＊

シミュレーション仮説はまだ人口に膾炙しているとは言い難い。けれども、こうした想像力が所与の前提となる日もそう遠くはないのではないか、とも想像する。

たとえば、バックルーム（The Backrooms）というクリーピーパスタ（インターネット都市伝説）がある。バックルームの起源は二〇一九年、匿名の4chanユーザーが/x/というオカルト板に「どこかずれている（off）、不安になる画像」のスレッドを立てたときにまで遡る。そこには、四角い天井灯に照らされ、壁が単調な黄色の壁紙で覆われた、誰もいない部屋の画像が投稿されていた。この、不気味の谷現象とノスタルジーを併せ持ったかのような一枚の画像から、様々な設定や物語が生み出されていき、やがてそれはバックルームというシェアードワールド（同じ世界観を複数の作者が共有して創作する作品群。クトゥルフ神話やSCP Foundationなどが有名）として結実した。

バックルーム、約六億平方マイルのランダムに分割された無人の部屋しか存在しない空間。そこは完全な異空間というより、この世界の地続きで、リアルとある程度リンクはしている。しかし、あるはずのない物が存在し、あるべきものがそこにない、どこかズレた、中途半端にバグったような状態になっている。さながら現実の完全なコピーを生成しようとしたものの、失敗した結果バグって生成されてしまった空間のようでもある（Minecraftの生成バグのように）。バックルームに入る方法として、Noclipモードで現実から抜け出して迷い込んでしまう、というのがあるが、Noclipモードというのもゲームで使われる用語で、平たくいえば壁抜けバグ・壁抜けチートである。

バックルームというシェアードワールドの人気は、主にZ世代の間でゲーム的／シミュレーション的想像力がある程度根付いていることの証左のように思われる。そこでは、生成バグを思わせる空間、壁抜けバグといった、ゲーム由来の要素がバックルームの地平を構成している。

もうひとつの例として、日本におけるネット怪談に言及しておきたい。前出の廣田龍平は、「村と駅――ネット怪談における異世界的儀礼と異世界的バグ」という論考の中で、ホラー映画『きさらぎ駅』において、きさらぎ駅に辿り着く方法として参照されていたネット怪談「異世界に行く方法」に着目している。これは、エレベーターに乗り、複雑に決められた手順に従って階の上がり下りを繰り返していくと異世界に行ける、というものである。廣田は、（異界へ参入するためのスタンダードな手法としての）象徴的な役割を担う儀礼と異なり、この機械による往復を繰り返すだけの「異世界に行く方法」のプロトコルは、「それ自体では象徴的でもなければ実用的でもなく、その点で意味をなしていない」、ゆえにそれは儀礼とはいえない、非儀礼的な何かではないか、と指摘する[33]。

他方で廣田は、「異世界に行く」が二〇〇八年にネットに投稿されたのと近い時期に、都市伝説と異なるジャンルにおいて、決まった数字だけ動作を繰り返すことで、到達不可能な場所に辿り着く方法が知られていたと述べる。

それは『ポケットモンスター　ダイアモンド・パール』（二〇〇六年九月発売）における「なぞのばしょ」バグである。特定の場所で、通常ならば使わない操作を実行すると（室内で「なみのり」を使う）、到達不可能なはずのマップ外空間に移動することができるというものだ[34]。

廣田は、具体的な証拠はないが、「なぞのばしょ」バグ自体ではないにしてもこれに類するゲームのバグが、「異世界に行く方法」を発見する（あるいは想像する）きっかけになったのではないか、と指摘する(35)。

象徴的な儀礼が非儀礼的なバグ的想像力に取って代わられる。こうした事例は、先と同様、Z世代の間でゲーム的／シミュレーション的想像力が一種の思考のモードとしてデフォルトなものになりつつあることを反映しているのではないか。廣田もまた、「現代日本の都市伝説において、異世界に行く方法は、この世界にゲーム的なバグがあることを前提とした存在論に依拠しているところもあるのではないか」と述べている(36)。

＊

その一方で、現代日本では、正攻法ではなく、システムの穴をつくことで制度を悪用したり抜け駆けで利益を得たりする「ハック」や「チート」といったサヴァイブの方法や、自身の出生をソーシャルゲームのガチャに喩える「親ガチャ」なる言葉が市民権を得ている。前者の「ハック」と「チート」にも、この世界には隠されたコードやバグがあり、それらを見つけ出すことで利益が得られる、といった思考のモードがどこかで前提されているのかもしれない。しかし、そうしたこの世界の隠された「ルール＝法則」を知ろうとする欲望は、どこまでも世俗的な現世利益にしか関わらないだけでなく、世界は数式で成り立っていると信じるテクノリバタリアンや、アファーメーションや引き寄せの法則のようなニューエイジ的なプロトコルとも親和性が高いだけに注意が必要である。

そう、彼らは〈外〉を利用しているが〈外〉を志向しているわけではないのである。彼らはゲームの「攻略」に執心するが、ゲームの外側には関心をよせない。よって、私たちは、ゲーム的／シミュレーション的想像力を、現代における時代精神として一度受け入れながら、世界に埋め込まれた法則＝ルールの発見に奔走するのではなく、そうした法則＝ルールが破綻するアルゴリズムの裂け目、すなわちシミュレーションの〈外部〉をこそ志向しなければならない。

＊

私たちは、世界は、壊れながら生きる。崩壊こそが生の本質だから。しかし、壊れることで、私たちは〈外〉へと向かい、同時に〈外〉をこちら側へ呼び寄せる。そのとき、「ここ」は「ここではないどこか」に変容するだろう。

私は歓待する。壊れた生を。私は歓待する。ビットの束である私を演算する集積回路（私の身体！）に、一匹の蛾が口づけするように触れることを。

## 註

（1）フィッツジェラルド『崩壊——フィッツジェラルド作品集（3）』渥美昭夫・井上謙治編集、荒地出版社、一九八一、一八四頁。

（2）アーサー・マッケン『白魔』南條竹則訳、光文社古典新訳文庫、二〇〇九、一三七頁。

（3）J・G・バラード『コンクリート・アイランド』大和田始・國領昭彦訳、太田出版、二〇〇三、八頁。

（4）ジル・ドゥルーズ『記号と事件——1972-1990年の対話』宮林寛訳、河出文庫、二〇一〇、三六一頁。

（5）https://pastebin.com/0xXV8k7k

（6）yomoyomo『もうすぐ絶滅するという開かれたウェブについて——続・情報共有の未来』達人出版会、二〇二〇、Kindle版、四七頁。

（7）中森弘樹『失踪の社会学——親密性と責任をめぐる試論』慶應義塾大学出版会、二〇一七、二七二頁。

（8）gnck「画像の問題系 演算性の美学」『美術手帖』二〇一四年一〇月号、美術出版社、二〇一四、一七一頁。

（9）Iman Moradi「Glitch Aesthetics」https://organised.info/wp-content/uploads/2016/08/Moradi-Iman-2004-Glitch-Aesthetics.pdf

（10）『MASSAGE 9』MASSAGE、二〇一四、五二—五六頁。

（11）Tanner, Grafon. Babbling Corpse: Vaporwave And The Commodification Of Ghosts（English Edition）Collective Ink. Kindle（p.5）.

（12）ibid.

（13）稲生平太郎『アクアリウムの夜』角川スニーカー文庫、二〇一五、Kindle版。

（14）同右。

（15）横山茂雄「「復興運動」としてのJホラー」、『ユリイカ』二〇二二年九月号（特集＊Jホラーの現在——伝播する映画の恐怖）青土社、二〇二二、七四頁。

（16）川崎公平『黒沢清と〈断続〉の映画』水声社、二〇一四、一四九頁。

（17）「哲学のホラー——思弁的実在論とその周辺」https://sensualempire.hatenablog.com/entry/20150122/1421959481

（18）高橋洋『映画の魔』青土社、二〇〇四、三四頁。

（19）三宅隆太「霊的マイノリティーが問う「体感的霊障はJホラー作法で表現可能なのか?」問題」、『ユリイカ』二〇二二年九月号、九六—九七頁。

（20）高橋前掲書、九九頁。

（21）グレアム・ハーマン『思弁的実在論入門』上尾真道・森元斎訳、人文書院、二〇二〇、一五〇—一五一頁。

（22）カンタン・メイヤスー『有限性の後で——偶然性の必然性についての試論』千葉雅也・大橋完太郎・星野太訳、二〇一六、九四頁。

（23）「破壊の形而上学 基本テーゼ（ver. 0.9）」https://note.com/motoaki_iimori/n/n4c06bcc6f1d4

(24) 飯盛元章「破壊の形而上学へ」、寺本剛編著『リアリティの哲学』中央大学出版部、二〇二三、三〇頁。
(25)「【第9回 時間・偶然研究会】飯盛元章「〈破壊〉のメタフィジックス」」https://www.youtube.com/watch?v=_GUYhsb8kDw
(26) 冨島佑允『この世界は誰が創造したのか——シミュレーション仮説入門』河出書房新社、二〇一九、三九—四一頁。
(27) デイヴィッド・J・チャーマーズ『リアリティ＋(プラス)上——バーチャル世界をめぐる哲学の挑戦』高橋則明訳、NHK出版、二〇二三、二一頁。
(28) 鈴木光司『ループ』角川ホラー文庫、二〇〇〇、一五〇頁。
(29) 同右、三六四—三六五頁。
(30) 廣田龍平『妖怪の誕生——超自然と怪奇的自然の存在論的歴史人類学』青弓社、二〇二二、三一二—三二〇頁。
(31) 同右、三二五頁。
(32) マーク・フィッシャー『奇妙なものとぞっとするもの——小説・映画・音楽、文化論集』五井健太郎訳、Pヴァイン、二〇二二、一八、三二頁。
(33) 廣田龍平『〈怪奇的で不思議なもの〉の人類学——妖怪研究の存在論的転回』青土社、二〇二三、二五五頁。
(34) 同右、二五五—二五六頁。
(35) 同右、二五六頁。
(36) 同右、二五七頁。

# 初出一覧

はじめに（書き下ろし）

I

1「気をつけろ、外は砂漠が広がっている——マーク・フィッシャー私論」（『現代思想』四七巻八号、二〇一九年）
2「魔女、ダンス、抵抗——現代魔女とクラブカルチャーの交差点」（『文藝』六一巻四号、二〇二二年）
3「終わるまではすべてが永遠」（『ヱクリヲ』一三号、二〇二一年）
4「イーロン・マスク、ピーター・ティール、ジョーダン・ピーターソン——「社会正義」に対する逆張りの系譜」（『現代思想』五一巻二号、二〇二三年）

II

1「さようなら、いままで夢をありがとう」（『文藝』六〇巻一号、二〇二一年）
2「生に抗って生きること——断章と覚書」（『現代思想』四七巻一四号、二〇一九年）
3「この世界、そして意識——反出生主義のユートピア（？）へ」（『ＳＦマガジン』六一巻四号、二〇二〇年）
4「男たちの営みを巡るいくつかの雑多な引用」（『文藝』六二巻一号、二〇二三年）

III

1「ダークの系譜——ヨーロッパ新右翼から暗黒啓蒙へ」（『ブラック・ライヴズ・マター——黒人たちの叛乱は何を問うのか』河出書房新社、二〇二〇年）
2「一九八四年のメタバース」（『現代思想』五〇巻一一号、二〇二二年）
3「Ｑアノン、代替現実、ゲーミフィケーション」（『現代思想』四九巻六号、二〇二一年）
4「加速に抗う音楽たち——リヴァーブが木霊するYouTubeの亡霊空間」（『AGI 3 / MERZBOW』二〇二一年、きょうレコーズ）
5「未来のユートピア的ノスタルジー的遠方——ヴェイパーウェイヴは代替現実の夢を視る」（『ユリイカ』五一巻二一号、二〇一九年）

おわりに（書き下ろし）

＊収録にあたり、加筆・修正をおこなった。

木澤佐登志（きざわ・さとし）
1988 年生まれ。文筆家。インターネット文化、思想など複数の領域に跨った執筆活動を行う。著書に『ダークウェブ・アンダーグラウンド　社会秩序を逸脱するネット暗部の住人たち』（イーストプレス）、『ニック・ランドと新反動主義　現代世界を覆う〈ダーク〉な思想』（星海社新書）、『失われた未来を求めて』（大和書房）、『闇の精神史』（ハヤカワ新書）がある。

終わるまではすべてが永遠　崩壊を巡るいくつかの欠片

2024 年 9 月 3 日　第 1 刷印刷
2024 年 9 月 18 日　第 1 刷発行

著　者　　木澤佐登志《きざわさとし》

発行者　　清水一人
発行所　　青土社
〒 101-0051　東京都千代田区神田神保町 1-29　市瀬ビル
電話　03-3291-9831（編集部）　03-3294-7829（営業部）
振替　00190-7-192955

印　刷　　双文社印刷
製　本　　双文社印刷

装　幀　　川名潤


ISBN978-4-7917-7659-7
Printed in Japan